우봉 임강빈 시인 소천 2주기 추모, 서지적 연구 자료

임강빈 시 읽기

사단법인 문학사랑협의회
리 헌 석 편저

오늘의 문학사

국립중앙도서관 출판예정도서목록(CIP)

임강빈 시 읽기 / 리헌석 편저. -- 대전 : 오늘의문학사, 2018
p. ; cm

표제관련정보: 우봉 임강빈 시인 소천 2주기 추모, 서지적
연구 자료
참고문헌과 "우봉 임강빈 시인 연보" 수록
ISBN 978-89-5669-927-1 03800 : ₩22000

한국 현대시[韓國現代詩]

811.7-KDC6
895.715-DDC23 CIP2018019777

우봉 임강빈 시인 소천 2주기 추모, 서지적 연구 자료

임강빈 시 읽기

◇

又峰 任綱彬 선생님 소천 2주기를 맞습니다. 먹먹한 가슴으로 선생님을 추모하던 중, 불현 듯 선생님의 자취를 정리하여 자료집 성격의 『임강빈 시 읽기』를 발간합니다. 앞으로 누군가 선생님의 작품을 연구할 때 참고하기를 바라는 마음을 담아 정리한 작업입니다.

① 선생님의 시집 13권, 시선집 2권, 정년퇴임문집 『채우기와 비우기』, 임강빈 선생님 작품에 대한 평설집 『임강빈의 시와 삶』을 서지적 관점에서 정리하였습니다. ② 선생님께서 3회 추천받으신 『현대문학』 원본을 사진 자료로 정리하였습니다. ③ 50여 편의 유고시 중에서, 생전에 허락하신 11편을 수록하였습니다. ④ 산문 쓰기를 금기시하시면서도, 인연에 따라 집필하신 산문을 찾아 수록하였습니다. ⑤ 몇 명 제자의 시집에 쓰신 서문 몇 편을 수록하였습니다. ⑥ 여러 자료를 찾고, 장남(교육자 임창우)의 도움을 받아 선생님의 연보를 1차 정리하였습니다.

이런 내용으로 『임강빈 시 읽기』를 발간하여 선생님을 추모합니다. 이는 선생님의 장손(소설가 임성균)이 조부님의 소천 2주기를 추모하여 발간하는 『임강빈 시 전집』에 맞추려는 충정(衷情)이기도 합니다. 서두느라 혹여 미흡한 부분이 있으면 두고두고 보정(補正)할 요량입니다. 도와주신 분들께 감사드립니다.

◇

저는 참으로 감사한 인연으로 우봉 임강빈 선생님을 뵈었습니다. 1964년 중학교에 입학하였을 때, 선생님께서는 1학년 담임 선생님이셨고 국어를 가르치셨습니다. 단정한 자세로 또박또박 말씀하시는 선생님께서 시인이라는 것, 가끔 멍하니 창밖을 바라보시는 모습이 너무 멋져 보여, 저도 시인이 되고 싶었습니다.

중학교에 입학한 후, 저는 아침 7시에 집을 나서 10km를 걸어 통학하였습니다. 그 길에 유구천 나무다리를 건너는데, 홍수가 들면 다리가 떠내려가 발을 동동 구르기도 하였습니다. 유구천을 건너 바로 앞에 금강(錦江) 디디울나루가 나오는데, 아침저녁으로 나룻배를 타고 건넜습니다. 장마철이면, 지각하는 날이 1/3은 되었습니다. 오후에는 다시 그 길을 되짚어 귀가하는 통학을 6년 동안 지속하였습니다.

1학년 마칠 때, 선생님께서 저에게 '개근상'을 주셨습니다. 그러나 지각을 여러 번 하였기에 사양하였습니다. 정근상으로 바꾸어 주신다고 하셨지만, 지각 3회가 넘기 때문에 사양하였습니다. 선생님께서는 지각 4회로 정리하시면서, "그 먼 길을, 그것도 나룻배로 강을 건너며 다닌 네가 결석하지 않고, 매일 학교에 온 것만으로도 나는 개근한 것으로 생각했다." 선생님께서는 서늘한 눈빛으로 말씀하셨습니다.

문학청년으로 뵈었을 때 그 말씀을 드렸더니, "그 당시 학생들은 대부분 상을 받기 위해, 지각과 결석을 하고도 아니했다고 우겼는데, 주는 상을 싫다고 한 학생은 너밖에 못 보았다."는 말씀을 하셨습니다. 동석했던 문단의 어르신들도 깜짝 놀라며, 사제 간의 인연을 뜻깊어 하셨습니다.

중학교를 졸업하면서, 대전으로 전근가신 선생님을 여러 해 뵙지 못하였습니다. 그러다가 제가 대전의 학교로 옮겨 근무하면서 뵌 선생님께서는 충남문인협회 회장을 맡고 계셨습니다. 찾아뵙고 인사드렸더니 반가워하셨고, 제가 대표로 있는 '도가니문학회'의 고문을 응락하셨습니다. 창립 시부터 고문이신 김명배 선생님, 그리고 대학의 원종린 은사님을 고문으로 모셨습니다. 그 인연과 사랑은 '오늘의문학회'와 '문학사랑협의회'로 명칭을 변경하면서 규모가 커질 때에도 한결같으셨습니다.

1982년에 저는 첫 시집 『갈채의 숲』을 발간하였습니다. 제자의 첫 시집에 기꺼이 '서문'을 써주셨습니다. 이 일이 얼마나 고마운 은혜인가를 나중에야 알게 되었습니다. 문학잡지를 발행하려고 출판사 '오늘의문학사'를 열었습니다. 선생님께서는 "내 시집을 출판사 첫 번째 책으로 낼 터이니, 잘 만들어라. 조금은 문인들에게 홍보효과를 볼 게다." 말씀하셔서 '오늘의문학 시인선 1번' 『버리는 날의 반복』이 탄생하였습니다. 이 일도 얼마나 고마운 은혜인가를 나중에야 알게 되었으니, 눈물로 부복(俯伏)할 뿐입니다.

그 후, 특별히 잘 모시지는 못 하였지만, 충심으로 존경하며 곁을 지켰습니다. 2016년 7월 중순에 선생님께서 입원을 하셨다는 가족의 전달을 받았습니다. 찾아뵈었더니, 많이 수척해지셔서 말없이 손만 잡아드렸습니다. 며칠 후 7월 16일 아침에 선생님께서 위중하시다는 말씀을 듣고 찾아뵈었습니다. 이미 소천하신 후였습니다. 반은 제자(弟子)요, 반은 상주(喪主)라는 마음으로 대전문인 장례식을 준비하였습니다. 참으로 많은 분께서 조문하셨습니다. 7월 18일 영결식을 엄숙하게 진행하였습니다. 약력보고, 조사, 조시 낭독, 조곡 연주, 헌화 순으로 선생님의 성품처럼 깔끔하게 모셨습니다.

그리고 2017년 7월 16일, 선생님을 사랑하는 문인들과 가족들이 선생님의 묘소를 찾아 추모하였습니다. 이제 2018년 7월 16일에 다시 추모 행사를 준비하고 있습니다. 그날 생시에 뵐 때처럼 존경하고 감사한 마음으로 이 책을 선생님 영전에 바치겠습니다. 선생님, 오늘도 먹먹한 가슴으로 선생님을 그리며, 고운 인연에 옷깃을 여밉니다.

2018년 7월 선생님을 그리는 문하생
리헌석 삼가 아룀

◇ 13권의 시집, 2권의 시선집, 정년퇴임문집 『채우기와 비우기』, 임강빈 선생님 작품 평설집 『임강빈의 시와 삶』, 등단하신 현대문학 등 여러 자료를 원하시는 분들에게 공개 및 제공하겠습니다. 이들 자료는 편저자가 모두 갖추고 있습니다.

◇ 연보를 정리하였습니다. 저서와 작품 발표는 분명하게 정리되어 있어 1차 기본 자료로 삼았습니다. 2차 자료는 마지막 시집 『바람, 만지작거리다』에서 선생님 생시에 자술하신 연보입니다. 3차 부친(만당 임영순 서예가) 자료는 부친께서 3~4대 회장을 맡으셨던 '양성서도회' 자료를 찾아내어 편저자가 정리하였습니다. 4차 자료는 선생님의 장남 임창우 선생의 정보를 바탕으로 보완하였습니다. 그러나 부분적으로 정리가 되어 있어, 가족관계 부분은 생략하였습니다. 앞으로 미진한 부분은 보완하여 정리할 요량입니다.

— 편저자 올림

차례

제1시집

당신의 손

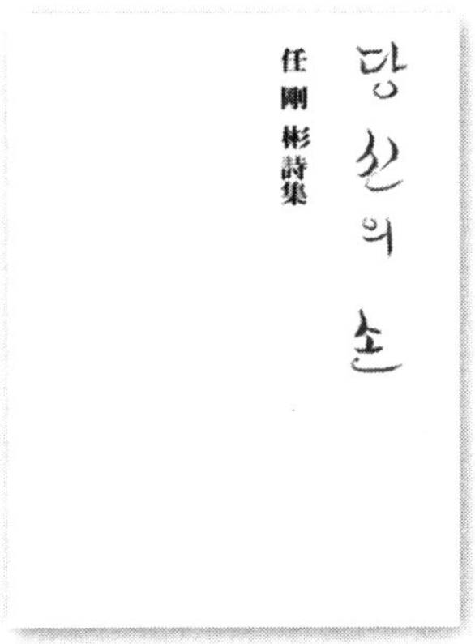

제1시집 『당신의 손』
人生과 事物을 觀照하는 稟度

1. 『당신의 손』의 서지적 개관

1.1 임강빈 선생의 첫 시집 『당신의 손』은 1969년에 현대문학사에서 발간하였다. 총 100쪽이며 양장본이다. 시집의 제목은 김구용 시인의 글씨를 받았다.

1.2 '序'는 박두진 시인이 썼다.

1.3 작품의 목차는 제목을 특정하지 않고 1부와 2부로 구분되어 있다.

1부는 봄비/ 꽃병/ 微熱/ 산딸기/ 코스모스/ 항아리/ 새/ 江/ 새벽/ 노을/ 은행나무/ 花店에서/ 山/ 제비/ 꽃 냄새/ 山頂/ 거울 안은/ 울타리/ 눈/ 鐵條網/ 十月/ 少女像/ 戀歌/ 雪景 등 24편이다.

2부는 그 집 素描/ 消日/ 여름/ 故鄕/ 小品/ 가을 斷章/ 아침 序曲/ 風景/ 日記에서/ 無題/ 枕木/ 겨울 微吟/ 童話集/ 둘레/ 寶石/ 물소리/ 뒷모습 등 17편이다.

1.4 이 시집의 말미의 '跋'은 김구용 시인이 썼다.

2. '序'(박두진)와 '跋'(김구용) 읽기

2.1 '서' 전문

序

朴斗鎭

오늘의 우리 詩가 지향하는 길은 결코 단순하거나 순탄한 것만이 아니다.

人間을, 또는 自然이나 人生을, 그리고 現實이나 어떤 巨大한 世界像 같은 것을 깊고 넓은 理念의 기반 위에서 추구할 수도 있을 것이다.

이러한 일은 먼저 現代의 抒情詩가 보다 더 抒情의 本質에 투철하려 할수록 안팎으로 부딪치는 宿命的인 試鍊이며 앞으로의 人間과 藝術은 보다 더 包括的이고 綜合的인 宇宙觀에 의해서 불가피적으로 그 存在의 理由와 부담해야 할 機能 같은 것을 저울질해야 하게 될 것이기 때문이다.

우리의 詩가 오늘 어디만큼, 또 어떠한 정도로 이러한 客觀的 要請과 그 內的 必然性에 副應하며 있는지 간단하게 말하기 어려울 것이다. 그러나 어쨌든 現代의 抒情詩는 人間性과 抒情性과 藝術性으로 이어지는 한편의 指向과, 現實과 世界와 社會와 歷史에로 이어지는 理念과 思想性을 指向하는 또 한편의 갈래로 나누어지는 것을 否認할 수 없을 것이며, 이 平行的인 두 길을 一元的으로 融合 統一하는 또 하나의 指向을 이른바 높고 넓은 意味의 生活詩 같은 것으로 包括할 수 있으리라 생각한다.

任剛彬 씨의 詩의 性格과 指向을 나는 위의 두 巨大한 指向을 理想的으로 綜合 融化하려는 그 生活詩의 世界라고 단정하기는 어렵다고 생각한다.

그러나 任 詩人의 詩는 그 중에 가장 중요한 몇 가지 要素, 人間性의 機微와 抒情을 生活과 직결되어야 할 것으로 파악하는 아주 조촐하고 가라앉은 意欲을 燃燒시키고 있음을 알 수 있다.

幅이 좁으나 質이 섬세하고, 날카로우나 자극적이 아니며, 人生과 事物을 觀照하는 눈이 圓熟과 品度를 더해가며 있다. 이러한 詩的 氣質은 오랜 우리의 傳統的 詩情에도 그 脈絡을 대는 것이며, 앞으로 우리 詩가 抒情의 바탕을 이끌고 前進하려 할 때 대단히 귀중한 現代詩的인 課題도 담당하게 되는 것이다.

任剛彬 詩人의 첫 詩集 『당신의 손』은 우리 詩의 앞날을 쌓아올리는 데 바쳐지는 하나의 잘 다듬어진 礎石, 자칫 어두워지려는 作業場에 켜놓은 한 개의 밝은 燈燭이 될 것임을 의심치 않는다.

2.2 '발' 전문

跋

19년 전 일이다. 任剛彬 씨가 나를 처음으로 찾아왔다. 나는 그날을 어제 일처럼 기억한다.

그러니 詩集은 著者가 20년을 애쓴 所産이다. 감개무량하다기보다는 옷깃을 여미고 肅然하지 않을 수 없다. 讀者도 이러한 『당신의 손』 앞에 敬意를 표할 것이다.

著者가 後記를 쓰지 않으니 내가 대신 쓰는 수밖에 없다.

詩集 面數 관계상 부득이 몇 篇만 제외하고 나머지 作品은 다 收錄하였다.

씨의 지나온 자취를 이해하는 데 충분하고 씨의 앞날을 期待하는 우리에게 里程標가 될 것이다.

내가 감히 跋文을 쓰는 것은 友情만이 아니다.

씨의 作品은 나에게 조용한 慰安을 주고 씨의 寡作하는 태도는 나에게 執念을 보여주었다.

씨가 不足한 점을 구비하고 있기 때문에 나는 이 跋文을 쓰는 기쁨을 느낀다.

일생에 있어 20년이란 결코 짧은 세월이 아니다. 山이야 변할 리 없지만 사람은 年齡에 따라 보는 點이 다르다. 변하지 않는 하늘의 참모습을 파악하기 위하여 우리는 부단히 변화하고 있다. 씨의 그칠 줄 모르는 노력이 쌓여 산이 되고 하늘이 되어 우리의 참다운 故鄕을 提示해 주리라 믿는다.

이번 첫 詩集이 책이 된 제작 과정은 現代文學社 趙演鉉 선생의 配慮와 金洙鳴 여사의 수고이다.

저자와 함께 감사드린다.

1969년 開天節

金丘庸

제2시집

冬木

제2시집 『冬木』
日常性의 驚異와 세련된 感傷性

1. 『冬木』의 서지적 개관

1.1 임강빈 시인의 2시집 『冬木』은 1973년 농경출판사에서 발간하였다. 총 104쪽이며 양장본이다. 시집 표지의 제목은 시인의 부친 만당 임영순 서예가의 친필이다.

1.2 시집의 서두에는 '自序'가 있다.

1.3 작품의 목차는 제목을 특정하지 않고 1부~3부로 구분되어 있다.

1부는 잠에서 깨어/ 당신은/ 한 장의 그림/ 빗속에/ 山/ 晩歌/ 벌레소리/ 歸路/ 눈/ 풀꽃/ 壁/ 冬日抄/ 그처럼 개운한 등 13편이다.

2부는 薔薇/ 秋富에서/ 木蓮/ 靜物/ 陸橋/ 풀잎/ 스케치/ 日暮/ 가을韻/ 冬木/ 某日/ 구름이 흩어져서/ 하얀 地圖 등 13편이다.

3부는 가락지/ 早春/ 꽃/ 빗소리/ 아침/ 보리/ 溪谷에서/ 뜨락/ 郊外/ 萬頃平野/ 메아리/ 初冬/ 어떤 죽음/ 간밤의 꿈은 등 14편이다.

1.4 시집의 말미에는 박재삼 시인의 '跋'이 있다.

2. '자서'(임강빈)와 '발'(박재삼) 읽기

2.1 '자서' 전문

자서(自序)

이제 더 무슨 사설(辭說)이 필요하랴. 너무나 긴 이야기를 나 혼자 해온 것이 아닐까.

이 얄팍한 시집(詩集)을 엮고 나면 몇 마디 할 말이 있을 것 같았는데 막상 당하니 별반 그런 것도 없어진다.

시(詩)를 쓴다는 것은 나에겐 무엇보다 소망(所望)스러운 일이다. 이것을 떠나서는 한가닥 나의 진실(眞實)은 위태롭기만 하다.

이제는 조금씩 눈물에도 의미(意味)가 되어 주듯, 나의 시(詩)에도 어떤 변화(變化)는 마땅하다.

겨울나무는 언제나 안정(安定)된 자세다. 지친 빛이 없다. 그 사이를 하루 종일 서성거리며 나눈 대화(對話) — 삭막(索寞)한 겨울에는 더 깊이 땅속에 뿌리를 박고 있음을 알았다.

평범(平凡), 그것은 아주 값진 것이다. 매사에 긴장(緊張)되는 버릇이 있다. 그만큼 인생(人生)의 멋도 나와는 멀다.

어쭙잖은 이 작업(作業)이나마 성실히 계속할 일이다.

제자(題字) 『冬木』은 나보다 더 가난하게 살아오신 아버지 — 내게 주신 따뜻한 격려(激勵)다.

2.2 '발' 전문

발(跋)

임강빈(任剛彬) 씨를 처음 만난 것은 한 십 년 넘어 되는 것 같다. 공주(公州)시절부터 친교(親交)가 있었던 김구용(金丘庸), 김상억(金尙憶) 두 분이 처음으로 인사를 시켜주었다. 그때 그는 신기한 장난감을 하나 사서 가슴에 안고는 아이들이 얼마나 좋아하겠느냐며 신바람이나 있었던 기억이 유달리 난다.

객지에 와서 아이들의 사랑을 깊이 느끼는 데에서 그는 얼마나 아름다운 생활적(生活的)인 사람인가 하는 것을 알 수 있었고, 또한 동심(童心)을 헤아리는 순진무구(純眞無垢)함에서 그는 얼마나 '감상적(感傷的)인 사람'인가 하는 것을 짚을 수 있었다.

그에 대해서 무심코 찍어본 이러한 사람됨에 대한 관점(觀點)은 그의 시(詩)를 자꾸 보아오면서 제법 '근사하게 짚었는데!' 하고 더욱 고개를 끄덕이게 되었다.

아닌 게 아니라 그의 시(詩)는 편편이 일상성(日常性)에서 경이(驚異)를 찾는 것이거나 아니면 거의 환상적(幻想的)이리 만큼 세련된 감상성(感傷性)을 빚어주고 있는 것이다.

전자(前者)의 세계를 두고 그의 시(詩)는 마땅히 생활시(生活詩)라고 규정해서 어긋나지 않을 것이며, 후자(後者)의 세계를 두고 그의 시(詩)를 비생활시(非生活詩)라고 지칭해서 망발이 되지는 않을 것이다.

이렇게 한 사람의 시(詩)세계에서 생활시(生活詩)와 비생활시(非生活詩)가 별개의 세계로서가 아니라, 한 세계로서 공존(共存)하고 그 조화(調和)의 묘(妙)를 얻고 있다는 것은 참으로 희한하고 놀라운 일이 아닐 수 없다.

한 시인(詩人)이 가진 창조력(創造力)의 본질(本質)을 이러한 상반(相反)된 세계로서 조금도 어색하지 않고 오히려 구체적으로 그것을 형상화(形象化)시키는 능력을 가진다고 할 수 있다. 이것은 그의 시적(詩的) 개안(開眼)이 현실이다, 비현실이다 하는 분계선(分界線)을 긋지 않고 사물이면 사물, 인정(人情)의 기미(機微)면 기미(機微)를 보다 고차원적(高次元的)인 세계에서 추구하고 포착(捕捉)하려는 진지성(眞摯性)에서 나온 것이라 할 만하다.

빨리 돌아가고 싶다
우리집 비좁은 마당
비집고 들어와
피어준
장미(薔薇) 앞에 서고 싶다.

— 「장미(薔薇)」의 일절(一節)

사랑방 아버지
기침 죽이며
차(茶) 마시는 소리
이 가지에 와 걸린다.

— 「뜨락」의 일절(一節)

모두 죽어가는 연습으로
이 조용한

밤에 홀로 깨어
흠칫 놀라다.

—「잠에서 깨어」 일절(一節)

환한 창호지에
집중(集中)되는 가을
문살이 좀 야위어 보인다

—「가을 韻」의 일절(一節)

이런 구절들에서 우리는 생활시(生活詩)니 비생활시(非生活詩)니를 굳이 갈라 보는 상식이 얼마나 허망한 일인가를 알 것이다. 이 말은 그에게 있어서는 현실과 비현실 어느 쪽에 편들고 있지 않다는 말로 바꾸어 말할 수도 있을 것이고, 다시 발전해서 말한다면 자연(自然)이나 인사(人事)의 어느 한쪽에 그는 편의(偏倚)할 줄을 모른다고 할 수도 있지 않을까 한다.

요컨대 그에게 있어서는 시(詩)란 논리적(論理的) 간판(看板)의 야단스러움이 아니라 지혜적(智慧的) 내부(內部) 경영으로서의 조용한 표현이라고 해야 할는지 모른다. 이 점에서 그는 세속주의(世俗主義)에 물들지 않은 가장 결곡(潔曲)한 시인(詩人)이라 할 수 있을 것이다.

이런 그의 시작(詩作) 태도는 그에게 낮은 목소리로 읊는 차분한 시(詩)를 낳게 했고, 애환(哀歡)의 한 측면에 기대는 어리석음에서 벗어나게 했는지도 모른다. 이 중요한 사실이 그의 성가(聲價)를 보다 진실한 시인(詩人)으로 밀고 있는 요인(要因)이라 해서 틀리지 않을 것이다.

『冬木』은 그의 첫 번째 시집(詩集) 『당신의 손』이 나온 69년(年)에 이어 4년(年) 만에 나오는 그의 두 번째 시집이다. 시(詩)가 좋아서 그만인 그의 귀한 시집(詩集)에 어리석은 글 몇 자를 적는 것이 오히려 부끄럽고 미안스러울 따름이다.

1973년 4월

박재삼(朴在森)

제3시집

매듭을 풀며

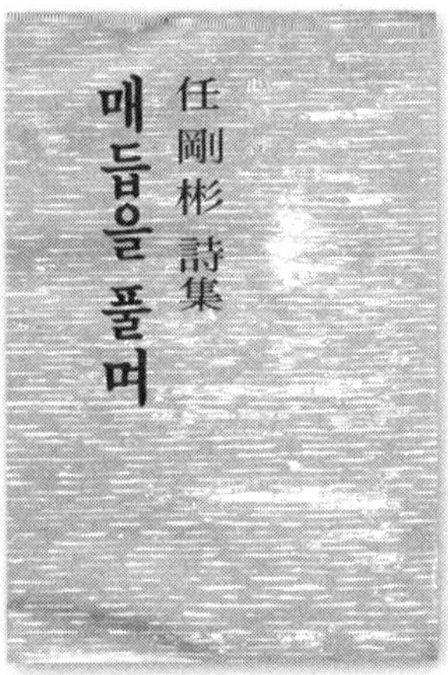

제3시집 『매듭을 풀며』

순수언어(純粹言語)의 시학(詩學)

1. 『매듭을 풀며』의 서지적 개관

1.1 임강빈의 3시집 『매듭을 풀며』는 1979년에 心象社에서 발간하였다. 총 134쪽이다.

표4에는 송재영 문학평론가의 해설 중 일부가 실려 있다.

〈시대에 대해서 아첨하지 않는, 그러므로 자칫 현실의 낙오자로 점찍히기 쉬운, 고독한 시인은 물질적인 삶을 희생함으로써 역사에 영원히 남는다.

임강빈 시인은 이러한 희생을 달갑게 받아들이고 있다.

금세기의 카오스적 악순환이 심각하면 심각할수록 그는 시의 길을 외롭게 걸어가고 있다.

순수한 서정을 기르며, 세속에 물들지 않는 의연한 선비의 자세로 그는 시를 구도의 언어로서 가다듬고 있다.

그는 투명한 수정 같은 영혼을 가진 시인이다.〉(송재영)

1.2 시집의 서두에는 저자의 '책 머리에'가 있다.

1.3 작품의 목차는 제목을 특정하지 않고 1 ~ 4부로 구분되어 있다.

1부는 봄비 抒情/ 비탈길/ 아버지의 隸書/ 藤꽃/ 밧줄/ 못질이 덜 된/ 한 線上에/ 하얀 눈이/ 詩人의 방/ 겨울 抱擁/ 印象/ 不在/ 下棺 등 13편이다.

2부는 가을 풍경/ 果園/ 눈보라/ 국화/ 꽃나무/ 소리/ 새야/ 강추위/ 버들/ 벼랑/ 無題/ 劇놀이/ 遠景/ 나비 한 마리 등 14편이다.

3부는 모래알/ 종이배/ 갈대/ 달/ 달무리/ 波濤/ 스케치/ 간밤에 서리가/ 빈 유리컵/ 愁心歌/ 가을門/ 外出한/ 벌판/ 歲暮 등 14편이다.

4부는 바람 詩抄 1 ~ 15까지 15편이다.

1.4 시집의 말미에는 송재영 문학평론가의 '작품해설'이 있다.

2. '책 머리에'(임강빈)와 작품해설(송재영) 읽기

2.1 '책 머리에' 전문

〈책머리에〉

이 시집(詩集)에 담긴 작품은 『冬木』 이후 그간 지상(誌上)에 발표된 것을 주로 모은 것이다. 세 번째의 시집이다.

언제나처럼 개운하지 못하고 불만이 앞선다. 고작 이 변변하지 못한 것을 위해 그 많은 나날을 방황도 하고 괴로워했던가? 바닷가에서 열심히 조개껍데기를 줍다가 눈앞의 더 예쁜 것에 끌려 앞서 가진 것을 버리고, 이런 되풀이 속에 마침내는 빈손으로 돌아오는 꼴은 아니었던가?

내게 있어 시(詩)는, 이미 주어진 숙명(宿命) 같은 매듭을 풀어가는 작업이라는 생각도 해본다.

나의 시보다 평범(平凡)한 나에게 따스한 손길을 준 분들에게 고마움을 느낀다. 내 시에 대한 좌절감(挫折感)에서 오는 탓일까?

이 『매듭을 풀며』가 세상에 나오기까지 여러 모로 힘을 보태주신 분들을 잊지 못할 것이다.

1979년 6월

임강빈(任剛彬)

2.2 송재영의 작품 해설 전문

〈해설〉

순수언어(純粹言語)의 시학(詩學)

— 임강빈(任剛彬) 시인(詩人)의 시세계(詩世界)

송재영(宋在英)

시(詩)가 차츰 어려워지면서부터 많은 사람들이 시(詩)를 하나의 수수께끼처럼 생각하게 되었다. 시(詩)를 감상하는 순수한 원초적(原初的) 쾌감(快感) 대신 시(詩)의 기호적(記號的) 의미(意味)를 파악하는 체계적(體系的)인 작업(作業)이 우선하게 된 것이다. 말하자면 한편의 시(詩)가 지니고 있는 정서적 분위기에 공감(共感)하기 전에, 또는 전혀 공감(共感)하지 못하면서도 그것의 문맥적(文脈的) 해석(解釋)을 시도하는 것이 오늘날의 전반적인 경향을 이루고 있다. 그 결과 당연한 논리(論理)로 시(詩)에 대하여 정서(情緖)보다는 사상(思想)을, 언어(言語)보다는 철학(哲學)을 요구하는 도그마가 이따금 들려오는 때가 있다. 때로는 이 도그마의 기세(氣勢)가 매우 위압적(威壓的)이어서 시인(詩人)들 자신이 위축해질 때도 있고, 그래서 이른바 사상성(思想性)을 추구하는 시(詩)가 그러나, 매우 서투른 솜씨로 나타나는 것을 볼 때가 있다. 그것이 서툴다고 말하는 것은 지극히 도식적인 발상(發想)을 시적(詩的) 문식(文飾)으로 호도(糊塗)하여 일종의 애매한 관념적(觀念的)인 분위기만을 조성하고 있기 때문이다.

물론 그렇지 않은 시인(詩人)도 있다. 지금 여기서 말하고자 하는 임강빈(任剛彬) 씨가 바로 그러하다. 이러한 지적은 뒤에 가서 자세하게 논급(論及)될 터이지만, 그의 시(詩)에 사상성(思想性)이 결여(缺如)돼 있다는 약점을 의미하는 것이 아니라 그와 반대로 사상성(思想性)의 반대급부로서 보다 풍부한 '공감(共感)의 세계'를 지녔다는 것에 더 역점을 두고 있는 것이다. 사실 어떤 비평가(批評家)들이 각기 자기 주장(主張)과 취향(趣向)에 따라 오늘날의 시(詩)는 마땅히 이러이러해야 된다는 식(式)의 교조주의적(敎條主義的)인 구호를 아무리 소리 높이 외치더라도, 또는 주변의 수많은 시인(詩人)들이 시류(時流)의 초점(焦點)을 민감히 의식하고 제가끔 실험적(實驗的)인 변신(變身)을 꾀하는 데 경쟁을 하고 있어도, 임강빈(任剛彬) 씨는 우직스럽게도 이십 년간 같은 자세(姿勢)를 견지하고 있다. 그러나 그의 고집은 공연한 것이 아니며, 예리하게 분석해 보면 특유한 논리(論理)와 체계(體系)를 내포(內包)하고 있는 것이다. 그렇기 때문에 그의 고집이 사실은 시적(詩的) 생명력(生命力)이 되며 그를 돋보이게 하는 그 자신의 독창성이란 것을 깨닫게 될 것이다.

1

임강빈(任剛彬) 씨는 설명을 보류하고 있는 시인(詩人)이다. 일정한 대상(對象)에 대해서도, 자기 자신에 대해서도, 또 삶 자체에 대해서도 그는 굳이 설명하지 않는다. 그는 설명하기보다는 하나의 시추에이션을 제시(提示)하는데 만족한다. 그렇기 때문에 그의 詩에는 페르소나(Persona)가 전혀 개입하지 않을 경우가 많이 있으며, 설혹 그것이 개입된다 하더라도 한두 행(行) 정도의 암시(暗示)로써 끝나고 만다. 그의 시형(詩形)이 지극히 단순화(單純化)되고 있는 이유는 바로 이 점에서 어느 정도 설명될 수 있으며, 앞으로 차츰 밝혀질 터이지만 그것은 그에게 있어 필연적인 결과이기도 하다. 아무튼 단순한 시형(詩形)을 통해 시적(詩的) 의미(意味)의 추구보다는 그 효과(効果)의 전달에 더 주력하는 듯한 전반적인 그의 시적(詩的) 경향(傾向)은 그의 첫 시집(詩集)『당신의 손』 이후『冬木』을 거쳐 이번에 새로 나오는『매듭을 풀며』에 이르기까지의 변함없는 특징(特徵)으로써 자리하고 있다.

시월(十月)
풀밭에
벌레소리

그 소리 쌓여
세계(世界)가
조용하기만.

시월(十月)
하늘은
못다한 이야기

그런
눈빛에
젖어있기만.

시월(十月)

풀밭은
어머니 넓은 가슴.

무엇이나
가득히
앉을 채비만.

이상은 『당신의 손』에 수록되어 있는 「시월(十月)」의 전문(全文)이다. 우선 누구나 쉽게 간파(看破)할 수 있는 것은 앞에서 말한 대로 형식(形式)이 지극히 단순하다는 점이다. 가령, 목월(木月)의 초기시(初期詩)를 연상하리만큼 동사종결형(動詞終結形)의 시행(詩行)이 한 줄도 눈에 띄지 않고 복합적(複合的)인 이미지의 구성(構成)도 전혀 볼 수 없다. 물론 페르소나의 개입도 일체 없다. 말하자면 얼핏 보아서는 간단한 소묘(素描)에 불과한 것이다. 여기엔 하나의 일관된 의미작용(意味作用)이 없고 오직 순수한 정서(情緖)의 응집현상(凝集現象)만이 보이며, 그것이 예민한 독자(讀者)들에게 상상적으로 전달될 수 있도록 효과적인 구성을 이루고 있을 뿐이다. 말하자면 우리는 「시월(十月)」을 통해서 가을이라는 계절을 추상적(抽象的)으로 배우는 것이 아니라 그것을 감각(感覺)을 통해서 느끼는 것이다. 그것은 '벌레소리', '세계', '하늘', '어머니 넓은 가슴'이라는 이미지의 확대(擴大)로 구도(構圖)를 형성하고 마지막에 가서 '무엇이나/가득히/앉을 채비만'이라는 정서(情緖)의 환기작용(換起作用)을 가(加)함으로써 시월(十月)을 고독과 회상, 그리고 그것을 충만시키고 싶은 계절(季節)이라고 우리들의 감각에 호소하는 것이다.

만약 이러한 시적(詩的) 경향(傾向)이 극단으로 달리면 어떻게 될까. 그것은 일찍이 상징파시인(象徵派詩人)들이 시도했던 대로 의미(意味)가 완전히 배제(排除)된 순수시(純粹詩)의 지향 목표가 될 수 있다. 그러나 성급한 결론을 내리기 전에 이에 부합되는 좋은 본보기의 시(詩)를 다시 한 번 인용(引用)해 보는 것이 좋을 것이다.

손수레에 실려
이삿짐이 지나간다.
눈이 내려
늙은 부부의 발자국을
황황히 지우고 있다.
끌며 밀며
갈림길에서
잠시 뒤돌아본다.
눈 위에 비틀거린
수레바퀴 자국의 인상(印象).
이 무상의
그림 한 폭도
이삿짐에 싣고 간다.
앞산에도
눈이 내린다.

「인상(印象)」의 전문(全文)이다. 이것은 문맥상(文脈上)으로는 아무런 감정도 드러나지 않는, 말하자면 장면(場面)의 제시(提示)라고 볼 수밖에 없다. 굳이 이름 붙인다면 철저한 묘사시(描寫詩)라고 할 수 있을 터인데, 사실 이 시(詩)는 행(行)갈이만 무시한다면 소설에서 읽을 수 있는 이사 장면의 묘사라고 착각할 정도이다. 바로 이 점에서 임강빈(任剛彬) 씨의 중요한 일면이 드러난다.

'그는 굳이 설명하지 않는다.'라는 초두(初頭)에서의 진술(陳述)을 일단 환기시키고, 이제 이 점을 더 구체적으로 해명해야겠다. 방금 인용(引用)한 「인상(印象)」은 일견 매우 단조로운 풍경을 그린 것에 불과하다. 그러나 읽은 사람에 따라서 그 반응은 매우 다르게 나타날 수 있다. 어떤 사람은 사실적 풍경 이외는 아무것도 머릿속에 떠올리지 못할 것이고, 또 어떤 사람은 '늙은 부부'의 삶의 한 단면을 상상할 수 있을 것이다. 그런데 그 삶의 단면도 여러 각도로 상상될 수 있다. 가령 어떤 사람은 눈이 내려 꽁꽁 얼어붙은 비탈진 골목길을 손수레를 '끌며 밀며' 이삿짐을 날라야 되는 어느 노부부(老夫婦)의 가난한 생활을 상상하며 연민의 정을 느낄 것이다. 또 어떤 사람은 그런 가난 속에서도 꿋꿋하게 살아가는 서민(庶民)들의 삶의 의지(意志)를 깨달을 것이다. 그런가 하면 또 어떤 사람들은 온갖 세상 풍상을 겪고 살아온 노부부(老夫婦)의 말 못할 체험(體驗)을 이삿짐을 통하여 감동적으로 이해할 수도 있을 것이다. 요컨대 독자에 따라서 이 작품에 대한 정서적인 반응은 천차만별(千差萬別)일 수 있다. 그러나 정작 시인(詩人)은 그 어느 것을 설명하고 있는가. 다시 말하거니와 그는 아무것도 설명하지 않는다. 그는 단지 보여줄 뿐이며, 시적(詩的) 감동(感動)은 순전한 독자(讀者)의 몫으로 돌리고 만다.

근본적으로 시작태도(詩作態度)가 이러하기 때문에 임강빈(任剛彬) 씨는 구태여 어려운 말을 사용하지도 않고 많은 이미저리를 병치(竝置)하지도 않는다. 뿐만 아니라 거의 비유(比喩)까지도 절제하고 있다. 가령, 우리가 「인상(印象)」 전문(全文)을 통하여 유일하게 발견할 수 있는 비유는 수레바퀴 자국을 가리켜 '이 무상의/그림 한 폭'이라는 대목뿐이다. 그리고 정직히 말하자면 이 같은 메타포어는 이 시(詩)에 있어서 아주 파격적(破格的)이라고 느껴진다.

초기에서부터 그 징후를 보여주던 임강빈(任剛彬) 씨의 이와 같은 시작태도(詩作態度)는 『매듭을 풀며』에 이르러서는 확고하게 틀을 잡아가고 있다. 「한 선상(線上)에」, 「하얀 눈이」, 「시인(詩人)의 방」, 「겨울 포옹(抱擁)」, 「벼랑」, 「달」 같은 작품이 말하자면 이 계열(系列)에 속하는 것이라고 볼 수 있는데 물론 기타도 일일이 열거(列擧)할 수 없을 정도이다.

그럼 임강빈(任剛彬) 씨의 이러한 시적(詩的) 특징(特徵)은 어떠한 면에서 그 독창성을 평가(評價)받을 수 있을 것인가. 세계(世界) 시사상(詩史上)으로 볼 때 엄밀한 의미에서 직접적인 감정이입(感情移入)을 회피하고 단순한 서경(敍景)의 제시(提示)만으로써 간접적인 감정효과(感情効果)를 추구한 시작방법(詩作方法)이 전혀 없었던 것은 아니다. 동양(東洋) 최고(最古)의 시경(詩經)이라고 일컫는 『시전(詩傳)』에 수록된 305편(篇)의 시(詩) 가운데 많은 편수(篇數)들이 자연경치(自然景致)에 의탁하거나 또 허구적(虛構的)인 장면조작(場面造作)에 의하여 감정 전달을 수행하고 있다. 서구(西歐) 근대시문학(近代詩文學)에 있어서도 비슷한 예를 들 수 있다. 리꽁트 · 드 · 릴르를 맹장(猛將)으로 하는 소위 빠르나쓰파(派) 시인(詩人)들의 작품이 대개 정밀한 사실적(寫實的) 묘사(描寫)를 그 중요 특징으로 삼고 있거니와 딜런 토마스류(流)의 이미지스트들이 추구(追求)한 선명한 회화성(繪畫性)의 형상화(形象化)도 어떤 점에서는 이와 동궤적(同軌的)인 성격(性格)이라고 할 수 있을 것이다.

뿐만 아니라 가까이 국내(國內)에서 그 예(例)를 든다면 김춘수(金春洙) 씨가 주장한 이른바 무의미(無意味)의 시(詩)도 철저한 객관적(客觀的) 묘사(描寫)를 그 특징으로 내세우고 있다. 그러나 물론 페르소나가 동원되지 않는 순수한 묘사의 시(詩)라고 해서 액면 그대로 의미(意味)가 없을 수는 없다. 단지 시인(詩人) 자신이 감정으로 윤색(潤色)한 의미를 설명하지 않고 주장하지 않고, 혹은 영탄(咏嘆)하지 않는다는 뜻뿐이다. 다시 말하자면 앞에서 이미 지적했듯이 직접적인 감정이입(感情移入)을 하지 않고 사물(事物)의 순수한 형상화(形象化)를 통하여 독자가 창조적(創造的)으로 대상(對象)에 접근토록 하는 것이다. 넓은 각도에서 보자면 임강빈(任剛彬) 씨도 이와 동렬(同列)에 속하는 시인(詩人)이다.

그러나 그는 아직도 시(詩)에 있어서의 자아(自我)를 완전히 포기하고 있지는 않다. 왜냐하면 아직도 그의 시(詩)에는 페르소나가 불쑥 나타나는 경우가 많이 있으며, 또 그것이 나타나지 않는 경우라 하더라도 비유(比喩)나 이미지를 통하여 간접적으로 그 역할을 담당하고 있기 때문이다. 그것은 근본적으로 그가 내면세계(內面世界)를 숨기지 못하는 다감한 서정시인(抒情詩人)임을 말해 주는 증거이기도 하다. 앞에서 제기한 그의 시적(詩的) 독창성의 문제는 바로 이 언저리에서 구명(究明)되어야 할 것이다. 그는 단순한 풍경만을 제시하고자 하는 게 아니라 거기에 자아(自我)의 실체(實體)와 현실(現實)의 삶에서 빚어진 시인(詩人)의 참모습을 담아놓는 것이다. 그렇기 때문에 그가 그리는 화폭(畵幅)은 결코 화려하지 않고 검소하며 질박하다. 말하자면 그것은 추상화(抽象化)도 아니며 사실화(寫實畵)도 아니다. 어느 정직한 시인(詩人)의 내면적(內面的)인 초상화(肖像畵)라고나 할까….

2

임강빈(任剛彬) 씨의 시(詩)는 객관적 묘사를 통한 간접적 방법, 또는 직접적인 서정표출(抒情表出)의 방법 그 어느 것에 의존하든 결국은 시인(詩人) 자신의 여러 분신(分身)을 투영(投影)하고 있다. 여기서 '여러 분신(分身)'이라고 말하는 것은 원초적(原初的) 자아(自我)와 일상적(日常的) 자아(自我), 또는 창조적(創造的) 자아와 사회적(社會的) 자아(自我) 간의 아이덴티티 추구(追求)에 있어 필연적으로 야기되는 내면적 갈등의 여러 양상(樣相)을 하나의 인격체(人格體)로 표현하고자 하는 것이다. 그의 내면적 갈등의 원인은 지극히 간단한 논리로써 설명될 수 있다. 그의 세 권(券) 시집(詩集) 전편(全篇)을 통해서 한결같이 드러나는 다정다감(多情多感)한 감수성(感受性), 정직한 사회인(社會人)으로서의 자세(姿勢), 그리고 주변 사람과 사물(事物)에 대한 인정이 그로 하여금 끊임없이 삶의 조화(調和)를 모색하게 한다. 그는 우리 앞에 전개되는 자연현상(自然現象)을 시적(詩的) 예지(叡知)로 쳐다보기도 하고, 그가 운명적으로 맺고 있는 인간관계(人間關係)에 있어 본능적인 유대의식감(紐帶意識感)을 실감하고, 또한 현실(現實) 주변(周邊)의 모든 사상(事象)을 삶의 조건으로 파악하기를 잊지 않는다. 그런데 시(詩)를 쓴다는 창조행위(創造行爲)는 '임강빈(任剛彬)이라는 인간(人間)'에 대한 자아성찰(自我省察)을 잊을 수 없게 한다. 어쩌면 이것이 시인(詩人)으로 하여금 시인(詩人)일 수 있게 하는 요인(要因)인 동시에 갈등의 모체(母體)가 되는 것이다. 자신이 처해져 있는 범속(凡俗)한 일상(日常), 그 가운데서 기계적으로 적응되어 가는 물질적 삶의 순환을 예리하게 깨달을수록 시인(詩人)의 외면생활(外面生活)과는 달리 그의 내면세계(內面世界)는 점점 텅 비어가는 것을 의식한다. 어떤 점에 있어 그것은 인간의 본원적(本源的)인 고독(孤獨)이라고 할 수 있을지도 모르지만 치열한 의식의 소유자인 시인(詩人)에게 있어서는 그것이 창작의 모티베이션을 이룬다는 점에서 중요한 것이다.

이리하여 임강빈(任剛彬) 시(詩)에서는 고독(孤獨)의 그림자가 떠나지 않는다. 대개 누구에게서나 다 그러하듯이 그에게 있어 고독의 원인은 '당연히 거기 있어야 할 사람의' 부재현상(不在現象)에서 비롯한다. 가령 '서로가 건너지 못해/기다리는 우연한 만남'(「봄비 서정(抒情)」) 같은 데서 엿볼 수 있는 이별의 쓰라림, '강아지도 집을 비우고 없는'(「부재(不在)」) 텅 빈 집에서 느끼는 외로움, 또는 자신의 방에 칩거하여 시작(詩作)에 몰두하는 쓰라림(「시인(詩人)의 방」), 결국 이 모든 것이 그에게 있어서는 고독(孤獨)의 실체(實體)로 나타나고 있다. 고독은 삶의 조화(調和)가 깨뜨려지는 데서 오는 정서적 반응을 의미한다. 조화(調和)란 물론 물질적 삶이나 인간관계에서만 성립되는 것은 아니다. 그것은 자연현상(自然現象)에 있어서도 마찬가지다.

바람 끝에
머무는 적막(寂寞)이
내 뼈마디를 흔들어준다.

— 「동목(冬木)」 에서

바람은 잠시도 쉬지 않고 일어나는 기류현상(氣流現象)이다. 그런데 그것이 조용해진 순간, 즉 일상적으로 거기 당연히 그렇게 있어서 들려와야 할 것이 들려오지 않을 때 시인(詩人)은 '뼈마디를 흔들어'주는 고독을 의식하는 것이다. 예사로운 적막(寂寞)이 아니라 '바람 끝에/머무는 적막(寂寞)'이라는 시행(詩行)에 특히 주의해야 할 이유가 바로 이 점에 있다.

임강빈(任剛彬) 씨는 역설적(逆說的)으로 고독을 황홀(慌惚)한 경험(經驗)으로 의식할 때도 있다. 물론 그것은 극히 드문 경험이며, 그만큼 그러한 시(詩)는 특히 돋보인다.

모였다 쓰러진다
쓰러지며 지킨다.
고독(孤獨)
어떠랴
빛 뿌리는
한낮의 경험(經驗)을

— 「풀잎」 에서

무형(無形)의 고독이라는 감정을 황홀한 결정체(結晶體)로 형상화(形象化)함으로써 이 시(詩)는 고유한 긴장미(緊張美)를 얻고 있다. 고독(孤獨)하다는 것만이 반드시 시인(詩人)의 덕성(德性)으로 간주(看做)되는 것은 아니지만, 여기서 느껴지는 고독(孤獨)의 실체(實體)는 일상적(日常的) 차원(次元)에서 탈피한 형이상학적(形而上學的) 체험(體驗)이라는 점에서 시인(詩人)의 고독(孤獨)한 외로움을 충분히 우리에게 전달하고 있는 것이다.

그러나 이러한 면은 최근에 와서 치열한 의식(意識)의 분화(分化)로 와해(瓦解)되고 만다. 이것은 결국 시인(詩人)이 안이(安易)한 도취(陶醉)보다는 대상(對象)에의 적극적인 접근을 택했다는 의미이기도 하다.

더 나갈 수도 없는
벼랑 앞에
꽃 하나 피어 있다.
(……략(略))
고독은
그 속에도 끼지 못하고
마른 번개가
성큼 지나고 있다.

—「벼랑」에서

이 시(詩)에서 드러나는 것은 극한점(極限點)에 이른 고독의 위기의식(危機意識)이다. 벼랑에 홀로 피어 있는 한송이 꽃보다 더 외로운 실체(實體), 섬광(閃光)과 같은 찰나(刹那)로 '성큼' 지나가는 감정의 흐름이기 때문에 파악할 수 없는 위태로운 어떤 실체(實體), 그러한 것이 고독이라면 그것은 결국 무형(無形)의 관념(觀念)에 불과할지도 모른다. 이리하여 방금 적은 대로 결정체(結晶體)와 같이 구체적(具體的)으로 드러나던 고독은 다시 와해(瓦解)되어 그 원형(原形)으로 환원하고 마는 것이다.

임강빈(任剛彬) 씨는 그 자신이 말하고 있듯이 '소심(小心)한'(「은행나무」) 사람이며 시인(詩人)이다. 소심하기 때문에 모든 사상(事象)에 대하여 서투르기만 하고, 심지어는 애인(愛人)조차 부담이 될 만큼 느껴진다. 그렇기 때문에 그의 외로움은 더해가고, 그럴수록 그는 동심(童心)에의 향수(「한 장의 그림」 참조)를 버릴 수 없으며 또 때로는 '피한 방울 묻지 않는/환상(幻想)의 굴레'(「잠에서 깨어」)를 깨닫는 자의식(自意識)의 고통을 느끼는 것이다. 그럴수록 그의 시선(視線)은 산(山)과 바람, 즉 자연계(自然界)를 향하여 더욱 친밀하게 쏠려지고, 마침내는 그것과의 융화(融和)를 시도하기도 한다. 이런 면은 초기시(初期詩)부터의 그의 특징이기도 한데, 그것은 특히 「산(山)」이라는 작품에서 동양적(東洋的) 오성(悟性)의 경지를 보여주기도 한다. 참고삼아 다음에 그 중 몇 연(聯)을 인용(引用)해 보기로 한다.

저 산(山)의
높이가
내 눈썹만큼도
못한
바로 그쯤이라 생각한다.

아주 그렇게
믿고 싶을 때가 있다.

그러나 물론 이상에서 이야기한 고독과 자의식(自意識), 외계(外界)와의 융화(融和), 이런 것들만이 그의 시(詩)의 전부는 아니다. 이런 것 이외에도 그는 혈육(血肉)들에 대한 깊은 애정, 주변 생활의 담담한 감흥(感興)을 즐겨 다루고 있으며, 그런가 하면 때로는 현실과 타협하지 않으려는 자유의지(自由意志)를 노래한 「버들」과 같은 작품도 남기고 있다. 그러나 이 모든 것에 관해 이야기하기에는 이 지면(紙面)이 한정되어 있으므로 이제 우리는 그의 연작시(連作詩) 「바람 시초(詩抄)」에 대하여 잠깐 논급함으로써 이 글을 끝맺을까 한다.

근래 연작시(連作詩) 형태의 작품이 많이들 발표되고 있지만 임강빈(任剛彬) 씨의 「바람 시초(詩抄)」는 그런 문단적(文壇的) 유행(流行)을 흉내 낸 것은 아니다. 이 점은 그의 작품들을 관심 있게 읽어본 사람들에게는 대번 이해가 될 것이다. 다시 말하자면 '바람'은 초기서부터 그의 시(詩)의 주(主)이미지를 형성하고 있는 것이다. '바람' 다음으로 그의 시(詩)에 자주 비치는 이미지는 '눈'과 '비'다. 「눈」, 「설경(雪景)」과 같은 초기시에서부터 근작인 「하이얀 눈」, 「겨울 포옹(抱擁)」에 이르기까지 눈의 이미지는 계속 나타나고 있다. 또 비의 이미지도 마찬가지다. 「봄비」, 「은행나무」, 「소녀상(少女像)」 같은 작품에서 비의 이미지가 되풀이되고 있다. 물론 눈과 비는 그의 서정시(抒情詩)에서 기본 분위기를 형성하고 있는데, 바람의 이미지도 그 점에 있어서는 마찬가지다. 그러나 이 중에서도 바람의 이미지가 더 주류적(主流的)이고 그만큼 사용 빈도수도 높다. 즉 「울타리」, 「산정(山頂)」, 「교외(郊外)」 같은 초기시(初期詩)에서부터 「못질이 덜 된」, 「버들」, 「벌판」 등에서 볼 수 있듯 『매듭을 풀며』에 이르기까지 한결같이 반복되고 있으며, 그것은 급기야 「바람 시초(詩抄)」로 집약(集約)되는 것이다.

임강빈(任剛彬) 씨에게 있어 바람은 점점 종교적(宗教的) 신앙(信仰)과 같은 대상(對象)으로 굳혀져 가는 것 같다. 바람은 무형무상(無形無像)의 것으로써 그 실체(實體)를 파악할 수 없는, 그러나 분명히 자연현상(自然現象)을 지배하는 절대적 존재다. 그것은 무한히 유동적(流動的)이어서 구속(拘束)과 한계(限界)가 없으며, 그것 자체로써 충분한 존재(存在)이기도 하다. 이 점을 시인(詩人)은 다음과 같이 노래하고 있다.

바람은 내리지 않아
아무데나
뿌리를 내리지 않아

—「연작시(連作詩) · 1」에서

여기서 시인(詩人)은 구속받지 않는 바람의 무한한 자유(自由)를 노래하고 있다. 바람은 뿌리도 없고 울타리도 없기 때문에 모든 것을 뛰어넘을 수 있다. 인간으로서는 쉽게 도달할 수 없는 곳에, 오직 그 상상력만이 가 닿을 수 있는 곳에 바람은 삽시간에 도달할 수 있다.

내 살던 고향
내 살던 동네
내 살던 우리 집에
다시 돌아갈 수 있는 것은
바람 되는 일이다.

—「연작시(連作詩) · 3」에서

이것은 동양적(東洋的) 관념(觀念)으로 표백(表白)하자면 바람의 무궁(無窮)한 천지조화(天地造化)를 말하는 것이다. 바람에의 지향성(指向性) 또는 바람과의 동일성(同一性)은 이룰 수 없는 것에 대한 염원(念願), 혹은 흔히 말하는 한(恨)을 대변하는 것이기도 하다. 그러나 시인(詩人)의 지혜는 결국 바람의 허망성을 깨닫게 될 뿐이다.

바람아
허무(虛無) 빼놓고는
무엇이든 가르쳐도 좋아라.

—「연작시(連作詩) · 7」에서

그러나 이 시구는 역설(逆說)로써 해석하는 것이 타당할 것이다. 결국 '허무(虛無) 빼놓고는' 무엇이든 다 말해 달라는 것은 바람은 여태껏 허무만을 가르치고 있다는 역설(逆說)을 의미한다고 보아도 옳다. 이 점은 특히 그의 초기시(初期詩)와 비교해서 고찰할 때 극명하게 이해될 수 있다. 그는 일찍이 「풀꽃」에서 '바람 속에/흔들리지 않는 내 허무(虛無)여'라고 노래한 바 있다. 결국 흔들리지 않는 허무(虛無)란 허무에 대한 확고한 의식을 상징하는 말이다. 그렇다면 「풀꽃」과 「바람 시초(詩抄)」와의 상관관계는 어느 정도 드러나는 셈이다. 그러나 여기서 반드시 주의(注意)하고 지나쳐야 할 것이 있다. 그가 말하는 허무(虛無)란 통념적(通念的)인 의미에서의 인생무상(人生無常)이란 뜻이 아니라 이 모든 것을 초월한 구애받지 않는 존재양식(存在樣式)을 가리킨다. 소심하고 정직한 시인(詩人)이기 때문에 그만큼 일상(日常)의 구속을 버리지 못하는 것이 당연하고, 그러나 그의 내면적 분열은 비례적으로 상승한다. 그리고 바람은 바로 이러한 분열의 포용대상(包容對象)이 되는 것이다. 「바람 시초(詩抄)」는 전부 15편의 연작(連作)으로 돼있지만 전체적으로 이와 같은 발상(發想)으로 엮어져 있다.

우리는 참으로 어려운 시대(時代)에 살고 있다. 물질적(物質的)인 삶은 어느 정도 향상되었지만 정신적 삶은 그 지표(指標)를 잃어가고 있기 때문에 사람들의 정신(精神)은 점점 더 빈곤해지고 있다. 시(詩)가 진실로 요청되는 것은 바로 이러한 시대(時代)에서이다. 그러나 이러한 시대(時代)에서 시(詩)를 쓴다는 것은 자기희생(自己犧牲)으로써 가능(可能)하다. 시대(時代)에 대해서 아첨하지 않는, 그러므로 자칫 현실(現實)의 낙오자(落伍者)로 점 찍히기 쉬운, 고고(孤高)한 시인(詩人)은 물질적인 삶을 희생함으로써 역사(歷史)에 영원히 남는다. 임강빈(任剛彬) 씨는 이러한 희생을 달갑게 받아들이고 있다. 금세기(今世紀)의 카오스적(的) 악순환(惡循環)이 심각하면 심각할수록 그는 시(詩)의 길을 외롭게 걸어가고 있다. 순수한 서정(抒情)을 기르며, 세속

(世俗)에 물들지 않는 의연한 선비의 자세(姿勢)로 그는 시(詩)를 구도(求道)의 언어(言語)로서 가다듬고 있다.

그는 투명한 수정 같은 영혼을 가진 詩人이다.

제4시집

등나무 아래에서

제4시집 『등나무 아래에서』
정통적 순수 서정시의 섬세한 감성

1. 『등나무 아래에서』의 서지적 개관

1.1 임강빈의 4시집 『등나무 아래에서』는 1985년에 문학세계사에서 발간하였다. 총 152쪽이다.

표1 하단에는 〈동양적인 깊이를 지닌 순수서정의 원형질이 임강빈 시의 한 골격이다. 정통적인 순수서정의 시세계를 지키며, 맑고 깨끗한 감성으로 잃어버린 자연과 인간을 끈기 있게 접합해 가는 임강빈의 시편들은 한결같이 우리 서정시의 격조 높은 전범을 성취하고 있다.〉가 기록되어 있다.

표4 하단에는 시 〈비가 산에 내린다/ 산에 비가 내린다/ 혼자 들어도 그만인 빗소리/ 여럿이 들어도 그만인 빗소리/ 빗소리는 무심하다/ 그 무심 속에서도/ 끄떡 않는 산〉「山雨吟」의 일부가 기록되어 있다.

1.2 시집의 서두에는 '독자를 위하여'가 있다.

1.3 목차는 4부로 구분되어 있는데, 각 부마다 제목을 달았다.

1부(산우음)는 밤비/ 산새/ 빈손으로/ 가을비/ 물/ 코스모스/ 山雨吟/ 넝쿨장미/ 등나무 아래에서/ 들녘에서/ 겨울 잔디/ 雪日/ 작은 꽃/

바다/ 계곡에서/ 단풍나무/ 고속도로를 달리며/ 복도를 걸으며 등 18편이다.

2부(거위의 노래)는 까치집/ 자갈/ 가을/ 구경꾼/ 거위의 노래/ 나비 한 마리/ 戀歌/ 귀울림/ 황소/ 침묵에서/ 구름을 주제로 하여/ 돌에 앉아/ 낡은 사진/ 바다낚시/ 不眠에/ 귀로/ 東海岸/ 원두막의 회상/ 연하장 등 19편이다.

3부(손을 비비며)는 창밖으로/ 복숭아꽃/ 손을 비비며/ 봄비 내려/ 땅/ 가을과 편지/ 풍경/ 두리번거리다/ 봉선화/ 당신의 적막/ 木瓜/ 안개꽃/ 고향/ 시골길/ 공터/ 비탈길/ 山行/ 말티고개/ 木尺橋 부근 등 19편이다.

4부(달맞이꽃)는 言語/ 환상의 고리/ 딸에게/ 냉수/ 외할머니 생각/ 조회시간/ 달맞이꽃/ 종이등/ 쓸쓸한 뜨락을 가득 채우는/ 둑길/ 우리의 시작은 겸허입니다/ 斷想集 등 12편이다. 단 마지막의 '단상집'에는 1번부터 14번까지 번호로 독립시켜 놓았다.

1.4 시집의 말미에는 이건청의 작품해설이 있다.

2. '독자를 위하여(임강빈)와 작품해설(이건청) 읽기

2.1 '독자를 위하여' 전문

〈독자를 위하여〉

겸허한 고독 속에서

네 번째 시집이 되는 셈이다.

좀 더 좋은 작품을 내놓지 못했다는 아쉬움이 따르지만, 이렇게나마

나를 확인할 수 있다는 작은 기쁨을 떨쳐 버릴 수 없다.

시가 병들어가고 있다고 하고, 그 회복과 건강을 염려하는 소리가 높지만 나는 그렇게 걱정을 안 해도 좋다고 본다.

물론, 시가 문학의 중심권에서 외곽으로 밀려나고 있다는 사실을 부인하고 싶지는 않다. 그러나, 시는 그것대로의 고유한 영역이 있는 법이고, 그것이 문학의 고향이라는 생각을 갖고 있다.

세상이 가파르고 복잡해질수록 진정한 감동을 가슴으로 담아서 가슴으로 나누어 줄 때, 시는 본래의 기능을 회복하고 독자도 모아질 것으로 믿는다.

사람마다 체질이 다르듯이 시의 세계도 다양하다. 제 분수에 맞는 시를 계속 써 나갈 작정이다.

시인은 어차피 고독한 존재가 아닌가. 다만 표현을 통해서 이를 극복하고 이웃에게 삶의 위안을 주고 서로 괴로움도 나누었으면 한다. 시인은 공명으로써가 아니라 작품으로 살아야 한다는 이 겸허가 흐트러지지 않기를 다짐해 본다.

이 시집이 나오기까지 여로 모로 애써 주신 여러분께 감사를 드린다.

1985년 12월

임강빈(任剛彬)

2.2 이건청의 작품 해설 전문

〈해설〉

화해와 긍정의 세계
— 임강빈(任剛彬)의 시세계

이건청(李建淸)

시인은 한 시대를 지배하는 유형적 사고나 전형적 감성을 깨뜨리고 자신의 목소리를 찾으려 한다. 그렇기 때문에 시인은 항상 그 시대를 지배하는 기성의 가치나 방법을 뛰어넘는 개별성을 추구하고자 하는 것이다. 시인이 그 시대를 풍미하는 시의 틀로부터 변별되는 자신의 세계를 추구해야 하는 것이 하나의 당위라 합의할 때 임강빈(任剛彬)의 시가 지니는 진면목이 확연해진다.

임강빈(任剛彬)은 정통적 순수서정의 시세계를 지속적으로 노래해온 시인이다. 임강빈이 한국인의 정통적 순수 감성을 노래함으로써 오히려 개별성을 얻고 있다는 사실은 오늘의 현대 한국시가 그만큼 정통적 순수서정의 세계와 떨어져 있다는 얘기일 수도 있다.

사실 요즘의 한국시는 그 양적인 팽창에도 불구하고 대단한 빈곤에 놓여있다는 느낌이 드는 것이다. 이 빈곤은 요즘의 시들이 지나치게 공소한 문제들을 피상적으로 노래하기 때문에 시와 독자를 연결하는 공감대가 형성되지 않는 것에서 연유된 것이다. 시가 기본적으로 감성의 양식이라는 자각 위에서 출발될 때 새로운 전개를 위한 출구가 마련될 것이다.

임강빈(任剛彬)은 우리들이 일상사에서 보고 지나쳐 버리는 사소한 것들, 원초적인 것들을 애정어린 눈으로 바라본다. 가령, 「산새」나 「코스모스」, 「까치집」이거나 「안개꽃」, 「외할머니」에 이르기까지 그의 관심이 머무는 대상들은 다양하다. 그러나 그의 이 다양한 관심들은 하나같이 빈도시적이고 반문명적인 속성을 지닌, 이른바 순수지향의 표상들이라는 점이 주목되어져야 할 것이다.

임강빈(任剛彬)은 이런 순수 지향의 대상들을 노래함으로써 자연과 친화의 관계를 맺고 아울러 안분지족의 동양적 인생관을 실현한다.

어느 시대를 막론하고 현실은 불만족스럽고 완고하기 이를 데 없는 관성을 지닌 것이었다. 현실이 지니는 이 완고한 관성은 수시로 개인의 지향을 규제하기 마련이어서 숱한 회의와 좌절을 안겨주기 마련이다. 이 현실적 좌절의 국면을 자연 풍물에 의탁하여 친화의 국면으로 수용하고자 한 것이 동양에서의 오랜 시가전통이 되어온 것이다. 즉, 자연과 인간과의 관계를 친화의 관계로 파악하면서 자연이 지니는 의연함과 영원함을 삶의 규범으로 치환하고자 하였던 것이다. 임강빈(任剛彬)이 반도시적 반문명적 대상들에 의탁하여 자신의 심회를 토로하고 있는 것도 그런 맥락에서 이해되어야 할 것이다.

임강빈(任剛彬)의 시가 동양적 시가전통의 맥락에서 근거하고 있음은 그의 시 도처에서 발견되는 안분지족의 시세계를 보면 알 수 있다.

큰 나뭇가지에는
그 가지가 견딜 수 있을 만큼
작은 나뭇가지에는
또 그렇게
조화가 이루어 눈부시다.

—「설일(雪日)」

목척교 아래 물소리에서

제일 먼저 봄은 왔지만
그 다리가 복개되고
빌딩이 세워지고
주위에
다투듯 높은 건물이 들어오면서
봄이 조금 더딘 듯하다.

—「목척교(木尺橋) 부근」

앞의 시는 큰 나뭇가지에는 그 가지가 견딜 수 있을 만큼의 눈이 쌓이고 작은 나뭇가지에도 그것이 견딜 수 있을 정도의 눈이 내려 쌓인다고 노래한다. 즉, 어떤 자연현상도 그 속에 하나의 섭리를 지니고 있음을 이 시인은 노래하고 있다. 주어진 자연현상을 긍정하면서 그 속에서 그 나름의 질서를 터득해 가는 넉넉한 여유를 이 시는 보여주고 있는 것이다.

뒤 시가 노래하고 있는 것은 현대화 물결에 휩쓸려 그 본래의 순수성을 잃어가는 '목척교'와 '냇물'을 노래하고 있다. 그러나 이 경우에도 시인의 눈은 복개된 '목척교'와 '냇물'에 머무는 것이 아니다. 빌딩이 들어서면서 본래의 모습을 잃고 있는 현장을 보면서 시인은 '봄이 조금 더딘 듯하다'고 노래하고 있다. 도시화의 거센 물결을 바라보면서 분노를 느끼거나 어떤 저항감을 느끼는 것은 현실적 반응일 수 있다. 그러나 임강빈(任剛彬)은 도시화의 현장만을 바라보는 것이 아니라 도시화의 거센 흐름을 오히려 포용하면서 어김없이 찾아오는 계절의 순환을 노래하고 있는 것이다. 이것이 현상을 통해 그 현상의 뒤쪽에 자리한 우주의 섭리를 보는 시인의 원숙한 눈을 통해 획득된 발견의 세계이다. '목척교'와 그 밑을 흘러가던 '냇물'을 통해 봄이 오고 있음을 인지하던 시인이 그것들을 뒤덮고 불쑥불쑥 솟아난 빌딩의 숲을 바라보면서 '봄이 조금 더딘 듯하다'고 말하고 있는 것이다. 주어진 현상을 그

대로 긍정하면서 그 속에서 섭리를 발견해 가는 동양적 자연관의 표백인 것이다. 이런 경치는 누구나 쉽게 도달할 수 있는 것이 아니다.

임강빈(任剛彬)이 노래하는 자연은 변환 많고 유한한 세계에 던져진 시인에게 삶의 표준과 규범을 시현해 주는 것이다. 다시 말해 시인은 자연 속에서 삶의 규범을 발견해내고 있는 것이다.

비가 산에 내린다.
산에 비가 내린다.
혼자 들어도 그만인 빗소리
여럿이 들어도 그만인 빗소리
빗소리는 무심하다
그 무심 속에서도
끄떡 않는 산

— 「산우음(山雨吟)」

나무들의 편안한 자세
풀들의 편안한 자세

바람이
그 앞을 지나고 있다.

풀잎이 바람 속에 움직인다.
나뭇잎이 바람 속에 움직인다.

이내 균형 잡히는 나뭇잎
이내 균형 잡히는 풀잎

— 「들녘에서」

앞의 시가 노래하고 있는 '산'은 항상 의연하고 유구한 것의 표상이 되어있다. '비가 산에' 내리고 '산에 비가' 내린다고 할 때의 '비'와 '산'은 완벽한 화해에 도달해 있는 상태이다. '비'는 내려 산을 적시고 흘러 내려 물줄기를 이루어가기 마련이다. '산'은 내리는 '비'를 받아들이면서 풀과 나무를 푸르게 물들이면서 서서히 젖어간다. '비'와 '산'은 애초에 섭리가 그러하였듯이 대립의 관계가 아니라 친화의 관계로 대응하고 있다. 다만 그것을 바라보는 시인만이 '빗소리는 무심하다'고 생각한다. '빗소리'를 '무심하다'고 파악하는 것은 시인의 주관적 인식일 뿐이다. '산'은 의연하게 서서 스스로의 모습으로 있을 뿐이지만 변화 많은 인간으로서의 시인은 '무심'을 느끼면서 우수에 젖는 것이다. 그러나 그 '무심' 속에서도 '끄떡 않는 산'을 발견함으로써 시인은 삶의 표준과 규범이 어떤 것인가를 발견해내고 있는 것이다.

뒤의 시는 '바람'과 '나무', '바람'과 '풀잎'과의 관계를 통해 '움직임'과 '균형 잡힘'의 의미를 발견해 내고 있다. '나무'나 '풀'은 궁극적으로 편안한 자세를 이루고 있다. 바람의 움직임에 의해 풀잎은 움직이게 되고 나뭇잎도 또한 움직이게 된다. 그것은 '풀잎'이 바람의 실재를 긍정하는 자세이며 또한 '나뭇잎'이 바람의 실재를 긍정하는 자세이기도 한 것이다. 즉 '풀잎'이나 '나뭇잎'은 '바람'이라는 대상을 긍정적으로 수용함으로써 바람의 방향을 따라 움직이게 되는 것이다. 그러나 바람이 지나가 버리면 이내 원래의 자세로 돌아가 그 나름의 균형을 보여주게 된다. 즉, 「들녘에서」라는 제목의 이 시는 평범하고 보잘것없을 수도 있는 대상 속에서 삶의 표준을 발견해내고 있는 것이다.

「산우음(山雨吟)」이 '산'을 통해서 삶의 규범과 표준을 보여주고 있다면 「들녘에서」는 상호대립이 아니라 상호긍정을 통해 도달한 삶의 규범을 보여주고 있다. '끄덕도 않는 산'이나 '이내 균형 잡히는 나뭇잎'에서 우리는 변환 많은 현실보다도 원초적 자연을 향한 강한 신뢰의 몸짓을 발견하게 된다. 임강빈(任剛彬)은 삶의 도처에서 직면하는 회의나 좌절을 자연에 의탁함으로써 긍정의 가치 발견에 도달하며 그 가치를 삶의 규범으로까지 끌어올리고 있는 것이다.

임강빈(任剛彬)이 삶의 도처에서 발견하게 되는 대상들은 하나같이 미세하고 왜소하며 소외된 것들이다. 그러나 그런 대상들이 그의 시에 수용될 때는 긍정의 따스한 시선으로 감싸여진다. 그런데 대상을 따스한 눈으로 감싸는 이 시인의 의식은 자아에 대한 아픈 성찰을 토대로 한 것이다.

바람 부는 날
한 치 더 작아보이는
나의 손

일년초
마른 꽃대궁에게
손을 내민다

참
내가
부끄럽다는 뜻이다

—「손을 비비며」

이 시인이 일년초 마른 꽃대궁 앞에서 느끼는 부끄러움은 자아에 대한 아픈 성찰의 결과이다. 자연의 순환 질서에 따라 한해의 삶을 마친 일년초 꽃대궁을 보면서 시인은 그것이 하나의 성실한 삶의 징표임을 깨달아 알게 된 것이다. 마른 꽃대궁으로 바람 속에 던져진 이 준엄하고 성실한 자연 현상 앞에서 시인은 스스로 왜소함을 깨닫는 것이며 스스로의 빈손을 부끄러워하는 것이다. 이 부끄러움은 자신의 삶이 준열함과 성실함으로 일관되지 못하였음을 깨닫는 데서 온 것이며 아무런 결실도 이루지 못하였음에 대한 자성에서 연유된 것이기도 한 것이다. 임강빈(任剛彬)의 시 도처에서 발견되는 이런 아픈 자아 성찰은 그의 시가 지니는 자연긍정 및 자연 친화를 이해하는 단서인 것이다. 왜냐하면, 이 시인이 그가 처해 있는 현실 속에서의 자신을 왜소하고 소외된 것으로 파악하게 되면서 현실이 아닌 자연을 대상으로 시적 교감을 나누고 있기 때문이다. 임강빈(任剛彬)이 노래하는 이 정물적 대상들은 현실과는 달리 항상 의연하며 영원하며 무한한 것들인 것이다.

임강빈(任剛彬)은 그 속에서 안분지족의 넉넉한 삶을 추구하면서 삶의 표준과 규범을 찾고 있는 것이다. 그러나 그것이 쉬운 일일 수는 없다.

허유(許由)가
귀 씻던 물이
늙지 않고 있다.
비록 버리고
갈 것이나
꼭 손에 쥐고 싶은
충동이
돌 사이로 흘러간다.

—「물」

소부(巢父)와 허유(許由)의 고사는 이제 세상 영화의 부질없음과 곧고 의연한 삶의 한 전범을 보여주는 뜻으로 널리 쓰이고 있다. 세사에 더러워진 귀마저 씻고자 했던 이 철저한 결벽성, 그 귀 씻은 물을 자신의 말에게조차 먹이려 하지 않았던 극도의 금도 앞에, 시인은 자신을 세워본다. 그러나 소부(巢父)나 허유(許由)가 아닌 시인은 그 귀를 씻은 때[垢]일망정 세상 영화를 손에 쥐고 싶은 충동을 느낀다고 술회하고 있는 것이다. 이 솔직한 자기 고백 앞에서 우리는 이 시인에 대한 인간적 신뢰를 확인할 수 있다. 그것이 헛된 것일망정 손안에 넣고 싶은 유혹에 끌리는 인간적 약점도 함께 지닌 채 이 시인은 대상과의 관계를 긍정적인 것으로 수용하려고 노력하고 있는 것이다. 미세하고 소외된 대상 속에서 삶의 표준과 규범을 찾아내고 있는 것이다. 이런 일들은 유혹에 끌리는 인간적 약점을 동시에 포괄할 수 있었던 시인이 도달한 감성적 인식의 세계인 것이다. 이것은 소중한 소득이 아닐 수 없는 것이다.

한국의 많은 시인들이 정통적 서정에서 출발하였지만 삶의 일상성을 논리화하기 위해서 그들의 시세계를 버렸나. 복잡해진 개인의 내면세계를 표출하기 위해, 눌려 사는 이들의 삶을 대변하기 위해 그들이 애초에 지니고 출발했었던 감성의 시들을 버렸다. 많은 시인들이 그들의 시의 바탕이 됐어야 할 감성의 세계를 버리고 공허한 말들을 쏟아내고 있는 동안 임강빈(任剛彬)은 자신의 시세계를 소중히 보듬고 가꿔온 것이다. 그의 이런 집념이 이제 그의 시를 확연한 개성이 되게 하였다.

원초적인 자연현상물들을 향한 그의 신뢰나 긍정의 철학이 이제 원숙한 화합을 보여주고 있다. 그 자신을 위해서나 한국시의 앞날을 위해서나 다행한 일이 아닐 수 없는 것이다.

제5시집

조금은 쓸쓸하고 싶다

5시집 『조금은 쓸쓸하고 싶다』

꿋꿋하고 청빈하게 살아온 수도승처럼

1. 『조금은 쓸쓸하고 싶다』의 서지적 개관

1.1 임강빈의 5시집 『조금은 쓸쓸하고 싶다』는 1989년에 창작과비평사에서 발간되었다. 창비시선 76번으로 발간된 이 시집은 총 128쪽이다.

표4에 3명의 짧은 서평이 수록되어 있다.

〈충남에서 태어나 고향을 떠나지 않고 전통적 서정시만을 써온 임강빈의 간소함과 군더더기 없는 시의 구도는 마치 가을 대나무와 같다. 평범한 사람들의 삶과 애환도 잔잔하게 전해주는 그의 시에는 자연친화가 늘 내재해 있고, 그 조화는 삶에 질서를 제시한다.〉(시인 신경림)

〈맑고 곱게 다듬어진 그의 시세계는 수채화처럼 아름답다. 그러나 그 아름다움을 한꺼풀 벗기고 보면 거기에는 이 혼탁한 세월을 꿋꿋하고 청빈하게 살아온 한 인간의 수도승 같은 인내가 있다. 그것이 80년대를 마감하는 이 시점에서 아침 이슬처럼 빛난다.〉(문학평론가 염무웅)

〈말은 짧고 단순하게 끝나지만 그 의미가 무한히 지속되는 것을 우리 조상들은 좋은 시라고 여겼던 것 같다. 사물의 디테일을 속속들이 묘사하기보다는 그 핵심을 간단명료하게 파악하고 제시하는 시, 그리하여 독자로 하여금 자유로운 상상력을 무한히 확대하게 하는 시, 바로 그러한 시가 고전적 가치를 지닌 좋은 시의 예에 들 것이다. 나는 임강빈의 시가 우리들의 고전적 문학취향을 어느 정도 반영하고 있다는 점에서 주목하고 있다.〉(문학평론가 김시태)

1.2 시집의 서두는 생략되었고, 말미에 '후기'가 수록되어 있다.

1.3 시집의 목차는 별도 제목을 붙이지 않고 제1부 ~ 제4부로 구분되어 있다.

1부는 시집을 받고/ 혼자 마시기/ 괘종시계/ 62병동/ 도수체조/ 계단 오르기/ 눈물/ 명함/ 까마귀/ 차를 마시며/ 들깨꽃/ 시가 되기까지는/ 감동에 대하여/ 구둣방에서/ 사월/ 퇴근/ 시인/ 목숨/ 답답한 날 등 19편이다.

2부는 추억/ 무지개/ 올해의 가랑잎/ 햇살에 대하여/ 도시의 바람/ 수녀 Cecilia에게/ 삘기 뽑기/ 꿈/ 황색/ 등을 민다/ 달개비풀/ 가을에/ 억새풀/ 고향/ 가을 숲/ 진눈깨비/ 느티나무/ 강물을 굽어보며 등 18편이다.

3부는 선달 바람/ 안개 속에서/ 당암리/ 벚꽃/ 신록에/ 小菊/ 홍도/ 허수아비/ 삼월/ 立冬의 시/ 이름 외우기/ 원근법/ 한국의 산/ 錦江/ 上食/ 인동초/ 細雪/ 세상의 꽃은 아름답다/ 애비는 시를 쓴다 등 19편이다.

4부는 서정시인/ 손을 흔든다/ 머리맡에/ 빈 의자/ 해변시인학교/ 토란 잎사귀/ 蘭/ 공일/ 대관령/ 오랜만에/ 日暮/ 初雪/ 은행나무/ 벌초/ 빨간 신호등/ 종이집/ 나들이 短章 - 봄/ 나들이 短章 - 여름/ 나들이 短章 ㅡ 가을/ 나들이 短章 - 겨울 등 20편이다.

1.4 시집의 말미에는 조재훈의 '발문'이 있고, 이어 임강빈 시인의

'후기'가 수록되어 있다.

2. 발문(조재훈)과 후기(임강빈) 읽기

2.1 조재훈의 '발문' 전문

〈발문(跋文)〉

낮은 소리와 울림의 깊이

조재훈

1.

너나없이 들떠 있는 것 같은 요즈음이다. 모든 게 제자리를 떠나 어수선하게 헤매는 것 같다. 옳고 그른 것이 서로 섞여 뒤범벅이다. 이런 가치관의 심한 동요 속에서 우리는 살고 있다.

시인도 예외는 아니다. 무잡한 낱말의 난무 속에서 한껏 목소리만 높다. 따라서 실체는 없고 공허한 울림만 남게 마련이다. 사물의 본질을 차분히 밝혀내고 또 우리로 하여금 아주 조용히 지혜롭게 길을 찾도록 하는 게 좋은 시인일 터인데, 이 시대에 그런 시인을 만나기란 그리 쉬운 일이 아니다.

임강빈(任剛彬)은 스케일이 크지 않다거나 오늘의 문제를 정면에서 껴안지 않는다거나 하는 등등의 결함에도 불구하고 시의 미덕을 드물게 많이 가진 시인이다. 투명한 언어의 낮은 소리, 극도로 절제된 감정과 언외언(言外言)의 은은한 서정, 이런 것들은 커다란 소리에 식상한 우리에게 깊은 울림을 준다.

선불리
인생 운운하는 것도 우습다
(중략)

바람에 흔들리다가
풀잎이며
나뭇잎이
조용히 제자리로 돌아선다
그것을 지켜보는 것만으로도
이미 반은 시인이다.

—「시인」 부분

인생이 어떠니 뭐가 어떠니 이 시인은 떠들지 않는다. 바람에 흔들리던 풀잎이나 나뭇잎 같은 것이 바람이 잘 때 조용히 제자리로 돌아서는 것을 지켜본다. 맑고 고요한 이 시인의 시선은 하찮은 것에의 미세한 관찰을 훨씬 뛰어넘는다. 이것은 자로(子路)가 그의 스승 공자에게 위군(衛君)이 벼슬을 맡기려고 하는데 만약 주어진다면 무엇부터 하겠느냐는 질문에 한마디로 딱 잘라서 "이름을 바르게 함[正名]"이라 답한 그것과 맥을 같이한다. 춘추전국시대의 혼란상을 비추어볼 때 공자의 그러한 언명은 시사하는 바가 크다. 임강빈 시인의 시각이 섬약한듯하면서도 실상 튼튼한 것은 그 때문이다.

돌멩이 골라내어/두어 평 밭을 일구다/들깨 모종을 하다/아기 손바닥만 하게/건강하게 자라서/잎 사이사이/꽃자루에 다닥 피어/보일 듯 말듯 부는 바람에/안간힘쓰다/작아서 부끄러운가/더러는 일찍 그늘에 숨다/이 꽃보다/우리는 얼마나 작아 보이나/아직은 따가운 햇볕/공터 언저리/하얀 들깨꽃/잔잔한 외로움.

—「들깨꽃」 전문

그의 대표적인 이런 시에도 미세한 듯하면서도 실은 건강한 시선이 잘 드러나 있다. 들깨꽃 같은 하찮은 식물의 꽃을 노래한 시인은 많지 않다. '강아지풀'을 노래한 박용래를 우리는 기억하고 있지만, 들깨 또는 그 잎을 식용으로 생각할 뿐 우리 삶의 모습으로 환치시켜 보는 사람은 드물다. 척박한 땅에 심어져 보일 듯 말듯 자잘한 꽃을 피우는 들깨는 우리네 삶의 진정한 모습인지 모른다. 약한 바람에도 안간힘을 쓰듯 버텨야 하는 작디작은 삶, 그러나 적막한 공터 주변에는 따가운 햇살이 아직 남아 있다. 이 잔잔한 외로움은 목숨을 소중히 여기는 자의 것이다. 이러한 '외로움'이 이 시집의 전편을 관류하고 있다.

2.

좋은 시는 역시 여유를 두고 음미할 때에 제맛이 난다. 소설은 아무리 좋은 작품이라 하더라도 한 번 읽고는 그만인 경우가 많다. 그러나 시의 경우는 전혀 다르다. 거듭거듭 읽게 되며 급기야 외우게 마련이다. 읽을수록 감흥을 주고, 음미할수록 깊은 맛을 주는 그런 시를 우리는 소박한 대로 좋은 시라 부를 수 있다. 그것은 무엇에 말미암는가. 한마디로 말하여 시가 가진 배제의 원리 때문이다. 너스레를 떨 대로 다 떨고 할 말을 생각나는 대로 다 지껄이면 그것은 일회용으로 끝나고 만다. 엄격한 생략의 내적 명령에 따라 말을 배치할 때 조형미도 생겨나고 운율미도 형성된다. 뿐만 아니라 함축적인 의미도 태어난다.

함축은 여백의 의미이다. 시인의 직관이 숨어 생동하는 부분이다. 불교의 선종(禪宗)에서 흔히 말하는 불립문자(不立文字)의 경지이다. 행간에 깊고 넓은 의미를 거느리는 시가 일차적으로 좋은 시이며 그러한 세계를 속속들이 캐낼 수 있는 자가 훌륭한 독자라 할 수 있다.

임강빈은 여백을 사랑하는 시인이다. 어떠한 작품이든 그의 시는 차분히 가라앉은 마음으로 두서너 번 읽어야 가려진 의미가 얼굴을 내민다. 그리고 잔잔한 여운이 조금씩 증폭되면서 마침내 우리의 전부를 지배하기에 이른다.

> ① 이 땅에 눈이 내린다/조용히 쌓여서/한결 넓어 보인다//넓어서 옹졸한 생각/포근히 감싸주고/하얗게 눈부시다//이 어지러운 세상/한 모금씩 마시는/설록차
>
> —「차를 마시며」 부분

> ② 당신의 여백에/지친 날개/산새 한 마리 쉬게 하고/솔바람을 그 곁에 두고 싶더냐/(중략)/더 많은 시집의 여백을/정갈하게 비워두자/깡마른 수숫대 사이로/바람이 잘 보이듯이 말이다.
>
> —「시집을 받고」 부분

> ③ 가을 숲에/오솔길/곱게 물든 나뭇잎/모두가 서두는 채비/비어가는 숲속/낭랑한 새소리/어디로 가나/바람 없이도/쌓이는 낙엽/오솔길에서/오랜만에 만나는/당신의/뒷모습.
>
> —「가을 숲」 전문

이것들은 이 시집 속에서 아무렇게 뽑아본 시편들이다. ①은 눈이 내리는 겨울날, 차를 마시는 모습을 담고 있다. 잔잔한 한 폭의 동양화를 보는 듯 은은하다. 그러나 단순한 풍경이 아닌 데에 이 시의 여백이 있고 거기에 이 시의 묘미가 있다. 조용히 눈이 쌓여 한결 넓어 보이는 공간에 옹졸한 삶이 대비되어 있고 그 좁은 삶은 넓은 공간에 수용된다. 한 모금씩 마시는 설록차는 바로 그런 상황을 내포하는 일종의 객관상관물이다. 그러한 결과는 눈부신 하얀 세상이다.

②는 어느 시인으로부터 그의 시집을 받고 쓴, 옛 선비의 화답류의

시인데 이 시인의 시관이 극명하게 표백되어 있다. 외로운 산새 한 마리가 지친 날개를 쉬는 곳은 솔바람을 곁에 둔 여백이다. 그러나 이 여백은 다사로운 어머니의 품 같은 것이 아니다. 깡마른 수숫대의 떨림 사이로 시인에게는 바람이 더욱 잘 보이는 정갈한 그것이기 때문이다.

③도 언뜻 보면 아담한 서정시에 불과하다. 그러나 삶과 죽음의 섭리, 어른거리는 적막한 죽음의 그림자…, 이러한 것들이 행간에 잔잔하게 배어 있다.

삶에 대하여 일정한 거리를 두고 담담히 바라보는, 그러나 조금은 쓸쓸한 달관의 모습이 위에 든 시들의 여백을 차지한다. 이 여백의 깊은 울림을 읽는 것은 성실한 독사의 즐거운 몫이다.

3.

삶을 가진 것치고 외롭지 않은 게 없다. 자기 몫의 생로병사를 철저하게 스스로 지탱해야 하기 때문이다. 특히 동물이 갖는 불안과 고독은 더 심하다. 이러한 불안과 고독을 가장 심하게 느끼는 것은 동물 가운데에서도 사람이며, 이것의 극점(極點)을 내면에서 성숙시킴으로써 가치를 창조하는 사람은 철인(哲人)이다.

임강빈의 인간적인 분위기에서 대뜸 알 수 있는 것처럼 그의 시에도 정갈한 고독이 난(蘭)의 향기처럼 스며 있다. 그는 언제나 혼자서 표안 나게 가만히 서 있으며 눈은 맑게 안과 밖으로 열려 있다. 영어의 대문자 'I'가 주는 '나'의 고독을 그는 지병처럼 거느리고 있는 것이다. 크게 웃거나 크게 우는 법이 결코 없다. 늘 그런 표정으로 홀로 고독을 다스린다. 준엄한 자기 절제의 결과이다.

목로에 혼자 앉아
마시기까지는

꽤나 긴 연습이 필요하다.

그는 이렇게 「혼자 마시기」 앞부분에서 노래하고 있다. 그의 시가 거의 그런 것처럼 노래한다기보다 에피그램의 형식으로써 응축된 이야기를 드러내준다. 허술한 목로에 혼자 앉아서 술을 마시는 행위는 흔히 발견할 수 있는 고독의 징표이다. 그러나 그 '홀로 있음'은 많은 인고의 결정에 의하여 이루진다는 점이 중요하다. 고독이 한낱 지나가는 한때의 감상이 아닌 이유가 여기에 있다.

> 당신은 서정시인/빛바랜 서정시인/산등성이에서/억새풀 흔드는/그런 시늉을 하다가/큰 길을 피해/고샅에서 만나는 달빛/허허 헛웃음 틈서리에서/눈물은 뜨겁고/오십이 훨씬 지나서야/철이 든 당신/혼자 있고 싶어하고/안으로 세상일 삭이는 당신/약해도 단단한 뼈/섭섭한 날 있다/소리치고 싶은 날 있다/맑은 물소리에 귀 세우는/당신은 아무래도 서정시인.
>
> ―「서정시인」 전문

이 작품은 시인 자신을 이야기하고 있다. 비록 '당신'이라 하여 객체로 나타나 있지만 이것은 자기의 대상화이며, 이런 대상화를 통하여 자기에의 객관화와 연민의 정신을 심화시켜 준다.

바람 부는 산등성이에서 아무도 눈여겨주지 않는 억새풀로 서서 손을 흔드는 시늉을 하다가, 사람이 많이 다니는 번화한 길을 피해 고샅으로 들어선다. 거기서 만나는 것은 사람이 아니라 달빛이다. 사람들은 온통 거짓으로 차 있어 허허 너털웃음을 웃을 뿐이며 이 속에서 시인의 눈물은 뜨겁다. 지천명이라는 오십을 훨씬 지나서야 그런 고독한 자기 모습을 철저하게 응시하기에 이른다. 키르케고르의 이른바 고독한 실존을 우리는 여기에서 만나게 된다. 그러나 이 시인에게 초월이라는 날개가 보이지 않는다. 그라고 초월의 욕망이 없을 까닭이 없다. 신은 이런 때 편리한 출구가 될 수 있다. 하지만 그는 혼자 있고 싶어하고 또 모든 고통을 안으로 삭인다. 그렇기 때문에 약해 뵈지만 단단한 고독의 뼈를 갖게 된다. 하지만 바위처럼 무감각할 수만은 없어, 섭섭한 날이 있고, 또 소리치고 싶은 날이 있는 것이다. 그러나 누구와 다투거나 기쁨을 함께 나누는 게 아니라 흘러가는 맑은 물소리에 귀를 세운다.

서정시는 근본적으로 일인칭의 장르다. 그렇기에 총체성은 결여된다 하더라도 삶의 진실이 섬광처럼 예리하게 나타날 수 있으며 또 섬세한 미감이 개성적으로 드러날 수 있는 그 나름의 강점도 가지고 있다. 시의 주종이 서정시임을 아무도 부정할 수 없을 것이다. 스스로를 빛바랜 서정시인이라고 하였으나, 왕년에 그가 「코스모스」 등에서 보여준 신선한 이미지의 충격을 아직도 간직하고 있는 우리로서는 '빛바랜' 운운하는 것이 걸맞지 않음을 힘주어 말할 수 있다.

아마 삶의 성숙에서 오는 정갈한 고독이 그로 하여금 인생파적 생의 투시로 경사케 만듦으로써 평범화를 가져왔고, 그것이 빛바랜 또는 낡은 그런 것으로 비쳐지는지 모른다.

4.

서정시인이 대개 그렇듯이 임강빈의 시편들도 거의 자연과의 교감을 바탕으로 하고 있다. 자연은 그에게 있어서 시의 원천이다. 영감을 불어 일으키며 또한 소재를 가져다준다.

> 자연에서 시를 배우고
> 시에서 자연을 찾는

서로가 보완하는 노력이다.
노력은 따스한 감동이다.
때로는 시가 자연을 외면하고
때로는 자연이 시를 버린다.
버릴 때의 외로움
외면할 때의 허탈함
외로울 때나
허탈한 일이 손잡아줄 때
더없이 감동은 많은 것을 준다.

―「감동에 대하여」 부분

여기에서 자연은 음풍영월로서의 대상이 아니다. 자연에서 시를 배우고 시에서 자연을 찾는 그런 서로 보완하는 노력으로서의 자연이다. 그 노력이 우리에게 따스한 감동을 준다는 것이다.

자연에서 시를 배운다는 것은 무슨 뜻인가? 그것은 한마디로 대자연의 섭리이다. 말없이 질서대로 묵묵히 움직이는 자연의 크낙한 질서를 체득해야 한다는 말이다. 그렇다면 이와 반대로 시에서 자연을 찾는다는 말은 무엇인가? 오스카 와일드가 "자연은 예술을 모방한다."고 하며 아리스토텔레스의 그 유명한 반영론의 명제를 뒤집어 말한 바 있지만 그런 이야기는 여기에 해당되지 않는다. 터너의 안개 낀 템즈 강변의 그림을 보고 나서 기침하는 런던 시민이 많아졌다는 그런 따위 이야기 말이다. 시에서 자연을 찾는다는 말은 시를 통하여 간접적으로 자연을 발견한다는 것이 아니고, 쓰는(또는 쓰려는) 시에서 자연의 숨은 이치를 발견하려는 것을 가리킨다. 그러므로 자연으로부터 삶의 깊은 이치를 터득하고, 연역된 진리로부터 자연의 숨은 도리를 발견하려는 상호 모색과 보완을 의미한다. 따라서 시가 자연을 외면하고, 반대로 자연이 시를 버릴 때, 곧 상호 분리와 분열은 허탈함과 외로움을 주기 마련이며 그런 때 그 둘의 결합은 더할 나위 없는 감동을 준다.

> 한국의 산은/한국 사람을 닮았다/서두르지 않고/중용을 지킨다/춘하추동/계절에 민감하면서 말이 없다/산새 소리에도 말이 없다/말이 없는 산에서/잠언 한 말씀 듣고 싶다
>
> —「한국의 산」 부분

이러한 작품에서 그런 사실을 쉽게 확인할 수 있다. 한국의 산이라는 자연은 한국의 사람을 닮았으며, 이와 반대로 한국의 사람은 한국의 산이라는 자연에 의지하기 때문이다.

결국 자연과 인간을 하나의 큰 범주에 놓고 둘의 일체와 조화 속에서 참을 발견하려는 게 이 시인의 태도이다. 단순히 자연의 아름다움을 예찬하고 그 자연 속에 사는 인간은 그 일부라고 여기는 소박한 견해도 아니며 또한 사람은 자연을 지배하고 개척할 때 비로소 문명이 이룩된다는 그런 서구적 통념도 아니다. 그의 시에 드물게 나타나는 사회의 진통과 발전도 그는 그런 맥락에서 이해하고 있다.

> ④ 물오른 나뭇가지/무심히 흔드는 것 같아도/실은 그런 것이 아니라/채찍질한다/아픔을 씹는다/삭정이는 찍어내고/그 자리 새싹을 키운다

> ⑤ 자연이 그러하듯이/계절 따라 새 옷으로 갈아입고/그날의 불씨를/훅훅 불어대는 달이다/삼라만상이 생동하고/서로가 부둥켜안는 달이다

4.19를 노래한 「사월」이란 그의 시 뒷부분의 두 연인데, 4월이라는 자연의 모습과 4.19라는 혁명의 모습이 서로 하나의 것으로 파악되고

있다. ④는 삭정이를 찍어내고 그 자리에 새싹을 키우는 자연의 생태이며, ⑤는 자연이 그러하듯이 불씨를 훅훅 불어대어 변모할 수밖에 없는 사람 사는 사회의 모습이다. ④에서 ⑤가 나타나고, ⑤에서 ④를 발견하는, '④(자연) → ⑤(사람)'와 '④ ← ⑤'의 상호작용 속에서 역사까지도 해석하고 있다. 이러한 사실은 원숙한 삶의 한 달관일 수 있으며 한편으로 이 시인의 극복하기 어려운 한계일 수도 있다.

5.

이번 시집은 『당신의 손』, 『冬木』, 『매듭을 풀며』, 『등나무 아래에서』에 이어 다섯 번째의 것이 된다.

그의 시를 일관하고 있는 것은, 일찍이 공자께서 시경에 관저(關雎)를 두고 말한 바, 저 낙이불음(樂易不淫)과 애이불상(哀而不傷)의 절제 그것이다. 결코 흥분하는 법이 없이 차분히 적당하게 차가운 시선으로 둘레의 사물을 자기의 삶과 연결시켜 그것을 극히 간결하고 견고하게 형상화하는 것이 그의 특징이라 할 수 있다. 칸트의 말을 떠올리는 그의 무욕(無慾)의 관조는 잔잔한 지혜를 낳고 그런 지혜는 범사에서 비범을 발견해낸다. 이를테면, 구둣방에 들어가 구두들을 보며 구두밑창이나 인생이나 모두 서서히 소모되어 감을 알게 된다.

> 진열장의 구두를 보며/그 밑창에 눈길을 주며/걸어가는 방향은 서로 달라도/언젠가는 닳아 없어질 것이라는/부질없는 생각을 해본다/참 오랜만의 일이다.
>
> —「구둣방에서」 부분

이런 시에서, 특히 끝 행의 참 오랜만의 일이라는 구절에서 그의 평범한 경이(驚異)를 발견하게 된다.

추억과 현실 곧 아름다움과 괴로움의 그 흔한 등식이 이 시인에게는 예외는 아니지만 신선한 경이로 드러나는 것은 이 시인의 맑은 눈 때문이다.

> 그 무지개를 좀처럼 만날 수 없다/전파상 추녀 밑에서/도시에 내리는 비를 피하여/흘러간 옛노래에서/문득 그날이 그립다.//비릿한 그날의 냄새/황홀했던 무지개는 없고/자라지 못한 꿈이/아스팔트 위에서/탁탁 물방울을 튕기고 있다.
>
> —「무지개」 부분

> 하늘로 곧게 뻗은/시골 미루나무/비어 있는 까치둥지/그 맨 끝 가지 흔드는 바람에/마음이 조였다./한참 만에 도시로 나왔다./도시의 골목에도 바람은 있고/그것은 곧잘 곤두박질했다./바람에 날린 아쉬움/바람에 날린 사랑/누더기가 된 광고판/반쯤 찢긴 영화 포스터/그 속 여인의 하얀 무릎이/도시의 바람을 견디고 있다.
>
> —「도시의 바람」 부분

이 시들에는 모두 옛날과 지금이 대조되어 있으며 그것들은 분열을 보여준다. 과거는 자연으로서 아름다움의 세계이고 현재는 자연의 파괴로서 추함의 상태이다. 그러므로 과거는 그립고 현실은 괴롭다. 그러나 이러한 진부한 모티브가 이 시들에서는 신선성을 획득하고 있다. 비가 오는 날 비를 피하여 전파상 추녀 밑에 쓸쓸히 서 있을 때, 허름한 전파상의 낡은 스피커에서 흘러간 옛날 노래가 흘러나온다. 이제는 없는 옛적의 황홀했던 무지개의 꿈이 탁탁 물방울을 튕기며 아스팔트 위에서 압살되는 것을 본다.

「도시의 바람」도 마찬가지다. 퍼스나는 시골에서 태어나 도시로 옮겨와 사는 사람(시인)일 수 있으며 늘 움직이는 바람일 수도 있다. 바람을 매개로 하여, 까치둥지를 이고 있는 미루나무의 세계와 찢긴 포스터 속의 여인의 하얀 무릎이 붙어 있는 도시의 누더기 광고판으로 분리되어 강한 콘트라스트를 보여준다. 이런 요소들은 어느 시인에게서나 쉽게 발견되는 것은 아니다.

그러나 전에 비하여 작품의 견고성이 훨씬 줄어들고 있어서 자아의 응집력이 그만큼 해이된 게 아닌가 하는 의구심을 배제하기 어렵다. 생각해보면 그런 약간의 풀어짐은 삶을 거시적으로 대범하게 바라보는 원숙함의 결과로 이해될 수도 있다.

바라건대, 이제는 '조금 쓸쓸하고 싶다'에서 떠나 조금은 어울리고 조금은 화사하였으면 하는 주문을 덧붙이고 싶다.

2.2 임강빈 시인의 '후기' 전문

후기(後記)

어떤 작업을 할 때, 그 노력의 흔적이 바로 눈에 띌 때가 있는가 하면 그렇지 못한 경우도 볼 수 있다.

늘 후회가 뒤따르지만 이번 시집에서도 시가 참 어렵다는 것을 절감했다.

아주 버릴까도 생각했다. 그럴수록 시가 내게 적극적으로 다가서는 것을 대체 어떻게 설명해야 하는가.

이왕 이 길로 들어섰으니 묵묵히 끝을 내라는 채찍인가.

한편 너무 조급하게 서둔다거나, 혹은 익기 전에 열매를 따려고 욕심을 부린 것은 아닌지 조용히 자경도 해본다.

과일나무는 꽃이 빈약하다. 색깔이 화려하지도 않다. 그러면서도 크고 탐스런 열매를 매달아준다.

끈기 있게 기다려야 한다는 겸허…….

넉넉한 시가 되었으면 한다.

시는 우선은 예술을 떠나서는 안 되고, 조금은 고집스러워도 좋다는 생각이다.

이런 부질없는 생각, 따지고 보면 우리 주변엔 목소리가 너무 시끄럽고 다양해서 내게는 생소하게 들려서 그런지 모른다.

1989년 8월

임강빈

제6시집

버리는 날의 반복

제6시집 『버리는 날의 반복』
단아하고 견고하면서도 풋풋한 시

1. 『버리는 날의 반복』의 서지적 개관

1.1 임강빈 시인의 6시집 『버리는 날의 반복』은 1993년에 오늘의문학사에서 발간되었다. 오늘의문학 시인선 1번으로 발간한 이 시집은 총 150쪽이다.

표4에는 성찬경 시인의 해설 중 일부가 기록되어 있다.

〈임강빈의 시는 좀처럼 철학 쪽에 다가가지는 않는다. 이따금 철학적인 상념을 다루어도 그것을 그저 향기처럼 풍길 따름이다. 시의 소재는 이미 말한 바와 같이 우리의 삶의 주변에 있는 것들, 우리와 매우 친근한 것들을 엮어서 거기에 신선한 정감을 담는다.

비길 데 없이 단아하고 견고하면서도 동시에 풋풋한 그의 시를 생각할 때에 수정의 결정과도 같이 단단히 여문, 그러한 쌀알에 비길 수 있는 시, 이런 은유를 떠올리게 한다. 거기에는 식물성과 광물성의 신기한 융합과 조화가 있다.〉(시인 성찬경)

1.2 시집의 서두에는 시인의 '시집 머리에'가 있다.

1.3 시집의 목차는 5부로 구분되어 있으며, 각각의 부에 제목을 붙

였다.

1부(그 서두름이여)는 낙숫물 소리/ 이름 석 자/ 삐걱 소리를 내며/ 백목련/ 굴렁쇠/ 가을을 간다/ 도시 귀뚜라미/ 가을/ 까치둥지/ 허수아비/ 문틈 사이로/ 개구리 울음/ 문풍지/ 우수음(雨愁吟)/ 이삭줍기/ 정류장에서/ 똥파리/ 그리움 등 18편이다.

2부(이렇게 흔들고 있으라 한다)는 들국화/ 답답한 눈이여/ 여행하듯 가라/ 뻐꾹새 소리/ 두레박/ 봄이 온다/ 아파트 단지/ 나비 한 마리/ 마른 풀밭에서/ 익모초/ 함박눈/ 꽃샘바람/ 참새/ 창가에 기대어/ 다시 가을에/ 일상의 즐거움/ 까치밥/ 무제(無題) 등 18편이다.

3부(먼 산 바라보기)는 고독한 레이스/ 감빛/ 추억/ 취미/ 인슈린 주사를 맞으며/ 소풍/ 가요 무대/ 기다림/ 뒷자리에서/ 건망증/ 아무렇지 않듯이/ 소유/ 남지나해를 지나며/ 사계(四季)/ 중학 동창 모임/ 우울한 날/ 착각(錯覺)/ 대둔산 등 18편이다.

4부(구름 사이로 별이 빛나던)는 푸성귀/ 해바라기/ 현황(現況)/ 시 한 편을 위해/ 소재(素材)/ 계단 오르기/ 쉽게 쓰여진 시/ 생략법/ 배설(排泄)/ 한 중간에서/ 입춘/ 오월/ 구름/ 눈물/ 산모퉁이 풍경/ 서릿바람/ 더듬거림/ 객기(客氣)/ 풀벌레 소리/ 타일에 대하여 등 20편이다.

5부(아메리카 瞥見)는 기상(機上)에서/ 초록빛/ 소읍(小邑)/ 거리에서/ 어느 공항에서/ 야영(野營)/ 조깅/ 콩코드에서/ 나이아가라 가는 길/ 나이아가라 폭포/ 포틀랜드 공항(空港) 등 11편이다.

1.4 시집의 말미에는 성찬경 시인의 '작품 해설'이 있다.

2. 자서(임강빈)와 작품해설(성찬경) 읽기

2.1 '자서' 전문

〈자서(自序)〉

시집 머리에

시하는 사람으로서 시집(詩集)을 낸다는 것은 당연한 일이다. 그런데도 망설여질 때가 있다. 작품이 시원치 못해서 오는 자괴심(自愧心)이랄까.

삽을 들고 땅을 열심히 팠더라면, 그 일한 만큼의 자리가 눈에 들어올 일이지만 시 쓰는 일은 그렇지가 않다. 작업량과 비례되는 것도 아니다.

누군들 좋은 시 쓰기를 원하지 않는 사람이 있겠는가. 머리로 쓰든 가슴으로 쓰든 우선은 격(格)을 생각해야 한다.

나의 시는 나의 시로 족하다. 고집(固執)이라 해도 좋다. 남을 의식하거나 눈치를 살필 때는 지났다. 좀 더 자유자재(自由自在)로운 시세계(詩世界)나 구축했으면 한다.

머리말에 가을벌레 소리가 한창이다. 사람은 바뀌고 세상은 변했지만 이 목소리는 한결같다. 흔히 요즘 사람들은 정감(情感)이 없다고 한다. 정말 그럴까.

절절한 이 풀벌레 소리를 들어보아라. 들으려고 하는 자에게만 들려줄 것이다.

이 시집이 나오기까지 도움을 준 여러분께 감사를 표한다.

1993. 가을

2.2 성찬경 시인의 작품 해설 전문

〈작품해설〉

결실(結實)과 결정(結晶)

— 임강빈 시집 『버리는 날의 반복』

성찬경(시인, 성균관대 교수)

이 시집은 『조금은 쓸쓸하고 싶다』에 이어 임강빈(任剛彬)의 여섯 번째 시집이 된다. 되도록 선입견을 버리고 한 편 한 편의 시를 무심히, 그러나 정성을 들여서 음미해 나아가기로 한다.

그렇게 하는 동안에 맨 먼저 선명하게 부각되는 것은 거의 투명할 정도로 맑은 그의 시 심상의 시각성(視覺性)이다. 시각성이라 하면 다소 추상적인 뜻에 흐를 염려가 없지 않으나, 여기에서는 그의 시에서 시각적인 심상들이 그 밖의 오관(五官)과 관련되는 심상들보다도 더 핵심적인 구실을 하고 있다는 점을 지적하기 위해서 하는 말이다.

물론 시에서 일반적으로 청각적인 심상이라든가, 후각적인 심상이라든가, 또는 운동에 관한 심상이라든가 하는 것보다는 눈으로 보는 것에서 오는 심상이 보편적이라는 사실을 지적할 수 있다. 이 일은 우리의 삶의 경우와 별로 다른 바가 없다. 우리는 생활에서 역시 눈을 그 밖의 감각 기관보다도 제일 긴요하게 쓴다.

그렇다고 해서 세상의 대개의 시인들의 시의 심상이 시각적이라고 지적할 수 있는 것은 아니다. 다 같은 눈으로 보는 경우라 하더라도 사물을 어떻게 보는가 하는 것과, 과연 본다는 행위의 핵심적인 특성을 어느만큼 이해하고서 보는가 하는 점에서는 사람 따라, 또는 시인 따라 천차만별일 수밖에 없다. 어떤 시인의 시 심상이 특별히 '시각적'이라고 할 수 있을 때에는 그러한 시인은 인간의 시각행위의 원래적인 특성을 부지불식간에 파악하고 있다는 말과(이 일은 대개의 경우 거의 생득적이다.) 크게 다를 바가 없다. 그러면 여기서 일반적으로 시 심상의 시각성이 어떤 것인가 하는 것을 살펴보는 일이 곧 임강빈의 시 심상의 특성을 규명하는 일이 될 것이라고 여겨진다.

나의 생각으로는 심상의 '시각성'이라 할 때의 그 특색은 무엇보다도 사물을 맑게 볼 수 있는 능력을 말한다. 더 나아가서 사물을 보며 거기에서 어떤 명징성(明澄性)을 얻어낼 수 있는 능력을 말한다. 이것은 너무나 당연한 소리로 들릴는지도 모르겠으나, 이 일이 그리 흔한 일이 아니라는 것은 우리의 주변에서 조금만 주의 깊게 살펴보면 단박에 알 수 있는 일이다. 오늘날 우리 주변에 범람하는 그 많은 시들 중에서 정말로 맑음, 곧 명징성을 시의 심상에 담고 있는 시가 과연 얼마나 되는가? 예술에서 범상한 수준에 머물러 있는 작품과 빼어난 경지에까지 가 있는 작품과의 차이점은 어디에서 오는 것인가. 우리는 과연 사물을 보되 거기에서 무엇인가 새롭게 깊이 꿰뚫어 보고 있는가. 대개의 경우 우리는 보는 일에 너무도 익숙해져서, 그저 보아온 일을 되풀이해 볼 뿐이다. 그러한 경우에는 보는 것으로부터 어떤 명징성을 이끌어 낼 수가 없다.

명징성이란 어떤 새로운 발견에서 오는 선명한 자각이며, 이러한 일은 매우 숙련된 솜씨(보는)와 눈뜨고 깨어있는 마음의 상태를 전제하지 않고서는 불가능한 일이다. 이러한 상태가 아니고서는, 우리가 보는 것은 그저 보이는 내용의 인상뿐이며 거기에는 어떠한 선명한 선도, 형태도 또는 빛깔도 떠오를 수가 없다.

심상의 시각성이란 또 보는 것의 내용을 가능한 한 단순한 것으로 단화(單化)하는 특성을 말한다. 또한 그것은 그러한 방향을 지향한다. 그렇게 숙달된 눈으로 볼 때에는 어떤 복잡한 대상도 분명하고 단순한 몇 개의 원형질적인 틀로 마치 마술처럼 단화돼 버린다. 도무지 어려운 일이 아닌 것이 돼버린다. 나중에 다시 언급하겠지만 이 시집의 제5부 「아메리카 별견」에서는 미국의 모습이 임강빈의 눈에 비친다. 현대 문명의 최첨단을 가는, 복잡하기 이를 데 없는 미국의 문물(文物)도 그의 시각(視覺)에 포착되면 여지없이 몇 가지의 원래적인 요소로 단화되어, 한국의 흔한 산이나 다름없는 정도로 단순한, 그리고 얌전한 정경으로 환원되어 버린다. 이것은 그의 눈이(마음의 눈도 함께) 놀라울 정도로 세련되었다는 것을 단적으로 보여주는 보기가 될 것이다.

심상의 시각성, 사물의 단화, 이것은 곧 무슨 예술에서고 고전적(古典的)인 특성을 가리키는 말이 된다. 선명, 명확, 강건(强健), 단아(端雅) 및 단화(單化), 이런 것이 고전주의적 특색의 이름일진댄, 역시 그것은 심상의 시각성으로 표상될 수 있는 것이다. 늘 그런 것은 아니고 또 예외도 있을 수 있지만, 일반적으로 '시각성'(단순한 시각이 아닌)은 고전적인 특성과 맥이 통하고, '청각성'은 낭만주의적인 특성과 맥이 통한다고 말할 수 있다. 여기서 우리는 시에서의 회화적인 특성과 음악적인 특성을 생각해보게 된다. 필자가 짐작할 수 있는 범위 내에서 예를 들어보자면 단테의 시는 명징성을 그 대표적인 특성으로 한 것이고, 또는 1910년대에 있었던, 영미시단의 시운동의 하나였던 이른 바 '이미지즘(寫像主義)'도 그러한 것이고, 반면에 보들레르를 위시한 프랑스의 상징주의 계통의 시인들은 뭣보다도 시에서의 음악성을 목말라 했었다.

좀 역설적으로 들릴는지 모르겠으나, 시에서의 고전주의적인 심상은 뭣보다도 시각성을 향하며, 따라서 시각 이외의 딴 감각과 관련되는 심상까지도 그것을 시각화하려는 경향을 갖는 것이다. 다시 말해서 고전주의적인 시인은 청각적인 심상이나 그 밖의 딴 감각과 관련되는 심상까지도 그것이 어느 틈엔가 시각적인 특성 곧 시각성을 띄우도록 하는 것이다. 여기서 이러한 예를 구체적으로 드는 것이 좋을 듯싶다.

힘차게 달리던 기차가
산모퉁이를 돌 때는
어김없이 기적을 울려주었다.
검은 연기가
여운을 길게 남기고
꼬리가 완전히 사라진 후에도
멀어 가는 기적 소리
멍하니 한 자리에 서 있었다.

산모퉁이를 지나면
초가 몇 채가 거기 있었다.
집 굴뚝에서 나는 연기
갑자기 시장기가 들었다.
연기는 옆으로 뻗고
억새풀은 바람 따라 물결쳤다.
참, 멋지다
몇 번이고 이렇게 뇌까리곤 하였다.

—「산모퉁이 풍경」 전문

선명하며 빛깔이 맑게 채식된 한 폭의 수채화를 보는 것 같다. 물론 시에 담아진 것은 산모퉁이 부근의 풍경의 내용이다. '갑자기' 보는 이로 하여금 시장기가 들게 하는, 옆으로 뻗고 있는 연기 하며, 바람 따라 물결치는 억새풀은 시인의 시각이 이룩하는 작은 발견이다. 시 전체가 시각성의 원리에 따라서 원근법적으로 질서 있게 배치돼 있음을 알 수 있다. 기차가 어김없이 울려주는 '기적'소리마저도 마치 눈으로 보듯 선명하게 그려져 있다. 여기에서 독자 여러분은 필자가 말하는 시각성의 원리, 즉(예를 들어) '청각의 시각화'란 말이 무엇을 뜻하는지를 이해하리라 믿는다. 그런데 이 시가 실은 시인이 지금 보는 풍경의 내용이 아니며, 이미 흘러간 시간 안에서(그것도 오래 전에) 기억에 낙인된 어떤 장면을 회상하는 시라는 점을 유의할 필요가 있다. 임강빈의 경우, 기억 안에서의 회상의 내용까지도 이를테면 청각성의 원리에 따라서가 아니라 시각성의 원리에 따르고 있음을 알 수가 있다. 역시 심상의 시각성이 거의 시 심상의 대표적인 특색이라 아니할 수가 없다.

방금 인용한 시와 병치해서 그의 이러한 특색을 다시 한 번 음미해 보는 것도 좋으리라고 여겨진다.

삐걱 소리를 내며
책상 서랍을 연다.

버리기 아깝다 해서
남겨두었던

정돈되지 않은
일상의 손때

장마철의
눅눅한 습기가 아직 남아 있었다.

언젠가는 버려야 할
그 언제를 위해 이렇게 챙긴다.

가득 쌓이면 버리고
비어 있는 만큼의 쓸쓸함

이 버리는 일의 반복
언제나 삐걱 소리를 낸다.

—「삐걱 소리를 내며」 전문

삐걱거리는 소리 역시 눈으로 보는 듯하다. 시각성의 원리에 의한 청각적 심상의 시각화를 다시 한 번 느끼게 된다. 이 '삐걱 소리'는 단순히 장마철의 습기로 말미암아서 서랍과 책상이 내는 불협화음만이 아니다. 그것은 숙명적으로 하루하루를 버려가며 살아나갈 수밖에 없는 인간의 삶이 내는 비명 소리, 또는 한숨이나 신음 소리를 상징하는 것으로 들려오기도 한다. 그것은 그렇거니와 이 시의 형태상의 청결함과 단아함도 매우 인상적이다. 2행 1연, 모두 해서 7연의 이 시는 뜻의 기복이나 소리의 흐름에 있어 한결같이 잔잔하며 고르다. 소리의 윤곽이 선명한 만큼에 비례해서 그것의 여운 또한 길고 은은하다. 이러고 보면 청각의 시각화란 시각이 청각으로부터 뭣인가를 빼앗는 것이 아님을 알 수 있다. 그것은 바로 단화의 원리를 말하는 것이다. 소리의 핵심적인 것만을 뽑아내어 맑게 단화해서 윤곽을 선명하게 한다. 맑고 선명한 소리가 사라지면 이미지의 여운 또한 길 수밖에 없다. 탁한 소리엔 여운이 따를 수 없다. 이 시는 읽는 이에게 이런 점도 생각케 한다.

심상의 시각화란 흐르는 시간 안에서 이는 모든 일을 공간적인 차원에 환원시킴으로써, 거기에 정적인 질서를 부여하려는 것이라는 점에 상도(想到)하게 된다. 이 점이 바로 심상의 시각성과 예술의 고전성이 관련을 맺게 되는 연유이다. 그의 시의 형식면에서의 핵심적인 특색이 또 바로 여기에 있다고 필자는 생각한다. 그 예로서 시 2편을 들었지만, 거의 편편이 뜻의 밀도와 긴장감에서 고른 주옥편만을 모은 듯한 이 시집의 딴 시들도 대개 이러한 시각에서 읽을 수 있지 않을까 싶다. 그 중에서도 특히 감명이 깊은 수작은 「도시 귀뚜라미」, 「그리움」, 「까치둥지」, 「허수아비」, 「문틈 사이로」, 「여행하듯 가라」, 「뻐꾹새 소리」, 「두레박」, 「함박눈」, 「꽃샘바람」, 「참새」, 「푸성귀」, 「생략법」, 「한 중간에서」, 「입춘」, 「객기」, 「타일에 대하여」, 「추억」, 「고독한 레이스」 등이 아닐까 싶다.

임강빈의 시의 형식면에서의 특성은 이와 같거니와, 그 시가 담고 있는 주제의 특성은 일반적으로 어떤 것일까. 필자는 그것을 '흘러가는 것들과 남는 것들이 나누는 다정한 시선(視線)'이란 말로 표현해보고 싶다. 인생은 가고 사람은 머문다. 그러나 머물러 있는 것도 잠시 살아있는 동안에 한한다. 이윽고 사람도 가고 만다. 숙명적으로 시간 안에서 살게 돼 있는 인생을 무심히 관조할 때 뉘라서 제행무상감(諸行無常感)을 갖지 않을 수 있겠는가. 그의 시에는 삶에 대한 관조에서 오는 이러한 정서가 그 밑바탕에 깔려 엷게 흐르고 있다.

문틈 사이로 가을을 본다
무성했던 나무
그 잎들이 익어서
갈색으로 물들어
막 떠나려는 시간을 본다
가을은 나에게 명령을 한다
이렇게 의젓한데
자꾸만 작아지라고 호령을 한다.

문틈 사이로
손에 잡히는 것은
벌레 소리뿐이다.
이렇게 울어대는
가을벌레뿐이다
주먹을 불쑥 쥐어도
손에 잡히는 것은

이 낭랑한 벌레 소리뿐이다.

—「문틈 사이로」 전문

맑음과 시각성은 여전하지만, 거기에는 담담한 무상감이 서려 있다. 그러나 한 시인이 무상감을 어떻게 다루는가에 따라서 시의 방향이 크게 달라진다. 무상감을 느끼고 그 무상감의 뿌리를 캐고 들어가며 사유하는 내용을 시에 담으려 한다면 이른바 형이상학적인 서정시가 될 것이다. 곧 철학적인 시, 또는 종교적인 명상이 깃들어 있는 시라 해도 무방하다. 이런 시는 잘하면 무게와 깊이가 고이는 시가 될 수 있지만 잘못하면 공연히 난삽하고 답답한 시가 되기 쉽다. 반면에 그러한 무상감을 있는 그대로, 느껴지는 그대로 담담히 받아들이고, 거기에 시인의 개성과 부합되는 정서를 싣되, 그것을 '감상(感傷)'이 아닌 한(恨)의 정도에서 멋게 하면 마치 소슬한 가을바람과도 같은 시가 나올 수 있다. 임강빈도 넓은 의미에서는 한국 고유의 전통적인 정서인 한의 문학의 범주에 넣을 수 있을 것으로 필자는 생각한다. 그런데 그 '한'조차도 세련될 대로 세련이 돼있기 때문에 그것을 뚜렷이 그렇다고 느끼기가 힘이 들 정도이다.

'한'이 '한'이 아닌 것으로 될 정도로 승화되면 거기에서 나오는 것이 해학(諧謔)일 수도 있다. 그의 시에 알게 모르게 정련된 해학이 배어 있는 연유도 여기에 있다고 필자는 생각한다.

이솝의 우화에는
거북이가 승리하도록 되어 있다
마라톤을
고독한 레이스라 한다
자신과의 싸움
자신과의 타협

마라톤 생중계 앞에서 나도 뛴다
숨을 가쁘게 몰아쉬며 함께 달린다
따지고 보면
말동무 없이 이렇게 달려 왔다.
반환점을 돈다
연변의 박수소리 간간이 흘리며
목적지를 향한 혼신의 힘
고독한 레이스
이솝의 우화에는
거북이가 결승 테이프를 끊게 되어 있다.

—「고독한 레이스」 전문

'마라톤 생중계 앞에서 나도 뛴다'는 대목에서 우리는 절로 솟는 미소를 억누를 수가 없다. 시인이 열심히 딴 선수들과 함께 마라톤하는 장면을 떠올려 보면 된다. '거북이가 결승 테이프를 끊게 되어 있다'는 끝 구절에도 익살과 체념과 위안이 두루 용해돼 있는 정련된 웃음이 깃들여져 있다.

이 시집의 제4부 「구름 사이로 별이 빛나던」에는 이를테면 시에 대한 생각을 시로 쓴 듯한 시가 몇 편 나온다. 시 자체에 대한 반성을 담아본 시편들인데, 역시 함축과 간결을 간직하면서도 시에 대한 그의 비밀스러운 생각을 드러내는 듯싶어 흥미롭다. 「소재」, 「쉽게 쓰여진 시」, 「생략법」, 「객기」 등이 그러한 시인데, 이 중에서 특히 「생략법」은 삶과 사물과 시에 대한 그의 취향을 잘 말해주고 있다.

……

생략법을 배우세요
희로애락을 적당히 하세요
함축은 아름답습니다.

적을수록 큽니다.
시시한 것 버리고
과감히 생략법을 쓰세요
필요한 부분
결코 그것만 열심히 하세요
넘치지는 않습니다.

—「생략법」 일부

시를 쓰는 사람이, 생략법이 그 나름의 단단한 아름다움의 영역을 지니고 있다는 사실을 몰라서 생략법을 사용할 수 없는 것은 아니다. 인생살이에 있어서도 사정은 마찬가지다. 생략법을 실제로 적용할 수 있는 절제와(그것은 의지이다) 능력이 중요하며, 이 일 역시 연습만으로 되는 것은 아니며, 생득적인 자질이 밑받침이 돼주어야 한다. 임강빈은 1956년 시단에 등단한 이래 지금까지 그의 시의 형식이나 문체의 기본적인 틀을 거의 바꾸지 않은 채, 조용히 원숙과 심화의 목표만을 향해서 걸어온 것으로 느껴진다. 말하자면 시의 출발을 한 즉시 생략과 함축과 단아(端雅)와 고전성(古典性)이 그가 '지천명(知天命)하는' 길임을 그는 직관적으로 깨닫고 있었던 듯하며, 이 일이 시인으로서 그의 타고난 자질과 개성을 말해주는 것이다.

제5부 「아메리카 별견」은 또 다른 흥미를 자아낸다. 임강빈과 아메리카? 이러한 병치(竝置)만으로도 그 흥미가 어떠한 것인지를 독자 여러분은 쉽게 상상할 수 있을 것이다. 보통 한 시인이 딴 문화권에 들어가면 그 문화의 이질성 때문에 때로는 당혹스럽고 때로는 압도되어 시가 생각만큼 써지지가 않는다. 쓴다 해도 자연 어깨에 힘이 들어가는, 그러한 시가 쓰이기 쉽다. 그의 경우는 어떠한가? 그 복잡하며 거대한 미국도 그 앞에서는 우리가 매일 매일 겪는 일상적인 일의 차원에 여지없이 환원돼버리고 만다. 이 일 역시 그의 사물을 보는 척도의 확고

함과 표현의 솜씨의 숙달을 말해주는 것이다. 때로 굉장한 일을 목격하면 어린이처럼 천진스럽게 감탄하고 만다. 그것으로써 일은 끝나버리며 더는 논란의 여지가 없어진다. 그가 어째서 미국엘 갔는지 몰라, 하는 궁금증이 일자 얼마 안 가서 미국에 있는 딸의 초청으로 갔다는 것을 알게 된다. 과묵한 가운데에서도 읽는 이에 대한 세심한 배려가 있음을 느낄 수 있다.

임강빈의 시는 좀처럼 철학 쪽에 다가가지는 않는다. 이따금 철학적인 상념을 다루어도 그것을 그저 향기처럼 풍길 따름이다. 시의 소재는 이미 말한 바와 같이 우리의 삶의 주변에 있는 것들, 우리와 매우 친근한 것들이 많다. 산 · 들 · 식물이름 · 꽃이름 · 풍경 · 벌레소리, 이런 것들도 자주 나오는 소재들이다. 이러한 것들을 엮어서 거기에 신선한 정감을(그것은 엷은 '한'이다) 담는다. 필자는 임강빈 시의 정서적인 특색은 역시 '식물성'이라고 생각한다. 식물일 경우 제일 단단하게 맺어지는 결실은 열매다. 또는 곡식알이다. 곡식알 중에서도 제일 귀한 곡식알은 이러니저러니 해도 쌀알이다. 세상에 쌀알처럼 짙은 내용을 지니는 은유는 없다. 쌀알 하나의 내력 '쌀알 같은 시', 필자는 그의 시를 바로 쌀알 같은 시라 생각해 본다. 그런데 이렇게 말해놓고도 무엇인가 아쉬움이 남는다. 쌀알은 매우 단단한 결실에다가 소중한 생명의 요소를 담뿍 품고 있지만, 아무래도 그 견고함이 이를테면 수정이나 보석 같은 광물성의 결정(結晶)만은 못하다. 필자는 비길 데 없이 단아하고 견고하면서도 동시에 풋풋한 그의 시를 생각할 때에 수정의 결정과도 같이 단단히 여문, 그러한 쌀알에 비길 수 있는 시, 이런 은유를 떠올리게 된다. 거기에는 식물성과 광물성의 신기한 융합과 조화가 있다.

보통 어떤 아름다움의 얼개의 비밀을 파헤치면 그 아름다움의 매력은 감소하게 된다. 화성악이다 뭐다 해서 소리의 내용을 분석해 보면 화성의 매력은 손실을 입을 수 있다. 이러한 일이 제일 잘 들어맞는 것이 마술의 경우이다. 어떤 마술의 비밀을 알아버리면, 그것에 대한 흥미는 거기에서 끝나버린다. 그러나 존재성을 획득한 예술의 경우는 반드시 그렇지만은 않다. 간명하면서도 깊은 매력을 담고 있는 어떤 예술의 형식은 한두 가지의 비밀을 캐낸다고 해서 그 아름다움의 샘이 다 마르는 것이 아니다. 오히려 한두 가지의 비밀이 풀리면 그것으로 해서 더 많은 비밀이 고이게 된다. 임강빈 시의 경우도 그러할 것이다. 이제 필자는 조용히 물러나고, 그의 시의 더 숨은 아름다움을 음미하는 일은 독자 여러분에게 맡겨드리는 것이 좋으리라고 여겨진다.

시선집 1

초록빛에 기대어

시선집 1 『초록빛에 기대어』

정년퇴임 기념, 6권의 시집에서 자선

1. 『초록빛에 기대어』의 서지적 개관

1.1 임강빈 시인의 시선집 1은 1995년에 오늘의문학사에서 발간하였다. 오늘의문학 시인선 17번으로 발간한 시집은 총 168쪽이다.

표4에는 '입동의 시' 전문이 수록되어 있다.

〈땀 흘린 만큼 거두게 하소서/ 손에 쥐게 하소서/ 들판에/ 노적가리가 아직 남아 있습니다/ 주먹을 펴게 하소서/ 찬바람이 지나갑니다/ 뒤돌아보는 지혜를 주소서/ 살아 있다는/ 여유를 가르쳐 주소서/ 떨리는 마음에/ 불을 지펴 주소서/ 남은 해는 짧습니다/ 후회 없는 삶/ 이제부터라는 것을/ 마음 편안히 갖게 하소서〉

1.2 시집의 서두에는 '시선집을 내면서'가 있다.

1.3 목차는 6부로 구분되어 있는데, 각각 제목을 붙였고, 발간 시집의 역순이다.

1부(6시집 : 버리는 날의 반복)는 문풍지/ 삐꺽 소리를 내며/ 까치둥지/ 낙숫물 소리/ 도시 귀뚜라미/ 허수아비/ 문틈 사이로/ 그리움/ 구름/ 백목련/ 추억/ 익모초/ 아파트 단지/ 들국화/ 소유/ 똥파리/ 생략법/ 함박눈/ 산모퉁이 풍경/ 이름 석 자/ 초록빛/ 계단 오르기/ 타일에 대하여 등 23편이다.

2부(5시집 : 조금은 쓸쓸하고 싶다)는 서정 시인/ 삘기 뽑기/ 들깨꽃/ 도수 체조/ 명함/ 괘종시계/ 혼자 마시기/ 구둣방에서/ 안개 속에서/ 도시의 바람/ 가을에/ 억새풀/ 소국(小菊)/ 시인/ 추억/ 입동(立冬)의 시/ 혼을 흔든다/ 토란잎사귀/ 은행나무/ 애비는 시를 쓴다 등 20편이다.

3부(4시집 : 등나무 아래에서)는 산새/ 산행/ 안개꽃/ 가을비/ 들녘에서/ 산우음(山雨吟)/ 복도를 걸으며/ 등나무 아래에서/ 겨울 잔디/ 까치집/ 귀울림/ 밤비/ 빈 손으로/ 불면(不眠)에/ 구름을 주제로 하여/ 손을 비비며/ 두리번거리며/ 냉수/ 종이등 등 19편이다.

4부(3시집 : 매듭을 풀며)는 갈대/ 달/ 비탈길/ 봄비 서정(抒情)/ 하얀 눈이/ 과원(果園)/ 부재(不在)/ 눈보라/ 모래알/ 종이배/ 인상(印象)/ 파도(波濤)/ 가을 풍경/ 간밤에 서리가/ 못질이 덜 된/ 빈 유리컵/ 가을 문(門)/ 원경(遠景)/ 아버지의 예서(隸書)/ 새야/ 버들/ 벌판 등 22편이다.

5부(2시집 : 동목冬木)는 당신은/ 정물(靜物)/ 조춘(早春)/ 빗소리/ 장미(薔薇)/ 메아리/ 가락지/ 동일초(冬日抄)/ 뜨락/ 가을 운(韻)/ 초동(初冬)/ 잠에서 깨어/ 눈/ 벽(壁)/ 구름이 흩어져/ 스케치/ 어떤 죽음/ 풀꽃/ 빗속에/ 벌레소리/ 동목(冬木)/ 그처럼 개운한 등 22편이다.

6부(1시집 : 당신의 손)는 코스모스/ 새/ 항아리/ 소녀상(少女像)/ 고향/ 소품(小品)/ 연가/ 침묵/ 시월/ 무제(無題)/ 은행나무/ 소일/ 봄비/ 둘레/ 설경/ 울타리/ 산 등 17편이다.

1.4 시집의 말미에는 '발' '해설' 등이 없다.

2. '시선집을 내면서'(임강빈) 읽기

문단(文壇)과 교단(教壇)에 발 들여 놓은 것은 1950년 초, 거의 비슷한 시기였다. 40년 넘어 한 가지 일에 종사했다면 무엇 하나 이룩했을 법한데, 실은 그렇지가 못하다.

토끼 두 마리 쫓다가 모두 놓쳐버린 격(格)이라고 할까, 두 가지 모두가 변죽만 울리고 만 셈이다.

내년 2월이면 정년(停年)을 맞는다. 소위 정년퇴임이라는 것이다. 이것도 기념이라고 시집 하나 엮을까 했다. 그런 생각도 잠시, 시집 아닌 시선집(詩選集)으로 대신하게 되었다. 앞으로 고작 한두 권일 텐데, 이왕이면 좋은 시 진짜 마음에 쏙 드는 시집을 내야겠다는 생각에서이다. 다행히 문학에는 정년이란 것이 없다. 열심히 시를 생각하며 그것을 쓰면 되는 것이다. 직관과 관조(觀照)로 시의 경지를 일구고 싶다. 시 쓰는 즐거움은 뭐니해도 창작하는데 있다. 그리고 무상(無償)의 즐거움밖에 더 있겠는가.

시를 써 오면서 느낀 것은 시는 고독하다는 것이다. 그럴 수밖에 없다는 결론이다. 그리고 상상력이다. 풍부한 상상력일 때 좋은 시와 만난다는 것이다. 경제적인 시를 쓰려고 노력했다. 짧은 언어로 많은 감동을 얻어낼 수 있는 시를 생각해 왔다. 앞으로도 그럴 것이다. 시에 대한 정확한 비평가는 시인 자신이라는 말이 있다. 시인이 갖는 취향, 분위기, 기호 등에 따라 소위 자기류의 시에 빠지기 쉽다. 이번 시 선정에 있어 될 수 있는 대로 이런 편협함을 멀리하려고 했다.

시선집 이름을 『초록빛에 기대어』로 했다. 삭막한 겨울을 거쳐 맨 처음 만나는 초록빛이 왠지 내게는 통한다. 자연만이 아니라 세상사 모두가 이런 색깔이면 얼마나 좋으랴.

이번 시선집을 내면서 허전하고 실망스럽기는 매한가지다. 누구는 정년이 되었으니 시간이 많아서 좋겠다고 한다. 어림없는 소리다. 언제는 시간에 쫓겨 작품이 뜸했던가. 시간의 속성을 깊이 알아서 자만하지 말고 나이 먹는 태도 내지 않고, 진솔한 내 삶을 엮을까 한다. 그러다보면 언젠가는 좋은 시 한 편 건져 올릴 수 있지 않을까 한다.

1995년 초겨울

任綱彬

제7시집

버들강아지

제7시집 『버들강아지』

짧은 말 속에 깊이가 담긴 시

1. 『버들강아지』의 서지적 개관

1.1 임강빈 시인의 7시집 『버들강아지』는 1997년에 오늘의문학사에서 발간되었다. 오늘의문학 39번으로 발간된 이 시집은 총 160쪽이며,

표4에 표제시 「버들강아지」 전문이 소개되어 있다.

〈교도소 철문이 활짝 열린다/ 드르륵 하는 금속성(金屬聲)/ 웅성대는 사람들/ 막혔던 시간이 일제히 쏟아진다/ 오랜 만남의 포옹/ 자유를 심호흡한다/ 난사(亂射)하던 햇살이/ 높은 담벽에 꺾여 돌아간다/ 정지된 시간이 되살아나는/ 한 컷의 스케치/ 얼음 밑으로 흐르는 물소리/ 배음(背音)으로 깐다/ 시냇가 부푼 버들강아지〉

1.2 이 시집의 서두에는 '自序'가 있다.

1.3 이 시집의 목차는 5부로 구분되어 있는데, 각각 제목을 붙였다.

1부(이 편안한 휴식)는 민들레/ 조춘(早春) · 1/ 조춘(早春) · 2/ 근황(近況)/ 망설임/ 한 편의 시/ 버들강아지/ 토기(土器)/ 숲 속에서/ 딱정벌레/ 빨래집게/ 과묵에 대해서/ 날개/ 구름에게/ 팔베개/ 벌레소리

/ 별/ 병력(病歷)에 대하여/ 계룡산/ 출구(出口) 등 20편이다.

2부(황금 들녘에 서서)는 돋보기/ 동이 트며/ 겨울/ 가을 어스름/ 밀레 선생/ 촌닭/ 감나무/ 코스모스 · 1/ 코스모스 · 2/ 이별/ 전지(剪枝)가위/ 내외간/ 소심한 사람/ 고갯길/ 계곡 물소리/ 낙엽 밟기/ 세모(歲暮)/ 대청호/ 비가 오시는/ 주인 등 20편이다.

3부(조금씩만 보라 한다)는 장난감/ 소나기/ 허수아비/ 한 폭 그리고 싶다/ 고엽제(枯葉劑)/ 공일/ 파지(破紙)/ 원고지/ 한밭대로(大路)/ 창을 통해서/ 풍죽(風竹)/ 채송화/ 매미소리/ 스냅 속의 술잔/ 행간(行間)/ 나무/ 보리밭 향수/ 승강장에서/ 할버지/ 골목 등 20편이다.

4부(허물은 열심히 벗고)는 첫눈/ 동행(同行)/ 침묵/ 바람 · 1/ 바람 · 2/ 레미콘/ 틀/ 아침/ 일모(日暮)에/ 조용한 흔들림/ 부실(不實)/ 나의 시간/ 유등천 산견(散見)/ 겨울 모기/ 타인의 시/ 가을비/ 외등(外燈)/ 숫자에서/ 제야(除夜)에/ 공주 가는 길 등 20편이다.

5부(기타)는 금강(錦江)의 노래/ 큰 나무는/ 사랑을 가슴에 심으신/ 준마(駿馬)처럼 달려라/ 「도원」 송(頌)/ 아! 일어서는 빛이여/ 쩌렁쩌렁 소리칠 날이/ 큰 나무로 계시게/ 송(頌) 「용전(龍田)」/ 불호령이 떨어지다가도/ 최선의 몸짓일 때/ 다시 뛸 채비를 하게나/ 새출발/ 은백(銀白)으로 빛나는 세상/ 살아있는 음악(音樂)으로 늘 있어라/ 송(頌) 공주(公州)/ 꽉 다문 입가에 미소(微笑)가/ 허무(虛無)의 큰 괄호 안에서 등 18편이다.

1.4 이 시집의 말미에는 '발'이나 '해설'이 없다.

2. 자서(임강빈) 읽기

2.1 시인의 '자서' 전문

〈자서(自序)〉

시가 점점 두렵다는 것은 시에 대한 눈이 조금 떠졌다는 것일까. 시집을 낼 때마다 앞으론 좋은 작품을 쓰겠다고 다짐을 했다. 거짓말만 한 셈이다.

나의 한계는 누구보다 내가 잘 안다.

세상은 바삐 가고 있는데, 나 혼자 늑장 부리고 있다는 두려움이다. 짧은 말 속에 깊이가 담긴 시가 되었으면 한다.

이 시집을 다섯 부분으로 나눴다.

특별한 뜻은 없다. 제5부 기타(其他)는 대개 부탁에 의해서 쓰여진 것들이다. 계륵(鷄肋)이란 말이 있다. 취하기는 무엇하고 그렇다고 버리기에는 아깝다는 뜻이다. 망설임 끝에 이번 시집 속에 묶기로 했다.

오늘의문학사 여러분에게 고맙다는 인사를 전한다.

1997. 10.

우봉(又峰) 서재(書齋)에서

제8시집

비 오는 날의 향기

제8시집 『비 오는 날의 향기』

정결한 정신성과 절제된 미의식

1. 『비 오는 날의 향기』의 서지적 개관

1.1 임강빈 시인의 8시집 『비 오는 날의 향기』는 2000년 문학세계사에서 발간하였다. 문학세계현대시선집 171번으로 발간된 이 시집은 총 120쪽이다.

표4에는 6행의 시를 제목 없이 수록하고 있다.

〈살아서는 숲이 되더니/ 떠나서는 무늬로 남는구나/ 단단한 나무일수록/ 이 선명한 물결무늬/ 겉과 속이 이렇게 달라도 되는가/ 목수의 손끝에서 나무 향기가 나온다〉

1.2 시집의 서두에는 '시인의 말'이 수록되어 있다.

1.3 이 시집의 목차는 1 ~ 5부인데 별도 제목이 없다

1부는 나비/ 이슬비/ 추억/ 미간(眉間)/ 세수/ 물결무늬/ 공허/ 세계지도를 보다가/ 다시 고향/ 미명(未明)에/ 우시장(牛市場)에서/ 눈물/ 해변에서/ 만년(晩年)/ 호도알을 굴리면서/ 감정의 무게 등 16편이다.

2부는 들꽃/ 패랭이꽃/ 할머니/ 귀뚜라미/ 바람/ 분(盆) 앞에서/ 감나무/ 기다리는 시간/ 석류/ 다시 풀벌레 소리/ 손톱/ 지등(紙燈)/ 산

바람 소리/ 늦가을은/ 풍경/ 달빛 등 16편이다.

3부는 눈 오는 날/ 빗소리/ 도깨비바늘/태풍/ 편지/ 메아리/ 난지도 / 라일락/ 오월/ 억새풀/ 개똥벌레/ 변비/ 시간에게/ 나의 천하(天下)/ 가을 소곡(小曲) 등 15편이다.

4부는 칫솔질을 하며/ 불꽃놀이/ 전시장에서/ 약속/ 대장간/ 고독/ 병상에서/ 앞으로 10년/ 만취/ 육두문자/ 외출/ 개운한 탄생/ 즐거움/ 빈집/ 다시 빈집 등 15편이다.

5부는 축제/ 삼류시인/ 뭐 좋은 일 없습니까/ 언어/ 나의 시(詩)/ 쉽게 시가 씌어진 날/ 술자리/ 전화번호 수첩/ 생성(生成)/ 구름 잡듯이/ 정말 그럴까/ 무표정/ 속물/ 쏘주론 등 14편이다.

1.4 시집의 말미에는 조창환 시인의 '작품해설'이 수록되어 있다.

2. 시인의 말(임강빈)과 작품해설(조창환) 읽기

2.1 '시인의 말' 전문

〈시인의 말〉

외로울 때 시가 된다

꽃은 그 모양이나 색깔로 아름답다. 각각의 개성으로 흔들리고 있을 때 더욱 아름답다.

꽃은 말이 없다. 향기가 있다. 그 꽃을 보려고 사람들은 다투어 모여든다. 처음엔 오솔길이다가 나중엔 큰 길이 생긴다. 나도 그 길을 따라 나서지만 아직도 그 실재를 모른 채 첩첩산중에서 헤매고 있는 꼴이다.

시를 시작한 지 꽤나 시간을 흘려보냈지만 어렵기는 지금도 매한가지다. 왜소하고 무기력한 시만 만지작거리고 있어 이것이 부끄럽다.

세상에는 예기치 못한 일로 고민하고, 보이지 않는 어떤 힘이 불쑥 나타나서 혼란스럽다. 주위가 너무 빠른 속도로 달리고 있다. 정신 차리고 있지 않으면 탁류에 휩쓸리기 십상이다.

외로울 때 시가 된다. 시가 되었다 싶으면 다시 우울과 만난다. 이런 인연으로 시를 버리지 못하고 있는지 모른다. 외롭다는 것도 따지고 보면 사치가 아닐까.

시 쓴다는 것은 힘든 작업이다. 고뇌가 따른다. 하지만 즐거움도 함께한다. 이 얄팍한 즐거움이라도 있어 나를 지탱하는 힘이 되어준다.

건강을 위해서도 나에게 시는 필요하다.

2000년 봄

임강빈(任剛彬)

2.2 조창환의 작품해설 전문

〈해설〉

정결한 정신성과 절제된 미의식
— 임강빈의 시세계

조창환(시인, 아주대학교 교수)

임강빈 시인은 오늘의 우리 시단에서 보기 드물게 간결하고 단정한 고전주의적 품위를 갖춘 시를 쓰는 분으로 정평이 나 있다. 이미 여러 권의 시집을 통하여 드러난 그의 시세계는 어지러운 세속의 흐름과는 인연이 먼, 선비적 염결성과 자기객체화를 구현하는 시를 추구하였으며, 간결하고 견고한 형식미에 의해 그러한 시정신은 미적 형상화를 이루어내었다. 이 시집 『비 오는 날의 향기』에서도 이 시인의 정결하고 순수한 정신의 깊이와 절제 속의 안정을 이룬 형식적 미감은 더욱 돋보인다.

임강빈 시의 깔끔함과 순수함은 어디서 오는 것일까. 그것은 이 시집의 제목인 '비 오는 날의 향기'라는 말을 음미해 보면 실마리가 풀릴 수 있을 것이다. 시인은 비 오는 날의 정경을 향기로운 것으로 받아들인다. 그것은 시인이 바라보는 세상이 이슬비나 물안개 같은 흐린 공간의 여백 저편에 존재함을 의미하며 동시에 그 세계가 부드럽고 연한 향기를 품은 것으로 느껴짐을 의미한다. 임강빈은 비 오는 날의 정경을 통하여 공간의 여백을 보면서 아울러 향기를 '본다'. 대상의 향기를 보는 시인의 시선은 단순히 대상 자체에 머물러 있는 것은 아니다. 그것은 시인의 내면을 암시하는 부호이기도 하다. 따라서 '비 오는 날의 향기'는 시인의 내면의 모습이기도 한 것이다.

이처럼 느낄 듯 말 듯한 향기를 읽어내는 시인의 시선은 그의 시적 어법이 지닌 간결성에 의하여 깨끗하고 깔끔하게 정리된다. 임강빈의 시는 소묘적이며 즉물적이다. 그의 시를 읽으면 일상사의 어지러운 틈바구니에서 놓쳐버린 맑은 정신의 흔적을 되찾게 된다. 그의 시들은 길이가 짧고 표현은 군더더기가 없다. 그는 생략과 배제, 단순화와 명료화를 추구한다. 그것은 절제의 미학에 의해 객체화된 자기응시의 방법이며, 잡다한 곁가지를 제거한 후 대상의 본질이 지닌 선명한 골격만을 추려 보여주고자 하는 정결한 정신의 표현과 연관되어 있다. 그의 시는 그래서 수채화처럼 선명한 것이 많다.

이러한 간결미를 추구하는 시인의 음성은 대상이나 현실에 대한 판단을 극도로 억제하여 때로 무미하거나 건조한 느낌을 주기도 한다. 단순하고 정돈된 단일한 이미지만으로 짜여진 시들이 많은 것은 이 때문일 것이다. 자연히 단형시가 많고, 호흡이 짧으며, 수식이 제한된 문장을 지닌다. 이 점이 임강빈 시의 형식적 특징이면서 매력적인 개성이기도 하다.

> 툇마루에 앉아
> 움직이는 이파리
> 나뭇가지 사이로 낮달이 들어온다
> 적막은
> 먼 데서 오는 것일까
> 희미한 저 낮달 같은 것일까
>
> —「빈집」 부분

툇마루에 앉아 바람에 흔들리는 나뭇잎을 보면서 나뭇가지 사이로 멀리 희미한 낮달이 적막하게 떠 있는 정경을 묘사한 이 시는 단조로운 색조의 소묘적 회화를 보는 것 같은 인상을 준다. 이 시에서 다루어진 대상은 감정의 개입을 차단하는 시인의 정관적 자세에 의해 담백하고 담담하게 처리되어 있다. 희미한 낮달 같은 적막감은 노년에 이른 시인의 정신적 공허감을 암시하는데, 그것은 침착하게 통어되고 조절된 건삽(乾澁)한 목소리를 지니고 있다. 적막하지만, 지나치게 쓸쓸하거나 궁상맞지는 않은 품격을 지닌다. 이러한 표현의 절제미는 임강빈 시의 개성이며 그의 시가 오늘의 우리 시에 드물게 보여지는 동양적 정관의 세계에 맥을 대고 있음을 의미한다.

인생의 무상감이나 허무감을 실감하면서도 감정의 과잉으로 떨어지지 않게 하는 기법은 이 시인이 체질적으로 터득한 자기조절의 능력에서 오는 것처럼 보인다. 임강빈의 시들은, 대개의 경우, 허심(虛心)과 무욕(無慾)의 경지를 바탕으로 한다. 그것들은 무소유의 정신이며 마음 비우기의 태도이기도 하다. 일상과 자연을 읊어내는 그의 시편들은 수사가 화려하고 꾸밈이 많은 이 시대의 시들에 비하여 지나치게 단조로운 것처럼 느껴지기도 한다. 그러나, 그의 시들이 유가적(儒家的) 품격을 유지하는 것은 이러한 동양적 관조의 정신성을 바탕에 지니기 때문이 아닐까 한다. 그것은 과도한 감정에의 탐닉을 스스로 억제하는 선비적 정신의 계승과 연관되어 보인다.

임강빈의 시에는 고독감과 적막감을 노래한 것들이 많이 보인다. 세계를 향하여 자기를 비우고 고요히 내면을 응시할 때 우리는 존재자의 절대고독과 마주하게 된다. 그것은 집단에서 소외된 자의 단순한 외로움이 아니다. 생을 누리는 자의 숙명적 고독이며 한계상황에 맞서는 존재자의 자기응시 방법이 고독인 것이다.

달빛은
한동안 잊고 있던
어머니의 시간이다

고샅으로 내려와서
황량한
집 마당으로 모이게 하고

벌레 소리도
뚝 멈추게 하고
거푸거푸 조용하라 하신다

밟아도
좀체로 부서지지 않는
달빛

채우라 하신다
반쯤은
네 몫이라 한다

나머지 반쯤은 무엇일까
고독일까
아니면 그 언저리일까

—「달빛」 전문

이 시에서 시인은 달빛을 통하여 잊어버린 유년의 시간을 회상해 내고 고요와 적막을 경건한 자세로 마주한다. 황량함과 고요함, 그 적막감 속에서 시인이 듣는 것은 거푸거푸 조용하라고 말씀하시는 어린 날의 어머니 말씀이며, 동시에 내성적 자기응시를 명령하는 절대자의 목소리이다. 이 시의 표현의 백미는 '밟아도/ 좀체로 부서지지 않는/ 달빛'이다. 이 견고한 내적 성찰의 결과 시인이 다시 찾아내어 음미하는 세계는 자아와 고독이 반반씩 나누어 차지하는 감정의 진폭이다. 시인은 자신이 세계의 전부를 차지하기를 두려워하는 것처럼 보인다. 자신이 반만 차지하고 남는 세계는 고독, 혹은 고독의 언저리로 채우려 한다. 그것은 위장된 겸손의 자세가 아니라 임강빈 시의 주조음이 되는 절대고독과 숙명적 적막감의 세계인식이다. 따라서 이 시의 고독감은 주체와 고독이 대립적으로 반반씩 차지하는 공간이 아니라, 주체가 차지한 반의 공간밖에 있는 나머지가 고독으로 채워져 있음을 의미한다. 주체를 에워싸고 있는 고독, 포괄적이면서 운명적인 고독인 것이다.

임강빈은 유년의 추억도 외롭고 적막한 것으로 회상한다. 〈어둑어둑할 때면 수선 떨던/ 그 참새 소리 뜸하고/ 탱자 짙은 향기/ 그 추억도 적막하다〉(「추억」에서)라고 말한다. 그는 「고독」이라는 시에서 처음 시를 쓸 무렵 고독이라는 단어를 의도적으로 피했다고 고백한다. 사람이면 누구나 가지고 있는 속성인데 굳이 드러내 말할 것까지는 없었기 때문이라는 것이다. 그런데 젊어서는 관념적으로 느껴지던 고독이 나이 들면서는 구체적으로 다가선다고 말한다. 거부하려 해도 밀물처럼 다가온다는 것이다. 말하자면 고독을 절실히 체험하게 되었다는 것인데, 그는 절실하게 느끼면서도 실체가 구체적으로 잡히지 않는 이 고독에 대하여 답답해한다. 그는 다만 〈고독은 포장이 안된다/ 어슴프레 만지작거릴 뿐이다〉라고 말할 뿐이다.

이 운명적 고독감은 시인만의 것일까. 혹은 사람만의 것일까. 임강빈은 우시장에서 팔려 가는 소를 보면서도 외로움을 느낀다.

황소의 눈언저리엔
외로움이 잠시 스친다
하늘에 걸려 있는 한 조각구름
고독은 사람만의 것이라는데
참말 그럴까

— 「우시장에서」 부분

이 시에서 고독감은 생명 있는 모든 존재자의 피할 길 없는 상황으로 인식된다. 여기서 말하는 것은 황소의 눈물이 아니다. 황소의 외로움이다. 황소의 외로움을 들여다볼 수 있는 눈을 지닌 시인은 그의 절제된 감성을 자연물에 투사하여 세계를 인식하는 바탕으로 삼는다. 임강빈은 이러한 고독과 적막감을 노래하지만 결코 그 감정에 몰입하여 주체의 냉정성을 잃어버리거나 삶에 대한 부정적 인식으로 자신을 추락시키지 않는다. 그는 결벽증에 가까운 순수지향의 정신으로 시의 위의를 지켜내려 한다.

임강빈 시의 아름다움은 그의 정결한 정신이 정관적 자세와 결합하여 내적으로 자족(自足)하는 세계를 빚을 때에 돋보인다.

> 약속처럼
> 이 땅에 눈이 내린다
> 뜨거운 속삭임
> 나지막한 구릉의 연속
> 세상이 넓어 보인다
> 발자국 하나 없는
> 전대미답의 깨끗함이여
> 하루 종일 눈은 쌓여라
> 아궁이에 불을 지펴라
>
> —「눈 오는 날」 전문

이 시에서 시인은 외로움을 내성적으로 조명하여 수묵화와도 같은 담백한 내면의 풍경화를 그려 보여 준다. 자연을 대하는 태도에서 겸허한 순수가 배경에 깔려 있고, 무욕의 경지에서 자기 순화의 세계를 지향하는 시인은 어린아이와 같은 설레임에 사로잡혀 있다. 자연과 주체의 일체화를 이루는 이러한 시편들은 그의 정신과 표현이 잘 조화된 작품이다.

임강빈 시인은 이제 고희를 바라보는 연륜에 이르렀다. 그는 자신의 오랜 시작생활을 정리하면서 다음과 같은 아름다운 한 편의 시를 남긴다.

나무가 모여 숲이 되고
숲은 잠시도 쉬는 일이 없다
수많은 이파리를
흔들어 깨우며 소리를 낸다
무뚝뚝한 수피(樹皮)도
그 껍질을 벗기면
여인의 속살보다 더 곱다
함부로 훔쳐봐도 되는 건지
목수는 묵묵히 대패질만 한다
살아서 숲이 되더니
떠나서는 무늬로 남는구나
단단한 나무일수록
이 선명한 물결무늬
겉과 속이 이렇게 달라도 되는가
목수의 손끝에서 나무 향기가 나온다

—「물결무늬」 전문

이 시에서 시인은 '살아서 숲이 되더니/ 떠나서는 무늬로 남는' 나무의 아름다움을 노래한다. '단단한 나무일수록/ 이 선명한 물결무늬'를 남기는 나무의 신비를 보면서 시인은 자신의 문학적 성취에 대하여 암시적으로 언급하고 있는 것은 아닌지 생각해 보게 한다. 혹은 자신의 시적 지향이 이루어내고자 하는 세계(누군가의 손끝에 '나무 향기'를 묻혀줄)를 스스로 다짐해 보는 것은 아닌지 생각해 보게도 한다. 이 시집의 몇몇 작품에서 보여지는 미적 긴장력의 이완은 이 시인이 과거에 일구었던 구조상의 견고성에 비하여 다소 풀어진 느낌을 주기도 한다. 아마도 원숙한 관조적 정신세계가 작품의 언어적 탄력이나 구조적 조형성에 앞서기 때문은 아니었을까. 혹 그렇다면 이 시는 그러한 자기 반성의 결과 얻어진 신비감의 재충전을 위한 다짐이라고도 할 수 있을 것이다.

절제의 형식미와 정결한 시정신으로 이미 우리 서정시에서 독자적인 세계를 구축한 임강빈 시인은 이 시집에서 다시 한번 간결하면서도 홍그러운 여백의 멋과 아름다움을 보여주었다. 이 점이 이 시집이 오늘의 우리 시단에 소중한 자산으로 기억되는 이유가 될 것이다.

제9시집

쉽게 시가 쓰여진 날은 불안하다

제9시집 『쉽게 시가 쓰여진 날은 불안하다』
'진짜 나'를 찾는 하산의 시적 여정

1. 『쉽게 시가 쓰여진 날은 불안하다』의 서지적 개관

1.1 임강빈 시인의 9시집 『쉽게 시가 쓰여진 날은 불안하다』는 2002년에 리토피아에서 발간하였다. 리토피아 시인선 7번으로 발간된 이 시집은 총 120쪽이다.

표1에는 시 10행이 수록되어 있다.

〈새는 공중을 날다가/ 잠시 암벽이나/ 나뭇가지에 앉네/ 어디론가 훌쩍 떠나네/ 족적(足跡)을 남기려 하지 않네/ 가파른 언덕을 향해/ 터벅터벅 걸어가는/ 하루의 노동/ 외로움이 아름답네/ 허무의 발자국이 가득 넘치네〉.

표4에는 고명철의 해설 중 일부가 수록되어 있다.

〈탐욕과 무관한 학처럼 그는 그 동안의 시작(詩作)이 보여준 바, 어디에도 구속되지 않고, 어떠한 세속적 욕망과도 타협하지 않은 채 창공을 자유롭게 비상하는 학의 날갯짓이 허공에 아로새긴 그 흔적을 시적 형상미로 포착하고자 한다. 따라서 어떻게 보면 이제부터 우리는 노시인의 심안(心眼)으로 꿰뚫어본 삶의 진실과 그 진실을 형상화시킨 노시인의 심문(心紋)이 지닌 아름다움의 묘미를 만나기 위한 준비를 소홀히 해서는 안 될지 모르겠다. 시적 감동을 받을 준비가 없는 자에게 시인의 심문(心紋)의 아름다움은 그 실체를 드러내지 않을 것이기 때문이다.〉 - 고명철(문학평론가)의 해설에서.

1.2 시집의 서두에는 '자서'가 있다.

1.3 시집은 5부로 구분되어 있으며, 각각 제목이 붙어 있다.

1부(들꽃)는 선인장/ 별/ 들꽃/ 수면(水面)/ 옷/ 가을/ 꿈/ 술기운이 오르면/ 자유/ 손가락 꼽기/ 그림자/ 수평선/ 고향 가는 길/ 때/ 꽈리/ 아둔한 사람 등 16편이다.

2부(스냅)는 입춘/ 산비둘기/ 소나무 송(頌)/ 선(善)/ 과꽃/ 귀/ 서해대교(西海大橋)/ 배회(徘徊)/ 성업(盛業) 중/ 교대 시간/ 동면(冬眠)/ 노래/ 스냅/ 우리는 수없이/ 안면도(安眠島)/ 하늘의 높이 등 16편이다.

3부(조롱에게)는 꽃/ 조롱(鳥籠)에게/ 호수/ 분꽃/ 배경/ 꽃가게에서/ 백합/ 귀뚜라미/ 찔레꽃/ 여행/ 삼동(三冬)에/ 부추꽃/ 회색일(灰色日)/ 우리꽃 시리즈 등 14편이다.

4부(발자국)은 학(鶴)/ 새벽/ 금싸라기/ 가랑잎/ 시간/ 모일(某日)/ 허송/ 잡초/ 햇살/ 비 오는 날엔/ 복숭아/ 발자국/ 홍싸리/ 방파제(防波堤)/ 울밑에 선 봉선화야/ 동물 이야기 등 16편이다.

5부(깃발)는 향수/ 개구리/ 깃발/ 준비/ 해피 엔드/ 달동네/ 낮달/ 포물선/ 예초기/ 성묘(省墓)/ 손수건/ 장례식장에서/ 하산(下山)/ 원시인(原始人)/ 당신은 떠났습니다 등 15편이다.

1.4 시집의 말미에는 고명철의 작품 해설이 있다.

2. 자서(임강빈)와 해설(고명철) 읽기

2.1 '자서' 전문

〈자서(自序)〉

아궁이에 불을 다시 지핀다. 한 줌의 재로 남을 일이지만, 활활 타오르는 그 불꽃에 끌려서이다.

밭을 갈아엎는 농부는 일한 만큼의 자리가 환히 드러나지만 시는 그렇지 않다. 시는 침묵과 함께하기를 좋아한다.

나의 시가 어디론가 표류하고 있다. 가끔 매너리즘에 빠져 있는 것은 아닌지 선득할 때가 있다.

아홉 번째 시집이다. 매사에 게으르다고 자처해 왔는데, 이만큼이라도 건져낸 것에 자위한다.

무엇보다도 건강에 감사한다.

2002년 가을

우봉서재(又峰書齋)에서 임강빈(任剛彬)

2.2 고명철의 해설 전문

〈해설〉

'진짜 나'를 찾는 하산의 시적 여정

— 임강빈의 시세계

고명철(문학평론가 · 광운대 겸임교수)

시인으로 산다는 것은 어떤 특권을 누리는 일이다. 그런데 오해하지 말자. 곧잘 우리 사회에서 특권이란 말을 꺼낼 때마다 으레 연상되는 바, 세상사의 온갖 이해관계에서 배타적 지위를 점유함으로써 특별한 세속적 권위 혹은 권한을 누리는 것과 '시인의 특권'은 무관하니까 말이다. 오히려 시인의 특권은 이 같은 세속적 특권과 정반대의 위치에 놓여있다. 세속적 특권의 바깥에서 추방된 자질구레하고 비루한 일상사에 특별한 관심을 보내는 가운데, 그렇게 특별할 것도 없고, 잘날 것도 없는 사람들과 사물들의 관계에 유별한 관심을 쏟는다. 이렇듯 특별하고 유별한 관심 속에서 시인은 자신의 심안(心眼)으로 발견해낸 시어를 통해 삶의 진실에 이르는 시적 인식의 특권을 소유한다. 물론 이 특권은 시인만이 소유하며 만끽할 수 있는 것으로 그 어떠한 세속적 특권보다 숭고하고 존귀하다.

시인 임강빈의 아홉 번째 시집 『쉽게 시가 쓰여진 날은 불안하다』를 읽으면서 맨 먼저 드는 상념은 이처럼 '시인의 특권'에 주목해보는 것이다. 무엇보다 1990년대 이후 불어닥친 문학의 위기 속에서 시와 시인의 위상이 격하되는 현실에 직면하여 다시 한 번 '시인의 특권'을 냉철히 성찰해보는 것이야말로 시의 위기를 극복해 나갈 수 있는 길이 모색될 수 있기 때문이다. 이런 점에서 이번에 상재한 임강빈의 시집의 제명이 던져주는 전언은 대단히 시사적으로 다가온다. 마치 지금, 여기의 시단에 대해 일침을 가하듯 제명을 약간 패러디한다면, '쉽게 시가 쓰여진 시대는 불안하다.' 아마도 시인에게 현재의 시단에서 발표되는 시들은 쉽게 쓰여진 시로 파악되어지며, 그러다보니 앞서 언급한 '시인의 특권'을 제대로 누리지 못하고 있다는 비판적 성찰이 함축되어 있는 게 아닐까. 물론 이 비판적 성찰은 임강빈 시인 자신에게도 동시에 해당되는 것일지 모른다.

사실, 이번 시집에는 시인의 이러한 문제의식이 투영되어 있다.

자투리 같은 시간이
참 소중하다

정색을 하고서
시와 마주친다

사전에 없는
단어를 찾는다

남들이 버리고 간
쓰레기통에서 뒤적인다

분리수거가 안 된
이 시간이

더없이 소중하다
금싸라기다

—「금싸라기」 전문

「금싸라기」는 그렇게 난해한 시어(또는 시구)와 유려한 수사로 이루어진 시가 아니면서, 시가 어떻게 창조되는지, 아니 어떻게 창조되어야 하는지를 '쉽게' 드러낸다. 흔히들 시를 창조해내는 시간은 일상의 시간과 일부러 유리된 채 어떤 엄숙하고 진지한 사유의 창조적 시간을 요구하는 것으로 인식한다. 하지만 「금싸라기」에서는 이 같은 인식을 찾아볼 수 없다. 시인에게 시를 창조해내는 시간은 일상의 시간과 독립된 별도의 창조적 시간으로 간주되지 않는다. 그에게 소중한 시간은 일상의 "자투리 같은 시간"이다. 여차하면 아무런 쓸모없이 그대로 낭비해버리는 잉여의 시간─자투리 시간이 시와 만나는 시간이다. 여기서 주목할 것은 이 자투리 시간의 성격이다. 시인에게 자투리 시간은 소모와 낭비의 시간이 아니라 생산과 생성의 시간으로 탈바꿈한다. 비록 "남들이 버리고 간/쓰레기통에서 뒤적"이는 "분리수거가 안 된" 자투리 시간이지만, 아이러니컬하게도 바로 그렇기 때문에 시인에게만 발견되는, "사전에 없는/단어를 찾"을 수 있는 기회를 얻는다. 아무도 그 진정한 가치를 보지 못한, 시인의 심안에 의해서만 발견되는 보석 같은 시어를 찾을 시간이 곧 자투리 시간이다. 그렇다면 여기서 "분리수거가 안 된/이 시간"은 시의 창조를 위한 혼돈의 시간이나 다름이 없는 바, 시와 만나는 이 자투리 시간과 그 시간 속에서 발견해낸 시어는 세상 어느 것과 교환할 수 없는 "더 없이 소중"한 "금싸라기"로서 쉽게 얻을 수 있는 게 결코 아니다.

「금싸라기」에서 형상화되고 있는 임강빈 시인의 시작(詩作)은 이처럼 거창하지 않다. 시 쓰기의 과정이 이럴진대 시를 쓰는 주체인 시인이 어떻다는 것은 새삼스럽게 강조할 필요도 없다. 남들이 버리고 간 시간의 쓰레기통을 뒤적이는 시인 역시 어떤 고귀한 존재가 아니다. 시적 화자인 '나'는 술에 흠뻑 취할 때면, 스스로를 별볼일 없는 사람으로 자조하며, "나는 영원한 촌닭인가"라고 자문한다(「술기운이 오르면」). 그런가 하면 '나'는 어렸을 때 젓가락질도 제대로 못하고, "학교에 가서는 좌우 분간을 못했"으며, "심장이 어느 쪽에 있는지도 모르면서 살"다가 "국기에 대한 경례할 때/오른손을 왼쪽 가슴에 얹"고서야 "그 가슴이 심장"이라는 사실을 비로소 알아낸 "이렇게 아둔한 사람"이다(「아둔한 사람」). 하지만 우리가 시적 화자의 이러한 자기 고백으로부터 간과해서 안 될 것은 시인의 존재에 대한 '낮춤'은, 비루하고 자질구레한 일상사의 틈새에 숨어 있는 삶의 비의성(秘意性)과 삶의 진실에 도달하고자 하는 시적 욕망의 열정을 임강빈 시인이 불태우고 있다는 점이다. 그는 "아궁이에 불을 다시 지핀다. 한 줌의 재로 남을 일이지만, 활활 타오르는 그 불꽃에 끌려서이다."라고 시집의 자서(自序)에서 언급하고 있듯이, 비록 칠순을 넘긴 노시인일지언정 시를 향한 그의 생명의 불꽃은 쉼 없이 활활 타오르기를 염원한다.

기왕 노시인의 시 쓰기에 주목했으니, 그의 시작과 관련된 시편들을 더 읽어보기로 하자.

내 하는 일
무엇하는지도 모르면서
한곳을 빙빙 배회만 한다

슬프면 슬픔으로 족하고
아프면 아픔으로 달래면 되지
무슨 토가 필요하랴

외로움이나 슬픔
딱히 모르면서
이 언저리 왔다 갔다 하는

이것은 산책일까
배회일까

무작정일까

가다가 다리가 아프면
그 자리에 주저앉아
행복이란 단어 하나 끼워놓았으면 한다

—「배회(徘徊)」 전문

시인은 시 쓰는 일이 산책인지, 배회인지, 무작정인지 모르겠다고 한다. 이 얼마나 무책임한 말인가. 시 쓰는 일이 무엇인지도 도통 모르겠단다. 우리는 익히 알고 있다, 서구의 근대시의 지평을 개척한 보들레르가 프랑스 파리의 음습한 뒷골목을 돌아다닌 것을, 비평가들에 의해 이른바 '산책자의 상상력'으로 그럴 듯하게 호명된 이후 근대적 자유시란 근대의 세계를 '산책'하는 가운데 쓰여진 시임을. 세계의 일상사를 '산책'하는 것, 그저 무심하게 어떠한 특별한 목적 없이 세계를 돌아보는 것, 그 과정에서 미적 체험을 하는 것이 바로 근대적 자유시의 새로움이지 않는가. 그런데 「배회」의 시적 화자는 이러한 근대시의 태생적 운명을 모르겠다고 한다. 사실 이것은 엄밀히 말해 시 쓰는 일이 무엇인지 아무것도 모르겠다는 순진한 고백이 아니다. 임강빈 시인이 「배회」를 통해 들려주고자 하는 바는 칠순을 넘은 노시인이 그동안 시력(詩歷)을 성찰하는 과정에서 시 쓰는 일이, '산책'과 '배회' 심지어 '무작정' 모두가 혼효된 것이며, 오직 중요한 것은 시를 쓰는 과정에서 "행복이란 단어 하나"를 놓치지 않는 것이라는 시적 진실을 강조하는 데 있다. 비록 "이 세상은/대개가 허구투성"(「해피 엔드」)이지만, 허구의 장막에 가려진 삶의 진솔함을 응시해야 되는 게 바로 시인의 소명(召命)이며, 곧 시인의 행복이다. 따라서 이러한 시를 쓰는 게, '산책'이면 어떻고, '배회'면 어떻고, '무작정'이면 어떻겠는가. 행복을 발견하고, 행복을 안겨다주는 시인은, 산책 · 배회 · 무작정이 공유하듯이 그 어떠한 자신의 흔적을 남기지 않는 무소유의 욕망에 충만되어 있으니 말이다.

새는 공중을 날다가
잠시 암벽이나
나뭇가지에 앉네
어디론가 훌쩍 떠나네
족적(足跡)을 남기려 하지 않네

가파른 언덕을 향해
터벅터벅 걸어가는
하루의 노동
외로움이 아름답네
허무의 발자국이 가득 넘치네

—「발자국」 전문

족적을 남기려고 그토록 애를 쓰는 세상 사람들과 달리 시인은 그 어떠한 흔적도 남기기를 부정한다. 그저 하루하루 시적 체험의 노동 속에서 발견한 외로움의 아름다움에 자족할 뿐이다. 시인은 "허무의 발자국"으로 족하다. 다만 최소한의 흔적이 허락된다면, "퇴색한 스냅 사진"에 찍혀 있는 "견딜 수 없던 추억" 정도일까(「스냅」).

하지만 이처럼 무소유의 욕망을 지닌 시인도 유달리 집착하는 대상이 있는데, 그것은 '꽃'이다. 이번 시집에서 자주 목도되는 것은 꽃을 제재로 취한 시편들이다. 대표적으로 「꽃」이란 시는 꽃에 대한 시인의 남다른 시적 욕망을 읽어낼 수 있는 시이다.

사람이 눈떠 있을 때
잠을 잘 때나

길이 나 있는 곳
오지 골짜기에도 꽃은 핀다
봄만이 아니라 추위에도 자란다
식물도감에 갇혀 있기보다는
들판에 피어서 더 아름답다
새처럼 날아갈 수는 없어
별과 깜빡깜빡 교신은 한다
꽃은 언제나 편안한 자세
흔들려서 향기가 된다
눈물 자국은 지우고
빙그레 웃는다
꽃은 배반하지 않는다

—「꽃」 전문

꽃에 대한 예찬이라고 해도 지나치지 않다. 흙이 있는 곳이라면 어디든지 자라고 피는 꽃의 강인한 생명력을 노래하고 있는가 하면, 비록 유동성은 없으나 다른 존재들과 소통을 하며, 늘 특유한 향기와 웃음을 잃지 않는 꽃의 항상성을 예찬한다. 무엇보다 "꽃은 배반하지 않"기 때문이다. 그런데 「꽃」은 단순히 꽃이란 자연물을 예찬했다기보다 꽃의 메타포인 시의 속성을 노래하고 있는 것으로 보아야 하지 않을까. 「꽃」에서 보이는 꽃의 여러 속성은 달리 말하자면 시의 그것으로 보아도 무방한 것으로 생각된다. 시인에게 시는 강인한 생명성을 간직하며, 세계의 모든 존재들과 소통하는 우주적 언어로써, 시의 이 같은 본연지성(本然之性)은 동서고금을 통해 항상성을 지니고 있지 않는가. 피고 지는 꽃의 순환성에 내포된 꽃의 속성은 곧 시의 그것과 상동성을 띤다고 해도 지나치지 않기 때문이다. 따라서 시인의 꽃에 대한 유다른 집착은 시를 향한 욕망과 다를 바 없는 셈이다.

우리는 여기서 시를 향한 그의 시적 욕망이 어떻게 형상화되고 있는

지 여러 시편들을 통해 만날 수 있다. 시인은 노년으로 접어든 자신에 대한 겸허한 성찰적 시선으로써 예의 시적 욕망을 형상화시킨다.

주름진 얼굴이 나타난다
그 거울 앞에서
주저주저할 때가 있다
추한 것은 싫다
내면을 비추어주지 않는 이유도
그 중 하나이다
얼마나 부도덕하고
살짝살짝 스치는 죄하며
사랑의 깊이도 가늠할 수 없다
벽면 거울에서 무엇을 더 보랴
잔잔한 수면 위로
흩어지는 구름이 한가롭다
억새풀 흔드는 것이 보인다
인가(人家)는 멀리 떨어져 있다
경직된 얼굴보다
잔잔한 수면 위에서
진짜 내가 보고 싶다

—「수면(水面)」 전문

우리는 시인이 보고 싶어하는 것과 보기 싫은 것이 무엇인지 알 수 있다. 게다가 왜 그런지 그 이유마저 파악할 수 있다. 그것은 '벽면 거울'과 '잔잔한 수면'의 대립적 구도로 시적 맥락이 이루어져 있는 데 연유한다. 시인이 싫어하는 것은 '벽면 거울'에 비추어지는 대상들이며, 반대로 보고 싶어하는 것은 '잔잔한 수면' 위로 보여지는 대상들이다. 벽면 거울/잔잔한 수면의 대립적 구도를 읽어내는 것은 이 시를 읽는 즐거움이다. 우선 벽면 거울에 비추어지는 것은 추할 대로 추한 노년의 '주름진 얼굴'인데, 기실 가장 추한 것은 이러한 노년의 외양이 아니라 '주름진 얼굴'에서 환기되는 "부도덕하고/살짝살짝 스치는 죄하며/사랑의 깊이도 가늠할 수 없"는 내적 성찰의 결핍이다. 시인에게 벽면 거울은 단지 노년의 늙음을 평면적으로 보여주는 반사경에 지나지 않는다. 말하자면 이 '벽면 거울'은 1930년대의 시인 이상의 시에서 보이는 '내면적 성찰의 거울'이 아닌 셈이다. 그렇다고 '내면적 성찰의 거울'이 시인에게 아예 없는 것은 아니다. '잔잔한 수면'이 그 역할을 대신하였으면 하는 시인의 바람이 투영되어 있다. 하여 시인은 "잔잔한 수면 위로" 비추어진, 한가롭게 "흩어지는 구름"과 "억새풀 흔드는 것"과 멀리 떨어진 "인가"를 배경으로 한 "진짜 내가 보고 싶"은 것이다. '진짜 나'[眞我]를 만나고 싶어하는 시인의 시적 욕망이 간절하다. 여기서 우리가 「수면」을 조금만 더 자세히 읽어보면, 「수면」의 시적 매혹을 발견할 수 있겠다. 노년의 시인이 그 숱한 세월의 퇴적층 속에서 '진짜 나'를 보고 싶어하는 그 자체도 값진 시적 통찰이지만, 이 '진짜 나'와의 대면은 다름 아니라 구름, 억새풀, 인가 등의 풍경과 독립되어 있지 않다는 데서 시인의 시적 인식은 예리하면서 웅숭깊다. '진짜 나'를 세계의 풍경과 독립되어 존재하는 단독자로서 발견하는 게 아니라 '나'와 더불어 존재해온 세계의 풍경과 함께 '진짜 나'를 찾고자 하는 것이야말로 시인의 완숙한 시경(詩境)을 보여주는 것이라 해도 손색이 없을 터이다.

이러한 '진짜 나'에 대한 시적 욕망은 이번 시집에서 노년의 시간을 살아가는 시인의 인식에 의해 포착되고 있다. 자연의 순리를 거스를 수 없음에 대해 시인은 정직하다. 언제나 그렇듯 아무렇지도 않은 양 날마다 우리 곁을 스쳐가는 시간을 시인은 아쉬워하지 않는다. "세월은 보내는 것이 아니라/만나는 일"(「허송」)이라는 시적 인식은 시간에 대한 시인의 통찰을 단적으로 말해준다. 시인에게 시간은 가뭇없이 사라져 소멸하는 존재가 아니라 "싹을 틔우게 하고/꽃을 피우게 하고/열매도 거두게" 하는 "광활한 어머니의 품"과 다를 바 없다(「시간」).

그런데 이러한 시간에 대한 해탈적 인식에서 간과할 수 없는 것은 시인을 에워싼 유한한 시간으로부터 절대적으로 초월해 있지 않다는 점이다. 시인도 일개 자연인이듯이 그를 구속하고 있는 시간의 유한성으로부터 자유롭지 않다.

> 가장 확실한 건
> 이승을 떠나간 사람하고는
> 통화가 불가능하다는 일이다
> (중략)
> 하늘이 하도 맑아서
> 혹시나 하고 전화기를 들었다
> 여보세욧
> 찍찍 잡음만 되돌아온다
> 그대로 내버려두는 건데
> 공연한 짓 했나싶다
>
> —「모일(某日)」 부분

> 이제는 별 할 일도 없는 것 같습니다
> 잡초가 크게 자라버린 봉분
> 예초기로
> 잡초 베는 일만 남았습니다
> 놀라지 마십시오
> 청명한 이날 이 불효가
> 달랑 예초기 하나 들고
> 아버지 봉분을 예쁘게 깎는 중이니

조금도 놀라지 마십시오

—「예초기」 부분

향을 피우고
두 번 절하고
상주와 인사하고
모든 것이 끝났다
인생은 간단하다

검은 띠 두르고
편안한 얼굴
왠지 낯설다

피르르 떨고 있는
나비 한 마리
당신은 허공으로 떠나고
가파른 언덕
나 걷는 일만 남았다

—「장례식장에서」 전문

우리는 위 일련의 시편들에서 시인이 시간의 유한성을, 그의 일상사 속에서 자연스럽게, 그러면서도 예각적으로 묘파해내고 있음을 읽을 수 있다. 세 편의 시 모두 짙게 그늘을 드리우고 있는 것은 죽음과 마주친 시인의 심상이다. "하늘이 하도 맑아서/혹시나 하고 전화기를 들었"는데, 수화기 저 너머에서 들려오는 소리라곤 존재의 부재를 증명하는 전화기 잡음 소리뿐, 그때야 시적 화자는 자신이 "공연한 짓"을 한 것으로 안타까워한다. 이미 이승을 떠난 존재를 망각하고 있었음에도 불구하고 시적 화자는 무의식적으로 자신도 모르는 새 떠나간 그 존재와 소통하려고 한 것이다. 잠시 맑은 하늘에 도취되어 시간의 유한성을 망각한 채 말이다. 하지만 그 소통은 수화기 너머의 잡음 소리를 통해 곧바로 존재의 부재를 더욱 확실히 증명해보임으로써 오히려 다가올 자신의 존재의 부재를 내다보게 한다. 이러한 존재의 부재를 미리 내다보는 것은 「예초기」에서 아버지의 봉분을 벌초하는 시적 화자의 내면 풍경뿐만 아니라 「장례식장에서」처럼 죽은 자의 명복을 빌러 조문하러간 장례식장에서 돌아오는 길에 밀려드는 시적 화자의 심회와 동일한 맥락을 형성한다.

이처럼 시간의 유한성과 존재의 부재에 대한 시적 체험의 진실이 형상화되고 있기에, 앞서 살펴본 것처럼 임강빈 시인의 시간에 대한 해탈적 인식은 진정성을 띤다.

아홉 번째로 내는 이번 시집은 1956년에 시단에 첫 발을 내디딘 시인의 시력을 참조하건대 시집의 권수가 결코 많은 편이 아니다. 임강빈 시인은 과작의 시인이다. 이제 칠순을 넘은 노시인으로서 그는 삶의 하강 국면을 맞이하고 있다. 인생을 곧잘 산행에 비유하자면, 그는 이제 등산이 아닌 하산을 겸허히 준비하고 있다. 등산도 어렵지만, 하산도 등산만큼 어렵다. "오르기보다는 하산하는 쪽이 더 힘들"(「하산」)며, 어떻게 하산하느냐가 그 동안의 산행에 아름다운 종지부를 찍을 수 있는 것이다. 등산도 그렇듯이, 성급하지 않고, 서서히, 긴장을 늦추지 않으며, 심호흡을 가다듬고, 근육의 수축과 이완을 적절히 조절하는 하산만이 훌륭한 산행을 마치는 길이다. 노시인에게 이러한 하산의 여정은 남은 시적 인생의 과제이면서 외면할 수 없는 시인의 숙명이다. 이 얼마나 엄숙하면서도 숭고한 시인의 숙명인가. 앞의 시편들에서도 읽어보았지만, 지나가는 시간을 탓하지 않으며, 애써 시간의 유한성을 부정하지도 않으며, 그것 자체를 받아들이는 시인의 겸허함은, 이번 시집의 미덕이면서 특장(特長)으로 손꼽아도 손색이 없지 않을까.

하산하는 시인의 고행. 그 고행 속에서 남은 시적 여생을 마감하려는 시인은 하산을 즐겁게 하기 위해 그에게 아직 소진되지 않은 시적 에너지를 쏟고자 한다. 그 시적 에너지는 방파제로 밀려오는 파도가 온몸으로 부딪쳐 부서지는 것을 갈망하는가 하면(「방파제」), 약육강식의 처절한 질서 속에서 생존을 위해 치열한 삶을 살아가는 야수성의 동물에 대한 이야기가 방영된 프로그램에 감동하는 장면에서 만날 수 있다(「동물 이야기」). 하산은 저절로 행해지는 게 아니다. 그냥 아래로 미끄러지기만 하면 되는 게 아니다. 다시 말해 하산하는 데는 등산 못지않은 에너지가 필요한 것이다. 시인은 바로 이 하산하는 데 필요한 시적 에너지를 갈무리하고 있다.

십장생의 영물 중 하나인 학처럼 "내장은 늘 가난"(「학」)해야 된다는 것을 다짐해 온 시인 임강빈은 하산의 여정을 이렇듯이 묵묵히 실행하고 있다. 탐욕과 무관한 학처럼 그는 그 동안의 시작(詩作)이 보여준 바, 어디에도 구속되지 않고, 어떠한 세속적 욕망과도 타협하지 않은 채 창공을 자유롭게 비상하는 학의 날갯짓이 허공에 아로새긴 그 흔적을 시적 형상미로 포착하고자 한다. 따라서 어떻게 보면 이제부터 우리는 노시인의 심안(心眼)으로 꿰뚫어본 삶의 진실과 그 진실을 형상화시킨 노시인의 심문(心紋)이 지닌 아름다움의 묘미를 만나기 위한 준비를 소홀히 해서는 안 될지 모르겠다. 시적 감동을 받을 준비가 없는 자에게 시인의 심문(心紋)의 아름다움은 그 실체를 드러내지 않을 것이기 때문이다.

제10시집

한 다리로 서 있는 새

제10시집 『한 다리로 서 있는 새』

중심과 비상의 접경에 존재하기

1. 『한 다리로 서 있는 새』의 서지적 개관

1.1 임강빈의 10시집 『한 다리로 서 있는 새』는 2004년에 리토피아에서 발간하였다. 리토피아 시인선 22번으로 발간된 시집은 총 128쪽이다.

표1에는 시 「한 다리로 서 있는 새」가 수록되어 있다.

〈기다란 다리를 한 새야/ 한 다리로 서서/ 넌 참 용하구나//양복바지에/ 나머지 다리 하나를 마저 집어 넣을 적에는/ 중심을 잃을 때가 있다//한 다리로 서 있는/ 너의 재주는 훌륭하구나//마침 조용조용 함박눈이 내리고 있다/ 한국의 산천/ 눈 내리는 풍경을 실컷 구경하거라//아랫도리는 춥지 않느냐/ 떠날 채비는 됐느냐// 너의 깃털이 하얗다/ 함박눈도 그렇다/ 비상할 때는 참 황홀할 거야〉(한 다리로 서 있는 새)

표4에는 백인덕 시인의 해설 일부가 실려 있다.

〈임강빈 시인의 이번 시집이 선생의 거의 반세기에 이르는 시력에 열 번째로 상재되는 것이지만 이 시집이 어느 만큼의 위리츨 점하게 될지 나는 모른다. 그러나 분명한 한 가지는 전통적인 자연관을 확실하게 지양했고, 그럼에도 불구하고 자연을 자아의 존재 기반으로 하여 자연이 끊임없이 드러내 보여주는 의미와 가치를 이처럼 아름다운 '표현(이미지)'을 통해 다시 우리에게 들려주었다는 으 점은 아마도 오래도록 '참 잘했다'는 시인 스스로의 평가 이상으로 기억될 것이다. — 백인덕(시인)의 해설에서.

1.2 시집의 서두에는 '자서'가 있다.

1.3 시집의 목차는 1 ~ 5부로 구성되었는데, 각각의 제목을 붙이지 않았다.

1부는 가을이 와서야/ 기러기/ 환청(幻聽)/ 나리꽃/ 귀뚜라미/ 적막(寂寞)/ 계곡/ 외갓집/ 단풍/ 쇠똥벌레/ 반취(半醉)/ 곡선(曲線)/ 한 다리로 서 있는 새/ 문병(問病)/ 스케치/ 가보(家寶) 등 16편이다.

2부는 솟대/ 저울/ 부끄럽다/ 참게/ 산울림/ 자연/ 강물에 밀려서/ 다시 불러본다/ 이 들판은/ 여권(旅券)/ 차일(遮日)/ 겨울비/ 냄새/ 손톱에 대하여/ 황금빛 등 15편이다.

3부는 가을 포옹/ 꽃 한 송이/ 태극기/ 가난/ 줄다리기/ 죄송합니다/ 꿈/ 만년(晩年)/ 사랑/ 방귀/ 해우(解憂)/ 초승달/ 분(盆)/ 외할머니/ 횡단도로에서/ 산 등 16편이다.

4부는 으름덩굴/ 쥐똥나무/ 요설(饒舌)/ 품위/ 달팽이/ 놓쳐버렸다/ 해후(邂逅)/ 준비물/ 시만 쓰면/ 괜히 바쁘다/ 악수/ 겨울잠/ 햇볕/ 별/ 눈물 송(頌) 등 15편이다.

5부는 우체통/ 해바라기/ TV동화/ 닛뽄바래/ 길은 질퍽질퍽하였다/ 겨울 방/ 실루엣/ 이삭줍기/ 동백정(冬栢亭)/ 조류독감/ 씁쓸한 기억/ 통화(通話)/ 삼월 폭설/ 1달러/ 겨울 그리고 봄/ 누드 등 16편이다.

1.4 시집의 말미에는 백인덕 시인의 '해설'이 있다.

2. 자서(임강빈)와 해설(백인덕) 읽기

2.1 '자서' 전문

〈자서(自序)〉

시로 살아온 지 그럭저럭 반백을 바라보게 되었다. 소출이 너무나 미미하다.

13년 만에 첫 시집을 낸 후로 대개 4, 5년 간격으로 출간했다. 이런 속도에 비한다면 이번 시집은 과속한 셈이다. 자전거 페달에 힘을 주어서 그런가.

익기 전의 풋감을 딴 것 같은 불안도 여전하다. 서둘 때가 되었다 생각하니 조금은 서글프다.

이번 시집이 마지막 시집이 아니기를 바란다.

더 건강한 시와 만났으면 좋겠다.

2004년 초여름

우봉서재(又峰書齋)에서 임강빈(任剛彬)

2.2 백인덕 시인의 '해설' 전문

〈해설〉

중심과 비상의 접경에 존재하기

백인덕(시인)

1) 존재 근거로서의 자연의 두 면모(面貌)

시는, '모든 시적 정의의 역사는 오류의 역사다'라는 엘리어트의 말을 굳이 상기하지 않더라도, 한 마디로 정의되기 어렵고 더더욱 일반화된 개념으로 환원시킬 수 없다. 그 이유는 결국 모든 시는 주체와 대상과의 갈등과 대립, 극복과 화해의 산물이기 때문이다. 여기서 우리는 손쉽게 주체의 자리에 '시인'을 놓을 수 있다. 그러나 '대상'의 자리에는 부득불 '주체' 그 밖의 모든 것이 자리하게 된다. 이는 크게 갈래지어 자연, 사회, 우주라 이름 할 수 있지만, 이 세 가지는 모두 주체의 현실을 구성하는 주요 요소이므로 결국에는 주체인 시인과 대상인 현실만이 문제된다고 해야 할 것이다. 그럼에도 불구하고 개개의 시인들이 각기 다른 시의 스펙트럼을 드러낼 수 있는 것은, 그 또한 크게 보아 대상의 세 요소들 중에 어느 것이 보다 중심적인 역할을 수행하느냐에 있어서 차이가 발생하기 때문이다. 이러한 차이가 바로 '시적 인식'의 내용이 된다고 할 수 있다.

주지의 사실이지만 우리 시의 전통에 있어서 '자연'의 역할은 다른 어떤 요인보다도 유구하고 강력하다. 그렇지만 현대시(이때 '현대시'란 현대라는 시간적 자각과 시인 각자의 시 의식의 정도를 지칭한다)라는 관점에서 볼 때, 시인들이 대상으로 하는 '자연'은 전통적인 자연관과는 다른 모습을 띄게 될 수밖에 없다. 이를 김준오는 "자연의 중립화라고도 하는 이 자연관은 자연을 인간의 관점에서가 아니라 실제 그 자체로 보고 묘사하자는 태도다. 일체의 인간적 관점을 배제함으로써 비정성(非情性)으로서의 자연 개념은 자연이 신의 창조물로서 인간에게 혜택을 준다는 낙관론과 자연이 타락의 소산, 사악한 것으로서 인간에게 적의의 힘이 된다는 비관론을 아울러 극복할 수 있게 되었다."(『시론』, 문장사.)고 현대적 자연관을 설명하고 있다.

어언 시력 반세기를 바라보는 임강빈 시인은 1956년 ≪현대문학≫지를 통한 등단과 1969년 첫 시집 『당신의 손』(현대문학사)을 상재한 이후 줄곧 자기발견으로서의 자연을 놓지 않은 집념의 시인으로 널리 알려졌다. 따라서 이번 시집, 『한 다리로 서 있는 새』의 시 세계로 들어가는 입구 또한 그의 자연관을 규명하는 것으로부터 열리게 될 것이다. 사족이지만, 임강빈 시인의 작품에서는 결코 낭만적 자연관이 드러나지 않는다. 이때 낭만적 자연관이란 두 가지 원리, 다시 말해 동화(同化)와 투사(投射)의 방법이 사용되지 않고 있다는 것이다. 동화란 시인이 모든 자연을 자신 속으로 끌어와서 그것을 내적 인격화하는 원리를 말하며, 투사란 시인이란 정체가 없기 때문에 그가 계속해서 어떤 다른 존재를 채우는 것, 자연 속에 자신을 상상적으로 투여하는 원리를 말한다. 이러한 원리의 부재는 부득불 임강빈의 자연을 다른 시각에서 접근할 것을 요구한다.

울지도 않는 기러기의 침묵
어둑어둑한 밤하늘에
날갯짓만 환상처럼 보인다
볏가리 군데군데 놔두고
이 땅을 지나가려 하는가

옛적 다정다감도 비껴서려 하는가

—「기러기」 2연

지나가는 자연을 나는 보고 있지만
자연은 나를 놓치고 지나칠 때가 많다
거리 탓일까
먼 산등성이와
가까운 산은 색깔부터 다르다
있던 것이 안 보이고
없던 것이 불쑥 나타나는
낯선 차창 밖 풍경

—「자연」 1연

임강빈 시인의 초기 시 세계를 다룬 어느 평자는 "임강빈의 대자연적인 자세는 다분히 서구취향의 관점을 부양시키면서 자연 속에 존재로서의 의미를 반영하는 신선하고도 고적감 넘치는 자연의 속성을 발현하는 경계에 닿아 있다고 보겠다."(하현식, 『한국시인론』, 백산출판사.)고 그 특질을 밝히고 있다. 여기서 말하는 '서구취향의 관점'이란 앞에서 언급한바 '자연의 중립화'의 태도를 의미한다고 할 것이다. 깊은 가을 밤 하늘에 기러기가 나는 것은 수많은 정감을 불러일으킬 듯도 하건만, 인용 시에서 시인은 그러한 정감은 고사하고, '옛적 다정다감도 비켜서려 하는가'라고 무심한 질문만을 던지고 있다. 뿐만 아니라 '지나가는 자연을 나는 보고 있지만/자연은 나를 놓치고 지나칠 때가 많다'라며 마치 시인과 자연이 별개의 주체인 것처럼 표현하고 있다. 결국 자연을 그 본래의 모습대로만 묘사하고자 한다. 그렇다면 이러한 태도는 자연을 도외시하거나 경시하는 것인가. 그렇지는 않다. 이러한 태도는 자연 속에 자아를 억지로 밀어 넣지 않겠다는 일종의 방법론적 결단에서 비롯한 것이라고 보아야 한다.

가을 하늘이 높다
나부끼는 만국기 아래
시골 초등학교 운동회
일학년은
몇 갑절 몸집이 큰 공 굴리기
둘이서 갸우뚱갸우뚱 굴린다

쇠똥벌레는 단연 프로급이다
따가운 햇볕
응원도 없이
물구나무서서
묵묵히 쇠똥이나 굴린다
땅거미 질 때까지

—「쇠똥벌레」 전문

임강빈의 자연을 대하는 태도는 위의 시처럼 대비를 통해 드러난다. 1연의 '일학년, 만국기, 운동회'는 2연의 '쇠똥벌레, 응원, 묵묵히'와 대비된다. 대비란 두 대상 간의 유사점, 또는 차이점을 찾아내 각 대상의 특징을 드러내는 방법인데, 시인의 경우 '인간/자연'이라는 대비에서 '교훈'의 발견은 언제나 자연 쪽에 가깝다. 지나친 확대 해석일지도 모르지만, 1연은 '운동회'라는 시어로 미루어볼 때 놀이나 축제의 장이라고 볼 수 있다. 하지만 2연의 쇠똥벌레는 그 행위가 일상이며 노동이라는 것을 쉽게 알 수 있다. 일반적인 관점에서는 노동보다 놀이에, 일상보다는 축제에 더 큰 관심을 기울여야 하지만 위의 시는 결코 그렇지 않다. 오히려 쇠똥벌레의 묵묵함이 더 자연스러운 것으로 다가온다. 이러한 대비는 가령, 「요설(饒舌)」의 경우에는 '참새들'의 수다와 '지껄이기 좋아하는 사람'의 대비를 통해서 드러난다. 이 작품에서도 '너무 경박하다' 먼저 소리를 지르는 것은 사람이고, 그 조급함으로 인해 자연스러움으로부터 멀어지는 것이다.

이렇게 해서 '감정이입'을 통한 자연과의 합일을 지양하면서 대비를 통해 자연의 교훈을 추구하는 임강빈의 자연관의 한 면모를 확인했다. 그러나 자연을 외적인 비교의 대상 수준으로 격하시키는 것은 시인이 자연을 통해 끈질기게 확인하고자 했던 한 면모, 어쩌면 진면목을 놓치게 된다. 그것은 어떻게 자연이 존재의 근거로서 시적 인식의 배면에 확고하게 자리할 수 있었으며, 또 표면에 부상했을 때 보여주는 존재자의 모습은 어떠한가일 것이다.

> 계곡 아래로 단풍이 왔네
> 잡다한 것 버리고 혼자 왔네
> 반나절이 훌쩍 지나고
> 뭔가 허전한 것 같아
> 술도 없이
> 공연히 마시는 시늉만 했네
> 햇살은 너무 부시고
> 진홍빛 잎잎이 손을 흔들며
> 그냥은 견딜 수 없어
> 미리 취했네
> 단풍과 반반 취하기로 했네
>
> —「반취(半醉)」 전문

계곡 아래 단풍이 왔을 때, '아, 곱다'라고 감탄만 하는 존재는 인간적 관점에서 자연을 그저 하나의 피조물로 바라보는 자이며, '아 아프다'라고 탄식을 쏟아내는 존재는 '감정이입'을 통해 자연을 인격화하는 또 다른 인간적 관점의 소유자에 지나지 않는다. 그러나 임강빈의 경우 이 두 관점은 일찍이 지양되었고, 그 결과가 바로 위의 작품에서처럼 나타난다. 여기서 자연과 시인은 서로 부르고, 응답하는 존재로 그려진다. '혼자' 찾아온 '단풍'이 '허전'해 보여서 시인은 '공연히' 없는 술을 마시는 체하며 응대한다. 그 결과 시인과 자연은 '반반취하기로' 일단의 합의에 도달한다. 결국 이 작품은 '대화'의 한 전형이라 할 수 있는데, 대화란 상호 이해를 통해 자아의 확장을 지향한다는 점에서 존재의 근거를 확보하는 유용한 수단이라고 할 것이다. 임강빈 시인의 시 세계의 전모를 알지 못하는 필자로서는 단언하기 매우 힘들지만, 이번 시집만을 놓고 본다면 그 대화의 깊이를 다음과 같은 시에서 확인할 수 있다.

청신기 없이도 환부를
알아낼 것 같습니다

당신은
가을 환자입니다

넌지시 와서는
핏빛입니다

당신 몸에는
아직 피가 돌고 있습니다

아픈 곳
쉬 찾아낼 것 같습니다

—「단풍」 전문

청진기 없이도 환부를 알아낼 수 있는 이해의 깊이는 '단풍'을 죽음이라고 보는 일반적 인식을 뛰어넘어 '당신 몸에는/아직 피가 돌고 있습니다' 즉 '단풍' 들음마저도 살아있음의 표지로 읽는 인식의 깊이를 보여준다. 이러한 인식이 '자연'이 아니라 '자아'로 향했을 때의 모습은 뒤에서 자세히 살펴보고자 한다.

2) 회상의 위안과 귀향의 불안 사이의 서성임

시에 있어서 기억의 의미와 가치에 대해서는 그 이해가 이미 일반화되었다고 해도 과언이 아닐 것이다. 사실 시는 현재의 충격적인 체험이나 강렬한 열망에 의해 쓰여지지 않는다. 현재의 그러한 상태는 일종의 모티프로서 과거의 체험, 정확히는 체험의 기억을 '동기화'하는 역할에 머무를 뿐이다. 그러므로 쓰여진 모든 시는 기억의 현재화된 산물이라고 할 수 있다. 그리고 이러한 기억을 '회상(回想)'이라고 일컬을 수 있는데, 회상이란 인간의 생애 중 가장 친밀한 사건들, 일회적이고 특수한 사건들을 개인적 인식의 단위로 단순화하고 구성하는 '개인적 기억'으로서 비공유성(非共有性)을 그 본질로 한다. 이 회상은 최종적으로 훼손된 자기의 회복이라는 기능을 갖는다.

> 육십년 전
> 처음 만나 잡았을
> 동창생의 손
>
> —「악수」 부분

> 손님이 와서 닭 잡는 날이면
> 제일 싫은 일이 번번 내 차지가 됐다
>
> —「조류독감」 부분

> 육십년 전의 씁쓸한 기억
> 한바탕 필름을 돌리고 있다

일곱 빛깔의 무지개로 떴다

—「씁쓸한 기억」 부분

이번 시집에서 뚜렷하게 '회상'의 내용을 시로 구체화한 작품들을 다시 두 가지로 갈래지을 수 있는데, 그 하나가 바로 위에 인용한 작품들처럼 '유년기' 이후의 기억을 담고 있다. 이것은 분명한 자기회복을 지향하는바 '돈벌이' 때문에 가출한 '열다섯 소년' 시절의 '씁쓸한 기억'을 '중대한 사건'(「씁쓸한 기억」)이라고 표현한 것과 '일곱 빛깔의 무지개로 떴다'는 부분에서 확인할 수 있다. 다시 말해 위의 작품들은 당시의 느낌들 거의가 다 사상되어 현재는 자아의 일부분으로만 확인될 뿐이라는 것이다. 다른 하나의 갈래는 '유년기' 때의 회상을 그 내용으로 하는 것으로 작품 편수는 압도적이다. 이는 다시 '외갓집'의 이야기와 '일제 때'의 체험을 담은 것으로 나누어볼 수 있다.

한잠을 자고 나면
외할머니는
윗목 콩나물시루에 물을 주고 계셨다
쪼르르 내려오는 소리
그 소리에 다시 잠이 들었다
아침이면
노란 대가리가 쑥 올라 있었다

—「적막(寂寞)」 부분

유년기의 체험을 회상하는 이유는 대략 두 가지로 추론해 볼 수 있는데, 하나는 이른바 원죄의식에 의한 것으로 김종삼의 경우가 대표적이라고 할 수 있다. 다른 하나는 서구 전원시에서 일컫는 '유년동경'인데, "어른들의 비전보다는 어린이의 비전이 훨씬 더 깨끗한 본성에 의

해 뒷받침되어 있고 우수한 것으로 인식되었다."(이건청, 『한국전원시 연구』, 문학세계사)는 이유에서이다. 임강빈의 경우에는 후자의 경우라 할 수 있다. '노란 대가리가 쑥 올라 있었다'는 것은 빠르고 온전한 성장에의 희구(希求)가 담긴 표현이라고 할 수 있다. 나아가 그 외갓집은 '흩어진 별들을 한 줄로 서게 하면'(「외갓집」)이라고까지 상상할 수 있었던 공간이므로 강력한 동기가 되며, 이러한 시절에 대한 회상은 '한 번은 꼭 뵈어야겠는데/주소가 불명이라'(「외할머니」)고 탄식하는 현재적 결핍이 더욱 심화시켰다고 할 수 있다.

기다란 다리를 한 새야
한 다리로 서서
넌 참 용하구나

양복바지에
나머지 다리 하나를 마저 집어넣을 적에
중심을 잃을 때가 있다

한 다리로 서 있는
너의 재주는 훌륭하구나

마침 조용조용 함박눈이 내리고 있다
한국의 산천
눈 내리는 풍경을 실컷 구경하여라

아랫도리는 춥지 않느냐
떠날 채비는 됐느냐

너의 깃털이 하얗다

함박눈도 그렇다
비상할 때는 참 황홀할 거야

— 「한 다리로 서 있는 새」 전문

귀향에는 설렘과 두려움이라는 양가적 감정이 필연적으로 수반된다. 시인의 경우는 더욱 그러하다. 시인이란 시작 속에서 종말을 읽고, 끝에서 시작을 조준할 수 있는 거의 유일한 존재이기 때문이다. 임강빈 시인의 이번 시집에도 그러한 징후들이 많이 포함되어 있다. 나는 이것들을 일반화해 '불안'이라고 정의하고 그 양상을 살펴보고자 한다. 위의 작품은 시집의 표제시로 '중심' 잡기의 어려움과 '황홀한 비상'의 홀가분함이 동시에 드러나 있다. 또한 시인의 오랜 시작 방법처럼 '긴 다리의 새'를 통해 표현되고 있다.

어지간히 끝내고
어서 오라는 환청이었다

— 「환청(幻聽)」 부분

생로병사는 짧다
내리는 눈처럼 가볍다

— 「문병(問病)」 부분

떠난 뒤
다시는 돌아올 수 없을 것 같네

— 「여권(旅券)」 부분

나도 차츰 회복 중이라 각별하다

— 「분(盆)」 부분

빠뜨린 것이 없나 챙긴다
빈손이라 오히려 여유롭다
허전한 느낌이다
어떤 형벌이 또 기다리고 있을까

—「준비물」 부분

잎이 떨어지며 다른 잎을 툭 치지만
그런 긴장감도 없다
조용히 늙어가면 된다

—「햇볕」 부분

경이로운 시와 대할 때
그런 경지가 부럽다
주저주저하다가 남는 진부
이 진부가 붙어 있는 것을 보면
나의 만년은
아직 남아 있는 모양이다

—「만년(晩年)」 부분

귀향의 양가적 감정이 실려 있는 부분들을 두서없이 모아 보았다. 귀향을 준비하는 심정은 때때로 물리적 자연으로서의 인간의 모습일 수도 있지만, 시인의 경우 시적 인식의 확충이나 변모가 더 이상 불가능하다는 자의식에서 출발하는 경우도 있다. 임강빈 시인의 경우는 '경이로운 시와 대할 때'는 '나의 만년은/아직 남아 있는 모양이다'라고 토로하고 있으니 후자의 경우는 결코 그 이유가 될 수 없다. 전자의 이유는 '시적 인식'의 범위를 넘어서는 것이므로 언급하지 않기로 한다.

3) 유연한 지조와 교훈의 긍정성

시인들이 '시'로써 자신의 초상(肖像)을 그릴 때, 필경 그 심정은 참담할 것이고, 그 초상을 보는 이의 심정 또한 그러할 것이다. 그 이유는 시인이라는 존재는 얼마간은 나르시스적일 수밖에 없다는 의미에서가 아니다. 그것은 보다 본질적인 것에서 기원하는데, 모리스 블랑쇼는 "시를 파고 들어가는 자는 모든 우상을 포기해야 한다. 모든 것과 결별해야 한다. 진리를 지평선으로 삼지도 말 것이며, 미래를 그가 머무를 곳으로 삼지도 말아야 한다. 왜냐하면 그는 희망을 가질 권리가 전혀 없기 때문이다. 오히려 그는 절망해야 한다. 시를 파고 들어가는 자는 죽은 자이다. 심연과 같은 자신의 죽음과 해후하는 자이다."(『문학의 공간』)라고 그 참담함의 이유를 명쾌하게 말하고 있다.

차안에서 누군가 말을 꺼냈다
또 변두리네요
시상식 마치고 가는 길이다

다음엔 서울 입성하세요
음, 그럴까
무심히 한마디 내뱉는다

상을 위해 시 쓰지는 않아
넉넉한 시골 바람은 언제나 맑지
따지고 보면 서울도 변방인걸

창 너머로 휙휙 지나가는
불빛 가속이 붙었다
그 행렬 때문에 넋두리를 멈췄다

참 잘했다 싶다

—「스케치」 전문

임강빈 시인이 직접 그린 '스케치'에서 그는 분명한 어조로 말하고 있다. '상을 위해 시 쓰지는 않아' 그 결과는 '참 잘했다 싶다'는 것이다. 이것은 결코 '넋두리'가 아니다. 시로 그리는 초상 속에 분명 아픔과 실의가 담겨 있기 때문이다. 그는 시를 살면서 '무명으로 오히려 홀가분하다'(「이 들판은」)고 느꼈고, '아깝다/가난했던 나의 전성시대'(「놓쳐버렸다」)라고 호기 있게 말하지만, 또한 '누추하게 살아 죄송합니다'(「죄송합니다」)라고도 하며 '이 가난에서 벗는 날은/파릇파릇 새싹이/시가 되는 날이다/시가 부자 되는 날이다'(「가난」)라고 자신도 하지만 '내 시도 대충 이렇다/정상을 올려본다/아무래도 힘겹다'(「산울림」)며 원망의 감정 또한 숨기지 않기 때문이다. 그러나 '참 잘했다'는 인식은 결국, '하나하나 벗기기로 한다/역시 알몸이어야/시가 살아난다/황홀하다는 것을 다시 알았다'(「시만 쓰면」)는 경지에 이르러서야 가능했던 것이다. 그 유연한 지조는 우리 시사(詩史)에 다음과 같은 교훈을 교설(敎說)이 아닌 이미지로 보태주었다.

떠나려는 이 가을
악수만으로는 안 될 것 같다
은밀하지 않은 곳에서
꼭 한 번은 포옹하고 싶다

—「가을 포옹」 부분

오랜 사랑은
빙점(氷點) 언저리에서 머물다가
손을 잡아주는 일이다

따스하게 감싸주는 일이다

—「사랑」 부분

똑바로 앞으로는 갈 수가 없다
정면충돌을 피할 수 있으니
얼마나 다행이랴

—「참게」 부분

임강빈 시인의 이번 시집이 선생의 거의 반세기에 이르는 시력에 열 번째로 상재되는 것이지만 이 시집이 어느 만큼의 위치를 점하게 될지 나는 모른다. 그러나 분명한 한 가지는 전통적인 자연관을 확실하게 지양했고, 그럼에도 불구하고 자연을 자아의 존재 기반으로 하여 자연이 끊임없이 드러내 보여주는 의미와 가치를 이처럼 아름다운 '표현(이미지)'을 통해 다시 우리에게 들려주었다는 그 점은 아마도 오래도록 '참 잘했다'는 시인 스스로의 평가 이상으로 기억될 것이다.

제11시집

집 한 채

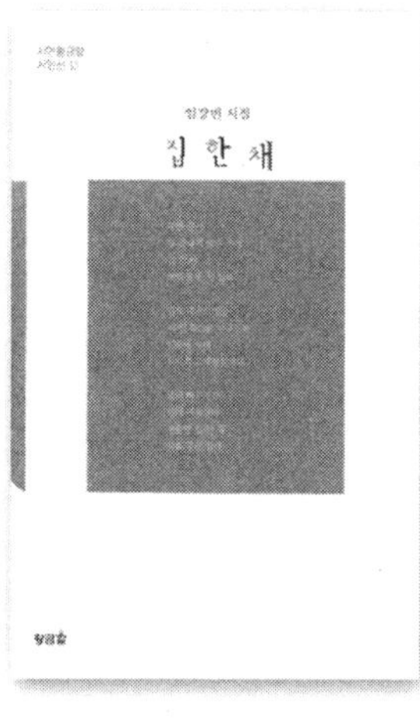

제11시집 『집 한 채』
대쪽같이 곧은 선비, 맑고 순결한 참눈

1. 『집 한 채』의 서지적 개관

1.1 임강빈 시인의 11시집 『집 한 채』는 2007년에 황금알에서 발간하였다. '시안황금알' 시인선 13번으로 발간된 이 시집은 총 118쪽이다.

표1에는 시 '집 한 채'가 중앙에 실려 있다.

〈하얀 길이/ 다 끝나지 않은 곳에/ 집 한 채/ 쓰러질 듯 서있다// 담도 대문도 없는/ 이 집 주인은 누구일까/ 신록에 싸여/ 오히려 고대광실이다// 멀리 뻐꾸기가/ 한데 어울린다/ 허술한 집 한 채/ 꿈속 궁전 같다〉

표4에는 조영서 시인, 서정춘 시인, 황희순 시인의 단평이 실려 있다.

〈대전을 생각할 때마다 임강빈 시인이 떠오른다. 임강빈 시인은 대쪽같이 곧은 선비시인이다. 흐트러짐 없이 고고하다. 맑고 순결한 참눈을 가졌다. 언젠가 『현대시학』에 「참눈, 참시, 참시인」이라는 글을 쓴 적이 있다. 그는 맑은 눈으로 하늘과 땅의 숨결을 마시고 햇빛과 바람을 만진다. 풀꽃이나 풀벌에 소리에서도 우주를 보도 듣는다. 빛과 어둠을 넘나들며 주옥같은 시를 빚어낸다. 자연과 인생, 우주의 섭리와 이치를 깨닫고 끝없는 상상의 날개를 펼친다. 이 같은 일이 어디 예사로운 일인가. 〈아픔 반 눈물 반/ 혼자 만들어낸 나의 흔적/ 깊은 철야 속/ 반짝이는 별처럼〉(애지중지) 지금도 시인은 말을 갈고 닦는 피 말리는 산고를 겪으며 고독과 싸우고 있을 것이다.〉 — 조영서(시인)

〈임강빈 시인과 그의 시에서는 좋은 생수의 그 물맛이 느껴진다. 아마 갈증 해소의 최선은 콜라도 다른 음료수도 아닐 바엔 차돌처럼 차고 맑은 생수가 아니겠는가. 지구온난화와 함께 요즘 우리 시의 생태마저도 사막화되어 가고 있는 듯하다. 이런 때 임강빈 시인과 그의 시를 생수의 물맛, 그의 극치라고 우겨도 좋을 성싶다.〉 — 서정춘(시인)

〈꼭 12년 일이다. 한 출판사에서 편집 일을 맡아 하고 있을 때였다. 임강빈 선생님께서 오셨다. 그때만 해도 지금처럼 선생님이 임의롭지 않았다. 팩스번호를 적어주시며 잡지사에 시를 한편 보내달라셨다. 팩스를 보내고 종이를 드렸다. 선생님께서는 놀란 표정으로 보내랬더니 왜 도로 주느냐 하셨다. 선생님보다 내가 더 놀랐다. 그 당시 교장이셨으므로 팩스가 어떻게 오가는지는 아실 텐데, 그럼 이 종이가 기계 속으로 들어가 그곳에 전달되리라 생각하셨단 말인가. 하긴 나도 문명의 귀신들을 다 이해하지 못하고 사는 터라 그냥 웃음보가 터졌을 뿐, 달리 설명을 해드리지 못했다. 승용차를 타면 '귀신'이 따라다니며 길을 안내한다. 요즘 귀신이 어디 이뿐이랴. 선생님에게는 흔한 신용카드도 컴퓨터도 핸드폰도 다 귀신이다. 나는 그래도 싫다 하시는 선생님 손을 끌고 은행문을 등으로 밀고 들어가 시내버스 교통카드를 만들어드렸다. 다행히 그 귀신은 몇 년째 요긴하게 잘 다루어 쓰신다. 때로는 술친구이신 나의 선생님, 앞으로 오래오래 선생님과 삼겹살 곁들여 낮술 한 잔 할 수 있으면 참 좋겠다. — 황희순(시인)

1.2 시집의 서두에는 '시인의 말'이 있다.

1.3 시집은 5부로 나누어졌는데, 각각의 제목이 있다.

1부(민들레)는 이사/ 쓰러질 듯/ 시간/ 녹취(錄取)/ 민들레/ 귀/ 누수(漏水)/ 소나기/ 앵두꽃/ 자연 구경/ 그림자/ 우리집 마당/ 그놈/ 간단명료/ 촌극(寸劇)/ 피하주사(皮下注射)/ 귀신/ 애지중지/ 소/ 가로수 등 20편이다.

2부(슬픈 격상)는 간단하다/ 동그라미/ 연꽃/ 슬픈 격상(格上)/ 가난/ 적막감(寂寞感)/ 먼산/ 노을/ 허공/ 근황(近況)/ 시집(詩集)/ 씨부렁거린다/ 흔적/ 달랑달랑하다/ 제한/ 앵앵거리다/ 고맙습니다/ 갈대밭 등 18편이다.

3부(거짓말)는 집 한 채/ 무주구천동/ 참새/ 낮달/ 고래/ 승부/ 줄다리기/ 취미/ 숲/ 긴장감/ 식구들/ 나비/ 그리움/ 가을/ 노여움/ 거짓말/ 풍경/ 생애/ 버릇/ 뒷간 이야기 등 20편이다.

4부(시인의 얼굴과 육필)는 시인의 흑백사진 한 장과 시 '집 한 채' 육필이 실려 있을 뿐, 다른 작품은 없다.

5부(기대라 한다)는 깃발/ 투망/ 스윙/ 가을빛/ 한거(閑居)/ 저 푸르름/ 초침소리/ 황홀/ 돌/ 배경/ 인연/ 소인(消印)/ 기대라 한다/ 좋은 시 쓰네요/ 재주/ 도깨비바늘/ 소망/ 한중망(閑中忙)/ 토론 등 19편이다.

1.4 시집의 말미에는 시인이 쓴 시작노트 '나의 문학 주변, 기타'가 수록되어 있다.

2. '시인의 말'(임강빈)과 '시작노트'(임강빈) 읽기

2.1 '시인의 말' 전문

〈시인의 말〉

한국 남자 평균 수명을 가뜬히 넘어 섰습니다.
이 초라한 시집도 그 덕인 셈입니다.

파고는 높았지만 평범하게 살고 싶었습니다.
지금도 평범을 사랑합니다.

갚을 빚은 그대로입니다.
너무 서두는 게 아닌가 자성도 합니다.

2007. 초여름
구봉산 아래에서
임강빈

2.2 임강빈 시인의 '시작노트' 전문

나의 문학 주변, 기타

나는 일제 때 공주중학교(6년제)에 입학했다. 전시(戰時)라 공부는 뒷전에 밀리고 각종 봉사 활동에 동원되었다. 2학년 때 해방을 맞이하였다. 그리고 혼란의 와중에 빠지게 됐다. 그때 담배에 손을 댔고 술도 배웠다. 결석도 다반사였다. 말하자면 불량학생이 되었던 것이다. 방학 때는 친구와 함께 영등포 판잣집에 머물면서 돈벌이를 한다고 꼭두새벽에 미군 인력시장, 그 장사진 속에 줄을 서 보기도 했지만 몇 번을 바로 앞에서 끊기곤 했다. 세상이란 그리 쉬운 것이 아니라는 것을 체험했다.

1950년 4월, 그럭저럭 졸업을 했다. 그야말로 그럭저럭이었다. 그런 가운데도 1949년 서울에서 발행한 ≪중학생(中學生)≫지에 시를 투고도 했고, 그간 습작한 시를 모아 단권 시집도 냈다. 주황색 종이를 구해 한편씩 또박또박 글씨를 썼고, 장정은 미술반 학생에게 부탁했다. 『해바라기』란 시집이었다. 그 무렵 〈대전일보〉 창간 5주년(?) 기념으로 공모한 문예콩쿠르에 「산딸기」가 당선되기도 했다. 인각유일능(人各有一能)이라 했는데 내겐 다른 재주는 없고 문재(文才)는 조금 있었던 것 같다.

졸업 후 공주사범대학에 입학했다. 6월 1일 입학하고 강의실 몇 번 가보지도 못하고 6 · 25가 터졌다. 자연 휴교할 수밖에 없었다. 처음엔 피난민 속에 끼지도 못하고 1 · 4후퇴 때는 안 되겠다 싶어 공주에서 대구까지 순전히 발로 걸어서 피난을 갔다. 그 다음해 5월 20일 복교, 생사를 몰랐던 학우들이 꾸역꾸역 모여들었다. 살아있다는 사실 외엔 별로 달라진 것이 없는 얼굴들이었다.

정부수립과 함께 공주사범대학이 재탄생되었다. 역사가 일본 천하고 전시 중이라 모든 것이 제자리를 잡지 못하는 혼란 속이었다. 물론 학내 서클 같은 것도 없었다. 〈시회(詩會)〉가 유일한 오아시스였다. 이원구, 이재복 두 분을 지도교수로 모셨다. 모임은 국문과 학생이 주류였고, 20~30명 회원들이 토요일 강의실에 모여 자기 작품을 복사해서 배부하고 자작시 낭독, 그리고 합평회 순서로 진행되었다. 의외로 반응이 좋았다.

처음엔 서툴렀다. 회를 거듭하면서 한번도 거르는 일 없이 그 열의가 대단했다. 강의실 강의보다 이 모임에 더 열성을 보였다.

문학은 고독한 작업이라 한다. 그 고독이 뼈저리게 괴롭혔다. 나의 문청시절 문학을 얘기할 선후배도 없었고 상의할 스승도 없었다. 문학 하면 배고픈 직업이라는데 누가 감히 시 운운하겠는가.

사위(四圍)를 돌아보아도 이끌어줄 손은 없었다. 거친 황무지뿐이었다. 이런 황무지에서 문학의 싹을 틔운다는 것은 여간 힘든 일이 아니었다.

대학 다닐 때도 6 · 25 전후 혼란기라 제대로 강의나 체계적인 문학 수업이 없었다.

1955년 가을, 동료 교사 몇이서 시장 구경을 하고 있었다. 충남의 알프스라 불리는 청양 땅은 산세가 좋고 물은 맑았지만 문명과는 거리가 멀었다. '꽃필서점'이라는 서점이 있었는데 대개가 중고생 대상이었다. 변변한 교양서적 하나 없는 시골이었다.

내 발을 멈추게 한 것은 눈에 들어온 ≪현대문학≫이었다. ≪현대문학≫ 10월호를 집어 들고 목차부터 살피는데 이게 웬일인가. 내 시가 추천되어 있었다. 순간 전류가 흘렀다. 분명 내 시 「항아리」가 박두진 선생 추천으로 되어있었다. 하숙집에 와서 읽고 또 읽었다. 어떻게 된 영문인지 실마리가 풀리지 않았다. 한동안 안개 속을 헤매다가 겨우 찾아냈다. 연전에 김구용 선생이 시가 있으면 보여 달라고 한 기억이 살아났다. 추천이란 말은 한마디도 없었다. 김구용 선생의 일을 까맣게 잊고 있었던 것이다.

나의 문학과 시장과는 깊은 인연이 있는 것 같다. 해방되어 공주 노점에서 ≪문장(文章)≫지를 처음 만났고, 청양 장터에서 내 시가 추천된 ≪현대문학≫을 만났으니 말이다.

1956년 1월호에 「코스모스」가 2회 추천을 받았다. ≪현대문학≫지는 국내 유일의 순수문예지였다. ≪문예≫가 폐간된 후 문학 지망생들의 선망의 대상이었다. 말하자면 등용문이었다. 언감생심 추천을 어찌 바랄 수 있었겠는가. 도저히 믿기지 않았나. 1956년 나의 모교인 공주중학교로 자리를 옮겼다. 그해 8월호에 「새」가 추천되어 3회 추천을 마쳤다.

개명 공주에서 첫 시인 탄생이라고 환호했다. 스승, 선후배, 그리고 친지들이 고궁다방에 모여 축하회를 열어주었다. 내 생애 처음으로 꽃다발을 받았다.

이 땅엔 시가 많고 따라서 유무명의 시인이 많다. 시인이 많다고 손해 볼 것은 없다. 툭하면 살인하고 사기나 치고 인면수심이 들끓는 세상에, 미를 추구하겠다는 시인이 만이면 어떻고 십만이면 어떠랴. 밥 먹고 바로 드러누우면 소가 된다고 할머니는 말씀하셨다. 이런 거짓말은 이 사회에 얼마든지 있어도 좋다는 생각이다. 시인은 아름다운 존재이다. 위안을 준다. 다만 이름만 시인이고 작품이 없는 유명무실한 시인은 도태되어도 좋으리라는 생각이다.

동양시의 원류는 서정성에 있다. 시행이 짧다. 우리나라의 시조, 한시의 오언절구나 율시, 그리고 일본의 하이쿠 등이 그렇다. 동양의 시는 여백을 중히 여긴다. 그래서 여백의 미학이라고도 한다. 간결과 함축성으로 여유를 찾는다.

왜 요즘 시는 길어졌는가. 산문의 영향이 아닐까. 확실히 우리는 산문의 시대에 살고 있다. 그래서 시도 산문화되었다. 행과 연의 구분이 무너졌고 리듬도 사라진 지 오래다. 과연 이래도 되는 것일까. 시와 산문(소설)의 싸움은 이미 끝났다. 그러나 시는 시의 기능이 있고, 산문은 산문의 기능이 있을 것이다. 시가 산문을 닮으려 한다. 시 속에 산문성이 이미 많이 들어 있다. 산문은 많은 것을 포용하자니 길어질 수밖에 없다. 그릇이 커진 것이다. 그러나 길게 썼다고 전부 산문시가 되는 것은 아니다. 길어질 수밖에 없는 개연성이 있어야 한다.

시는 짧을수록 좋은데 시가 길어지고 있다. 난해시 탓인가. 이념을 앞세우려 해서 그런가. 아니면 민중시의 출현으로 그리되었는가. 그렇게 길어진 시는 시적 효과를 얻을 수 없다. 함축미도 긴장감도 느슨하다.

시인은 숙련공이 되기를 거부한다. 자동차 공장에는 라인에 따라 파트별로 자기 맡은 일에만 열중한다. 나사 죄는 사람은 계속 나사만 죈다. 시인은 창조하는 사람이다. 창조하는 기쁨으로 살아가는 사람이다. 독창성이 뛰어난 시인은 독자에게 감동을 준다. 감동의 폭이 클 때 우리는 좋은 시인과 만났다고 환호한다.

한편의 아름다운 시에서 감동과 만난다는 것은 행복이다. 좋은 시를 읽으면 하루 종일 즐겁다. 훌륭한 시집을 만났을 때는 십년지기를 만난 듯 반갑다. 감동은 남에게 강요할 수 없고 힘으로 되는 것도 아니다. 잔잔한 감동일수록 그 파장이 널리 퍼진다. 감동이 없는 시는 무미건조하다. 마치 마른 나뭇가지 씹는 것과 다를 바 없다. 감동적인 시는 생의 깊숙한 곳에서 길어 올린다. 두레박 가득 샘물이 찰찰 넘칠 때의 신선함 같은 것이다. 그 감동은 어디서 오는가. 그것은 상상력이다. 상상력의 훈련이 다져진 시일수록 감동의 폭은 크다.

우리는 가끔 시적이란 말을 쓴다. 시와 시적은 구분되어야 한다. 천하 명산 금강산 길이 뚫렸다. 많은 관광객이 다녀왔다. 기암 승경의 그 아름다움에 감탄했을 것이다. 아, 아, 하는 감탄사가 절로 터졌을 것이다. 이런 상태를 때로 시적이라 부른다. 그것이 시가 되려면 표현이 따라야 한다. 시는 표현이라는 과정을 밟아야 한다. 누가 이런 말을 했다. 〈나이 어려서 시를 쓴다는 것처럼 무의미한 것도 없다. 시는 언제까지나 기다리지 않으면 안 된다. 그리하여 겨우 몇 줄의 시가 써질 것이다.〉 그렇다. 시는 침묵의 미학이다. 침묵도 위대한 언어라는 역설도 있지만 시는 침묵과 동행하는 예술이다.

시는 요설보다는 간결미, 논리적이라기보다는 상상력의 문학이다. 시는 감정을 바탕으로 깔고 거기에 얼마간의 지성과 결합할 때 아름다운 시가 된다. 개성이 없는 시는 죽은 시, 스스로를 포기한 행위이다. 그리고 서정시는 경제적이어야 한다. 적은 언어로 많은 의미의 울림을 줄줄 알아야 한다.

우선 정해진 시의 틀에 몰입한다. 그러다보면 답답하다고 느껴질 때가 있다. 부수고 싶은 충동이 생길 것이다. 그 충동이 자기류(自己流)의 시를 갖고 싶어한다. 이런 경지에 도달할 때 참 만족을 느끼는 것이다.

나는 습작기 어느 시류나 아류에 편승하기를 거부했다. 남의 시를 읽다 보면 자연히 그 시의 영향을 받게 마련이다. 그 영향에서 벗어나기 위해 직전에 읽은 시를 덮어버리고 그 영향으로부터 최소화하려고 했다.

시는 자기 목소리가 있어야 하고 개성이 뚜렷할 때 살아남는다. 모호한 시보다는 명징한 시, 긴 시보다는 짧은 시, 어려운 시보다는 쉬운 시가 나의 체질에 맞는 것 같다.

시는 강요가 있을 수 없다. 차라리 고집이라면 어떨까. 눈치나 살피고 어느 시의 아류가 되는 것을 타기하자. 닫힌 시보다는 열린 시에 눈을 돌리자.

제12시집

이삭줍기

제12시집 『이삭줍기』
언어의 절제와 행간의 깊이, 감동과 여운

1. 『이삭줍기』의 서지적 개관

1.1 임강빈 시인의 12시집은 2010년에 동학사에서 발간되었다. 양장본으로 총 132쪽이다.

표1에는 〈언어의 절제와 행간의 깊이가 이룩한 감동과 여운, 아득히 홀로 걸어온 임강빈 시학 56년, 그가 한 번 펼쳐 보인 우리시의 푸른 말본!〉이 수록되어 있다.

표4에는 나태주 시인이 쓴 '해설' 중의 일부가 실려 있다.

〈임강빈 시인이야말로 이 시대 몇 분 안 되는 한국 시단의 원로 가운데 한 분이시고 우리가 마땅히 본받아야 할 인품과 시인으로서의 모범을 실천해 오신 분이기도 하시다. 시인이란 어떤 사람인가, 새삼스러운 질문 앞에 섰을 때 문득 푸른 산악처럼 다가오는 분이기도 하시다. 만약 선생 자신이 당신의 생애를 시에 바치고 헌신한 것을 후회하시고 참괴로 여기신다면 그것은 우리 시 쓰는 사람 다 같이의 후회요 참괴가 되고 말 일이다. 부디 당신의 생애가 참으로 아름답고 깨끗하고 한 점 부끄러움이 없이 오늘에까지 이르렀으며 앞으로도 오래도록

그렇게 오래오래 이어질 것이라는 희망찬 생각을 잊지 말아 주시기 바란다.〉

1.2 시집의 서두에는 '시인의 말'이 있다.

1.3 목차는 4부로 구분되어 있는데, 특별한 제목을 붙이지 않았다.

1부는 풍문/ 평화/ 벼/ 승천/ 만개(滿開)/ 숙제/ 약속/ 코스모스/ 잡초/ 귓속/ 소통/ 도둑/ 담쟁이덩굴/ 이사/ 핸드폰/ 추억/ 매력(魅力)/ 그게 아니더라/ 구(舊) 터미널/ 백사장을 가다가 등 20편이다.

2부는 새벽에/ 비밀/ 난(蘭)/ 균형/ 분재(盆栽)/ 술에 대하여/ 선반/ 말을 건네고 싶다/ 무장해제/ 독작(獨酌)/ 한 컷의 절경/ 바보/ 촌닭/ 대청호/ 반환점/ 약에 대하여/ 먼 길/ 센티멘털리스트/ 어디쯤 가고 있습니까/지팡이 등 20편이다.

3부는 변두리에서/ 서둘 것 없다/ 산책길에서/ 하늘/ 낭만에 대하여/ 공일/ 핸드폰/ 길/ 옹(翁)에 대하여/ 시가 안 된다/ 원고청탁/ 명령/ 물난리/ 까마귀/ 세설(細雪)/ 당신은/ 병원에서/ 사발농사/ 미안합니다/ 가을 풍경 등 20편이다.

4부는 소리/ 신작로/ 꿈/ 찰칵찰칵/ 인생 팔십/ 매미소리/ 법주사(法住寺) 석연지(石蓮池)/ 그림자/ 개업/ 노여움/ 눈초리/ 그냥 가리라/ 후회/ 여름을 탄다/ 날개/ 덫/ 서운하다/ 순간/ 중계방송/ 불청객 등 20편이다.

1.4 시집의 말미에는 나태주 시인의 '해설'이 있다.

2. '시인의 말'(임강빈)과 '작품해설'(나태주) 읽기

2.1 '시인의 말' 전문

〈시인의 말〉

요새는 이삭 줍는 사람이 없습니다. 이삭을 줍는다는 말 자체가 진부합니다.

철새떼가 천수만에 까맣게 내려옵니다. 열심히 쪼아 먹는 광경이 평화롭습니다.

내가 주운 이삭은 얼마 되지 않습니다.
부끄럽습니다.

2010년 2월
임강빈

2.2 나태주 시인의 '작품 해설' 전문

시인은 어떤 사람인가

나태주(시인 · 공주문화원장)

1) 선생과의 인연

내가 공주문화원장의 일을 맡게 된 것은 지난해 7월부터다. 소식을 듣고 가장 기뻐해 준 분 가운데 한 분이 아마도 대전의 임강빈 선생이실 것이다. 그래 그러셨을까. 그 사이 여러 차례 문화원으로 나를 찾아오셨었다. 별다른 볼일이 있어서 오시는 건 아니었다. 공주에 문득 오고 싶어서 오시고, 누군가 한 사람 만날 사람이 있어서 오신 길에 들르기도 하신 것 같았다. 아닌 게 아니라 옥룡동에 오래된 친구 한 분이 계시어 그 분을 만나러 오신다는 말씀을 듣기도 한 것 같다.

임강빈 선생은 문화원에 오셔서도 별달리 말씀이 없다. 그저 한동안 자리에 멍하니 앉았다 가시는 게 고작이다. 특별히 공통된 화제가 있는 것도 아니다. 선생과 나는 연배가 많이 차이가 날 뿐더러 세상 돌아가는 이야기를 하기에는 세상이란 것이 또 너무나 멀리 떠나가 버리고 변해 버린 형편이다. 하기는 선생은 처음부터 별로 말씀이 없는 분이셨다. 40대 초반에 일찍 내가 병을 얻어 대학병원에 입원하고 있을 때에도 문병 차 찾아오시어서는 아무 말씀도 없이 한동안 앉아만 있다가 가신 어른이다.

그러고 보니, 선생을 처음 만난 게 참 오래 전의 일인가 보다. 그것은 나의 문단 데뷔 연륜과 궤를 같이 한다. 벌써 40년 전인 1971년, 서울신문 신춘문예에 시가 당선되어 데뷔했을 때 선자의 한 분이신 박목월 선생은 대전의 박용래 선생에게 나를 부탁하신 일이 있다. 워낙 궁벽진 시골에 살고 있고 세상 물정도 모르는 천둥벌거숭이 같으니 안심이 안 되어 그리하신 것 같았다. 신춘문예 시상식이 끝난 후 서둘러 대전의 박용래 선생을 만나러 갔다. 자연스럽게 나는 대전문단에 소개되었고 박 선생 주변에 있는 분들을 만나게 되었다.

그 시절만 해도 참 좋은 시절이었다. 문학의 르네상스 시절이라 그럴까. 사람들에겐 문학에 대한 순수한 열정이 있었고 문학에 대한 깨끗한 동경이 있었다. 문학인 상호간에도 부러움과 존경이 존재했고 작품에 대한 정직한 평가도 있었다. 뿐더러 문인들 세계의 위계질서도 분명했다. 요즘같이 나이나 사회적 지위 가지고 행세하는 게 아니라 철저히 문단 데뷔 순서에 따라 차례가 정해지곤 했었다.

특히, 대전은 시가 강세였다. 문학을 지향했다 하면 거개(擧皆)가 시였다. 소설은 그야말로 가뭄에 콩 나듯 했고 수필은 별로 알아주지 않는 분위기였다. 그야말로 시의 고장 같았다. 그래서 문학청년들의 문학동아리조차 시를 겨냥한 문학동아리가 대종이었다. 아마도 이건 이 고장 시문학의 태두인 정훈 선생의 영향이 아닌가 싶기도 한데 어쨌든 대전은 문학의 도시였고 그 가운데에서도 시의 고장이었다.

2) 세 분의 시인

그 푸르고 향기롭던 대전의 한 중심에 박용래 선생과 이웃하여 커다란 나무로 서 있던 두 분 시인이 바로 임강빈 선생과 한성기 선생이다. 이들 세 분 선생은 한 시절 대전에서 삼가 시인으로 정립(鼎立)했던 분들이다. 문학인으로서 선의의 경쟁과 선망이 있었고 변모와 발전을 함께한 분들이다. 세 분 선생에게는 몇 가지 공통점이 있기도 하고 다른 점이 있기도 하다. 우연히도 세 분은 한국에서 가장 전통 있는 문학잡지인 『현대문학』의 추천으로 시인이 되었고 또 추천해 준 선자도 박두진 선생으로 동일하다.

그러나 세 분에게는 나름대로 다른 점이 없지 않았다. 나이가 달랐고 등단 연대에 차이가 있다. 또 출신지가 달랐다. 연세로 치면 한성기, 박용래, 임강빈의 순이고 등단 순으로 쳐도 한성기, 박용래, 임강빈 순이다. 그리고 출신지는 한성기 선생은 함경도 정평이고, 박용래 선생은 논산이며, 임강빈 선생은 공주이다. 말하자면 한 분은 북한 출신이고 두 분은 충청도 출신인 셈이다. 그런데 또 직장만은 세 분이 다 같이 교직이었다. 하지만 한성기, 박용래 선생은 일찍이 교직에서 중도 하차하고 임강빈 선생만 외롭게 정년의 연치까지 교직에 머물다 물러나신다.

세 분의 작품을 살펴볼 때도 일단은 세분의 작품이 내용면에서 친자연적이고 생활적이고 그 형식이며 언어가 평이하고 온건하다는 점에서 공통점을 이룬다. 그러나 이 방면에 있어서도 세 분은 약간의 격차를 보인다. 박용래 선생의 작품이 보다 언어의 조탁에 치중하면서 모던한 형식미에 기울었다면, 한성기 선생은 보다 헐렁한 형식 가운데 내면적 향기가 저절로 우러나오기를 바라는 시였다. 이에 비하여 임강빈 선생은 그 중간쯤이라 그럴까 겉으로 고요하고 온건한 것 같지만 안으로는 냉엄한 그 무엇을 선생의 시는 간직하고 있었다.

실상 선생의 시는 언뜻 눈에 잘 띄지 않는 경향이 있어 보인다. 그저 평범한 세계를 다룬 쉬운 시처럼 보인다. 그런데 정말로 그럴까? 그야말로 자세히 보지 않으면 그 아름다움과 어여쁨을 놓치기 쉬운 것이 선생의 작품 세계다. 더구나 이 소음의 시대, 뻰질뻰질한 광물질의 시대엔 더욱 그러하다. 적어도 내가 보기에는 그렇지 않다고 본다. 세 분 시인들 가운데서도 일찍이 성숙된 시세계를 확립한 분이 바로 선생이다. 세 분 가운데서도 유일하게 대학에서 정식으로 문학 수업과정을 거친 분이 임강빈 선생이다. 대학생 시절 수준 높은 문인들을 만나고 그들과 어울려 작품 수련과정을 거친 분이 또 임강빈 선생이다. 임강빈 선생은 전국에서도 명문대학으로 꼽혔던 공주사범대학의 초창기 학생이었으며 그 학교 안에서 활동하던 동아리인 〈시회(詩會)〉의 중추 멤버였던 것이다.

인간적인 면이나 문단 활동의 면으로 보아도 임강빈 선생은 두 분 선생과 색깔을 달리하고 있다. 한성기 선생은 고향이 북한이라 그런지 선이 굵고 강직한 면이 있는가 하면 박용래 선생은 지나칠 정도로 섬세하고 정이 많다. 그런데 묘하게도 두 분 모두 시인적인 특성으로 그러했던지 에고가 강하고 변덕 같은 것이 있었고 까다로움 같은 것이 있어서 후배의 입장에서는 대하기가 어려울 때가 없지 않았다. 이에 비하여 임강빈 선생은 달랐다. 어디까지나 과묵했고 후배들에게 말씀 한 마디라도 조심해서 하는 분이었다. (그렇다고 앞의 두 분이 후배들을 함부로 대했다는 이야기는 아니다.) 그래서 소극적이라든가 미온적이라는 느낌 또한 없지 않았다.

신사적인 인품을 지닌 분이었다. 유가적인 삶의 신조에 철저한 분이었다. 늘 주변에 고적한 분위기를 데리고 다니는 분이었다. 아니, 그분 자체가 고적함이었다. 세분 가운데서도 중앙문단과 가장 활발하게 교유한 분은 한성기 선생이다. 그래서 당신의 출신지인 『현대문학』과 『현대시학』의 신인 추천 심사위원으로 활동했다. 박용래 선생 또한 선별적이긴 하지만 중앙문단과 연결고리가 있었다. 그래서 『현대시학』

의 추천 심사위원이 될 수 있었다. 하지만 임강빈 선생에게만은 그런 인연이 쉽게 주어지지 않았다. 문단의 논공행상이라 할 문학상 수상의 기회에서도 두 분에 비해 역시 한 발 밀리는 느낌이 없지 않았다. 이것은 오로지 그런 것은 아니지만 선생의 성품과 처세관과 관련이 있어 보인다.

오랫동안 선생과 만나오면서 선생이야말로 이런 분이 아닐까 나름대로 생각해 본 바가 있다. 첫째로 모든 일에 있어서 서둘지 않는다는 것이고, 둘째는 인간을 대함에 있어 함부로 하지 않는다는 것이고, 셋째는 그 어떤 경우에도 지나침이 없다는 것이다. 이 얼마나 아름다운 삶의 방식이며 인생철학인가! 문단의 햇병아리 시절 나는 세분 선생들을 고르게 만나 교유하며 문단활동을 하는 행운을 지녔다. 그 세분 가운데서 처음부터 끝까지 변함없는 언사나 태도로 대해 주신 분이 임강빈 선생이시다. 제자뻘쯤 되는 나한테까지 한 말씀도 함부로 허투루 말씀하신 일이 없었다. 시종여일이라 그럴까. 조금은 답답하다 그럴 정도로 그것은 오늘에 이르기까지 그러하시다.

3) 시인은 어떤 사람일까

요즘 세상엔 너무나 시인이 많은 게 사실이다. 문단인구가 얼마고 그 가운데 시인이 얼마라든가 하는 통계적인 사실은 그만 두고라도 시인이 너무 많고 흔한 것이 사실이다. 도무지 희소가치가 없고 문학작품으로서의 위의성이 없다. 너무들 쉽게 시인이 되고 또 너무도 함부로 시를 쓰고 있다. 한때는 국민 모두가 시인이면 어떠랴, 그런 이야기를 하던 시절이 있었다. 그러나 이건 해도 너무 한다는 생각이다. 너도 나도 시인이고 이곳저곳이 문학매체이고 보니 정신이 다 어지러울 정도이다. 위계질서라고는 찾아볼 길이 없다. 시인들끼리 누가 먼저 된 자이고 나중 된 자인지조차 가리지 못한다. 무질서 그 자체이다. 문단 행사 같은 데를 참석해 보아도 저희들끼리 잘나서 시인이고 대가인 척 한다. 참으로 한심한 노릇이다. 이런 때 흔히 해보는 말이 바로 그레샴 법칙, '악화는 양화를 구축한다는 그 말이라면 너희들만 왜 선민이냐' 따지고 들지도 모르는 일이겠다.

이런 판국에 얼핏 떠오르는 분이 바로 임강빈 선생이다. 시인의 형상이 흐려지고 시의 기본적인 위엄조차 사라진 무지막지한 이 시대에 그래도 고토를 지키는 분이 임강빈 선생이고 시의 고향마을을 지키면서 시의 범전을 고수하고 있는 분이 임강빈 선생이 아닐까 싶은 생각이다. 중국의 고사로 지주중류(砥柱中流)란 말이 있기도 하지만 변하지 않고 지키는 사람에겐 그 나름대로의 고달픔과 외로움이 따르게 마련이다. 더구나 함께 해오던 또래 시인들마저 일찍 세상을 떠나고 혼자서 남은 처지라면 더욱 그러할 것이다. 선생과 만나온 지도 어언 40년, 세상은 저만큼 몇 바퀴 돌아가고 사람들도 몰라보게 변했지만 오직 변하지 않은 분은 임강빈 선생님 한 분이 아닌가 싶기도 하다.

주량이 얼마냐고 물으면
좀 한다고 겸손을 떨었다

세상 한 구석에서
대개는 외로워서 마셨다

몇 안 되는 친구가 떠났다
그 자리가 허전했다

거나하게

정색을 하며 마신다

독작 맛이 제일이라 한다
외롭지 않기 위해 혼자 마신다

—「독작」 전문

그렇다. 인간은 누구나 외로운 존재이다. 외롭기 때문에 친구가 필요하고 이웃이 있어야 하고 일감이 있어야 한다. 만나서 이야기하고 어울려 술도 마신다. 그런데 그 친구가 떠나간 자리는 허전하고 썰렁하다. 고독은 남은 자의 몫이다. 때로는 감당하기 어려운 형벌이기도 하다. 그래서 남은 자는 혼자서 술을 마신다. '거나하게/ 정색을 하며 마신다'. 어, 여기 '거나하게' '마신다'는 알 것 같은데 그 중간에 끼어 있는 '정색을 하며' 마신다는 구절은 쉽게 이해가 가지 않는 대목이다. 물론 글자로서는 이해가 간다. 그렇지만 그 정서적인 내면의 이해가 문제이다. 그 어떤 경지에 도달하지 않고서는 쉽게 접근이 안 되는 대목이겠다. 이것이 바로 임강빈 시의 진면목이요 그 깊이라면 어떨까. 쉬운 것 같은데 정작 만만치 않고 평범한 것 같은데 결코 또한 그렇지 않은 요소가 이 분의 시에는 있다. 그것은 일찍이 초기의 시부터 그러했다.

하얀 창 앞에
마구 피어오르는 것은

활활
타오르는 불길이었다

바다 앞에

날리운 모닥불 같은 것으로

스스로 전율로 이어온
사랑

여기
아무도 반거(蟠居)할 수 없는

하나의 지역에서
가을의 음향을 거두는 것이다.

—「코스모스」 전문

이 작품은 시인의 데뷔할 당시의 작품 가운데 한 편이다. 얼핏 하나도 어려울 것 없이 다가오고 이해될 듯싶은 작품이다. 그렇지만 이 작품 역시 차분히 들여다보면 결코 쉬운 작품이 아니란 것을 이내 알 수 있다. 더러는 비유체계로 되어 있다. 그러나 '스스로 전율로 이어온/ 사랑' 이라든지 '여기/ 아무도 반거(蟠居)할 수 없는' 이라든지 하는 대목에 와서는 고개가 갸웃해지기도 하고 발걸음이 주춤거리기도 하는 바이다. 이런 것만 보아도 임강빈 시인이 얼마나 등단 초기부터 시의 본질에 핍진(逼眞)해 있었는가 하는 바를 짐작할 만하다 하겠다.

4) 오늘도 시인은 외롭다

선생은 그동안 여러 권의 시집을 세상에 내놓았다. 첫 시집 『당신의 손』에서 출발하여 가장 최근에 나온 시집 『집 한 채』까지 열한 권의 창작시집과 한 권의 시선집에 이르기까지 도합 열두 권의 책이다(제 1시집 『당신의 손』, 제 2시집 『동목』, 제 3시집 『매듭을 풀며』, 제 4시집『등나무 아래에서』, 제 5시집『조금은 쓸쓸하고 싶다』, 제 6시집『버리는 날들의 반복』, 제 7시집『버들강아지』, 제 8시집『비 오는 날의 향기』, 제 9시집『시가 쉽게 쓰여진 날은 불안하다』, 제 10시집『한 다리로로 서 있는 새』, 제 11시집『집 한 채』, 그리고 시선집『초록에 기대어』).

올해로 문단경력 56년이시다. 적당하다면 적당한 수확이겠고 조금은 조심스럽고 소소한 결과물이라면 또 그러하겠다. 하지만 반세기가 넘는 세월을 쉼 없이 작품 활동에 매진했다는 것은 틀림없는 일이고 그에 따라 한결같이 시에 대한 동경과 열정이 유지되어 왔다면 또 그럴 것이다. 여기서 또 확인되는 바는 작품 활동에서도 선생 특유의 서둘지 않음과 함부로 하지 않음과 지나치지 않음이 잘 드러나 있다는 것이다. 역시 작품 활동 면에서도 선생은『논어』에서 공자님이 말씀한 대로 '과유불급(過猶不及)'의 교훈을 십분 실천하는 분이라 하겠다.

1931년생이시니 선생의 연세 이제 팔순이시다. 인간의 생애가 이러하고 그분의 작품 세계가 이만큼 드높고 향기롭다면 주위에서 알아서 시 전집이라도 내드리고 문화훈장이라도 주선해야 하는 일이다. 그러나 세상의 일이란 그렇게 도리나 당위에 맞도록 되지 않는다. 평생을 올곧게 시에 헌신하고 봉사했음에도 선생은 아직도 당신의 작품집을 내는 일에 고민을 해야만 한다. 시원시원히 선생의 형편과 사정을 헤아려 책을 내드리는 출판사가 주변에 없는 것이다. 더욱이나 서울 쪽엔 그런 것이다. 이것 또한 선생의 세상을 대하는 태도와 무관하지 않다. 전혀 문단정치라든지 문단적 사교가 없는 어른이고 보니 찾아서 알아주고 헤아려 줄 인사가 드문 현실이다.

그래서 그러셨던가. 하루는 선생으로부터 전화가 걸려왔다. 시집 내는 문제로 한번 만나러 오시마 했다. 그러고 나서 얼마 뒤에 선생이 찾아오셨다. 한 손에 원고봉투가 들려 있었다. 팔순의 생신이 2010년 1월인데 그때에 맞춰 신작 시집을 내고 싶은데 서울 쪽에 적당한 출판사가 없겠느냐는 말씀이었다. 이런저런 출판사 이름을 대 보면서 말씀을 나누었다. 말씀 중에 선생은 평생 동안 시에 매달리고 헌신해 온 것을 조금은 후회스럽게 생각하면서 이렇게 늦은 세월에까지 시집 내는 문제로 고민해야 하는 입장을 곤혹스럽게 여기는 속내를 보이셨다. 좀은 뜻밖이다 싶었고 당황스러웠다. 또 아릿하게 마음이 아파오기도 했다. 젊은 시절 이래 선생이야 말로 시인으로서 나의 표상과 같은 어른이시다. 그런 어른이 저만한 연치에 저러시니 나도 만약 선생만큼 세상을 버티게 된다면 분명 저러지 않겠나 싶은 심정에서 더욱 그러했다.

따뜻한 어느 봄날
구용(丘庸) 선생과
나는 이런저런 이야기를 하고 있었다

시를 쓰기란 어렵죠
필생의 업으로
중도에서 포기하기엔 너무 아깝고

그 무렵 내가 할 수 있는 것은
시밖에 없을 것 같아서
엉겁결에 약속을 했다

사람은 쉽게 약속을 하고
스스로 그것을 허문다

철석같은 약속은 아니었지만
구용 선생과의 약속은 지켜진 셈이다
이렇게 쉽게 되는 일도 있구나

—「약속」 전문

이것은 이번 시집에 들어 있는 시 가운데 한 편이다. 선생의 젊은 시절, 선배시인이었던 김구용 선생과 나눈 대화내용을 소재로 하고 있다. 김구용 선생이 누구신가? 한국시단에서 가장 어려운 시를 쓰신 시인이다. 유불선 삼교를 통합한 입장에서 문학을 보고 시를 창작하신 분이다. 뿐더러 시에서 금기시하는 관념어를 시어로 삼아 시 쓰기를 시도한 분이다. 한 시절 이 분은 공주 계룡산 동학사(東鶴寺)에서 공부한 일이 있고 공주사범대학에 드나들며 〈시회〉의 고정 멤버로 활동하기도 했던 분이다. 그래서 임강빈 선생과 젊은 시절부터 일정한 간격으로 우정을 유지하고 있던 분이다. 이후 성균관대학의 교수로 계시다가 타계하셨는데 임강빈 선생의 첫 시집 『당신의 손 』 말미에 이렇게 발문을 남기고 있다.

> 일생에 있어 20년이란 결코 짧은 세월이 아니다. 산이야 변할 리 없지만 사람은 연령에 따라 보는 점이 다르다. 변하지 않는 하늘의 참 모습을 파악하기 위하여 우리는 부단히 변화하고 있다. 씨의 그칠 줄 모르는 노력에 쌓여 산이 되고 하늘이 되어 우리의 참다운 고향을 제시해 주리라 믿는다.
>
> — 김구용, 임강빈 시집 『당신의 손』 발문 부분

인간과 시에 대한 찬사치고는 조용하면서 대단한 말씀이 아닐 수 없는 문장이다. 그런가 하면 이 시대 맑은 정신의 시인으로 통하는 시인

가운데 한 분인 최하림 시인은 자신의 시작품 한가운데 선생의 실명을 거론하면서 선생의 문학과 인간을 높이 받들어 기리고 있다.

> 달이 빈방으로 넘어와
> 누추한 생애를 속속들이 비춥니다
> 그리고는 그것들을 하나하나 속옷처럼
> 개켜서 횃대에 겁니다 가는 실밥도
> 역력히 보입니다 대쪽 같은 임강빈 선생님이
> 죄 많다고 말씀하시고, 누가 엿들었을라,
> 막 뒤로 숨는 모습도 보입니다 죄 많다고
> (후략)
>
> — 최하림, 「달이 빈방으로」 부분

최하림 시인은 임강빈 선생님을 '대쪽 같다'고 표현하고 있다. 대쪽 같다는 말은 무슨 말인가? 성품이나 사시는 모습이 고결하고 일관된다는 말일 것이다. 그래서 존경스럽다는 말이기도 할 것이다. 이것은 또 인간으로서만 그렇다는 것이 아니라 시작품에 대해서도 그렇다는 말이 될 것이다. 이만하면 최고의 찬사에 해당된다. 동시대 시인들로부터 이만한 존경을 받는 시인이 임강빈 선생 말고 또 누가 있을까 싶은 생각이 들기도 한다. 그런데 그런 임강빈 선생이 당신이 평생을 두고 매진해 온 시업에 대해서 회의를 느끼고 곤혹스러워하는 것을 보는 것은 아무래도 편안한 마음일 수가 없는 일이다.

다행히 이번에 서울의 동학사(東學社) 주인인 유재영 시인이 선생의 원고를 받아들여 정갈하고 품위 있는 시집으로 내준다 해 원고를 넘기고 후유, 하는 심정이 되었다. 언젠가 나는 선생으로부터 '도리불언 자하성혜(桃李不言 自下成蹊)'란 중국 문장을 들은 바 있다. '복숭아와 오얏은 그 꽃과 열매가 아름다우므로 찾아오는 이들이 많아 그 나무 아래 저절로 길이 생기게 되어 있다.' 란 내용이다. 이는 또 인격이나 인간적 덕망이 높은 사람은 굳이 공교한 언변이나 능란한 주변을 구사하지 않아도 그 인격으로 하여 저절로 사람들이 모여듦을 빗대어 표현한 말일 것이다. 이 말을 들을 때 나는 이 말이야 말로 바로 선생의 인간과 삶을 그대로 드러내 주는 말이구나 싶었다.

그러하다. 임강빈 선생이야말로 이 시대 몇 분 안 되는 한국 시단의 원로 가운데 한 분이시고 우리가 마땅히 본받아야 할 인품과 시인으로서의 모범을 실천해 오신 분이다. 시인이란 어떤 사람인가? 새삼스러운 질문 앞에 섰을 때 문득 푸른 산악처럼 다가오는 분이기도 하시다. 만약 선생 자신이 당신의 생애를 시에 바치고 헌신한 것을 후회하시고 참괴로 여기신다면 그것은 우리 시 쓰는 사람 다 같이의 후회요 참괴가 되고 말 일이다. 부디 당신의 생애가 참으로 아름답고 깨끗하고 한 점 부끄러움이 없이 오늘에까지 이르렀으며 앞으로도 오래도록 그렇게 오래오래 이어질 것이라는 희망찬 생각을 잊지 말아주시기 바란다.

선생님, 선생님이 힘을 잃으시면 저희들 모두가 다 힘을 잃게 됩니다. 부디 홀로 걸어오신 길, 다리가 아프고 고달프시더라도 뚜벅뚜벅 지금껏 그리 해 오셨던 것처럼 멀리 멀리까지 가 주십시오. 뒤따르는 저희들 몇 사람이 있음을 부디 잊지 마십시오. 이렇게 말하면 또 선민의식을 가졌다 핀잔을 들을 이야긴지 모르지만 세상에 시인이란 이름으로 행세하는 사람은 많아도 정작 좋은 시인이란 많은 것이 아니지 않습니까? 또 선생님이 아시는 바대로 시라는 것이 결코 손쉬운 파트너가 아니지 않습니까? 팔순에도 건장하신 선생님의 시정신과 아름다운 시집의 출간을 즐거운 마음으로 하례 드리는 바입니다. 언제 맑은 날, 공주에서 다시 뵙겠습니다.

시선집 2

속(續) 초록빛에 기대어

시선집 2 『속(續) 초록빛에 기대어』

한국적인 천의무봉(天衣無縫)의 시학

1. 『속(續) 초록빛에 기대어』의 서지적 개관

1.1 임강빈 시인의 시선집 2 『속(續) 초록빛에 기대어』는 2015년 인간과문학사에서 발간하였다. '빛나는 시 100인선' 29번으로 발간된 이 시집은 160쪽이다.

표4에 유한근 문학평론가의 해설 중 일부가 수록되어 있다.

〈충청도 양반골 대표 시인으로 박용래와 한성기, 그리고 임강빈 시인을 든다. 평자들은 임강빈 시인의 시정신을 선비의식과 중용사상으로 말하곤 한다. 이는 이 시대의 마지막 선비 시인에 대한 예의적인 차원의 담론이 아니라 시세계에 대한 철저한 검증을 통해 집약된 평가이다. 임강빈 시인이 절제된 말고 행동, 풍란 향기와도 같은 인품에 걸맞은 시세계를 60년 가까이 일관되게 지켜왔기 때문일 것이다.〉 중략 〈필자는 시인의 육십갑자년 동안의 시를 조야하게 일별하면서, 임강빈 시인이 한국 시가를 표상하는 청결한 영혼의 서정시인임을 여러 각도에서 명징하게 확인할 수 있었다. 그러나 이 해설만으로는 부족하다고 느끼게 된다. 그것은 시인의 소박하면서도 절제된 시 속에 우리 한국인의 어제와 오늘의 삶과 모습들이 보이기 때문이다. 행간의 여백을 탐색하며 시인의 정서와 사상의 중심까지 이르러야 온전한 시의 정체를 알 수 있을 것이다. 시의 여백은 투명하고 청결하다. 투병하고 청결한 만큼 그 속에 들어있는 사상이나 정서는 무한하다. 그것을 우리는 지속적으로 탐색해내야 하는데, 그것은 어떤 방법보다도 반복해서 읽고 애송할 수밖에 없다. 시의 여백이 맑은 임강빈 시인의 시는 더욱더 그러하다.〉 ― 유한근(문학평론가, 디지털서울문화예술대 교수)

1.2 시집의 서두에는 '시인의 말'이 있다.

1.3 시집은 6부로 구분되어 있는데, 특별한 제목이 없다. 그러나 시집 6권에 대한 역순 편집임을 밝혔으니, 이를 토대로 시집 제목을 붙이며 작품 제목을 확인한다.

1부(12시집 : 이삭줍기)는 풍문/ 승천/ 새벽에/ 코스모스/ 소통/ 숙제/ 핸드폰 1/ 낭만에 대하여/ 중계방송/ 그게 아니더라/ 어디쯤 가고 있습니까/ 까마귀/ 찰칵찰칵/ 말을 건네고 싶다 등 14편이다.

2부(11시집 : 집 한 채)는 민들레 2/ 집 한 채/ 소나기/ 누수(漏水)/ 피하주사(皮下注射)/ 제한/ 투망/ 연꽃/ 가로수/ 그놈/ 시집(詩集)/ 참새/ 생애/ 소 등 14편이다.

3부(10시집 : 한 다리로 서 있는 새)는 한 다리로 서 있는 새/ 적막(寂寞)/ 반취(半醉)/ 가을이 와서야/ 으름덩굴/ 이삭줍기/ 우체통/ 솟대/ 스케치/ 부끄럽다/ 조류독감/ 닛뽄바래/ 1달러 등 13편이다.

4부(9시집 : 쉽게 시가 씌어진 날은 불안하다)는 선인장/ 가을/ 모일(某日)/ 스냅/ 조롱(鳥籠)에게/ 학(鶴)/ 허송/ 울밑에 선 봉선화야/ 깃발/ 개구리/ 산비둘기/ 달동네 등 12편이다.

5부(8시집 : 비 오는 날의 향기)는 감정의 무게/ 칫솔질을 하며/ 쉽게 시가 쓰여진 날/ 패랭이꽃/ 도깨비바늘/ 우시장(牛市場)에서/ 세계지도를 보다가/ 개똥벌레/ 추억/ 무표정/ 정말 그럴까/ 대장간/ 뭐 좋은 일 없습니까/ 지등(紙燈)/ 바람 등 15편이다.

6부(7시집 : 버들강아지)는 버들강아지/ 민들레 1/ 과묵에 대하여/ 밀레 선생/ 망설임/ 계곡 물소리/ 스냅 속의 술잔/ 딱정벌레/ 돋보기/ 외등(外燈)/ 팔베개/ 유등천 산견(散見) 등 12편이다.

1.4 시집의 말미에는 유한근 문학평론가의 '해설'이 있다.

2. '시인의 말'(임강빈)과 작품해설(유한근) 읽기

2.1 '시인의 말' 전문

대개 '정년퇴임'을 하면 칠 · 팔년 정도 살다가 세상을 떠나게 되는 것이 상례처럼 되어 있었다.

내가 정년퇴임(1996)하고 지금껏 살아 있으니 진짜 100세 시대에 진입하는 게 아닌가 은근히 걱정이 된다.

재주 없는 나로서는 '시' 하나라도 벅찼다. 이와 이것 하나라도 충실하자 했으나 별무 성과다.

시 쓴다는 것은 무상(無償)의 즐거움에 있다. 그 즐거움도 점점 멀어지는 것 같다.

평생 시집 12권이 전부다.

그 중 6권의 시집에서 시선집 ≪초록빛에 기대어≫가 나왔고, 나머지 중에서 뽑은 것이 두 번째 시선집이다. 이번 시선집도 역순으로 했다.

문단에 등단한 지 어언 회갑을 보게 될 나이가 되었다. 허송세월이란 바로 이런 것이구나. 부끄럽다.

2015. 6 대전 구봉산 아래 임강빈

2.2 유한근 문학평론가의 '해설' 전문

〈임강빈의 시세계〉

가장 한국적인 천의무봉(天衣無縫)의 시학

유 한 근

(문학평론가 · 디지털서울문화예술대 교수)

충청도 양반골 대표 시인으로 박용래와 한성기 그리고 임강빈 시인을 든다. 평자들은 임강빈 시인의 시정신을 선비 의식과 중용사상으로 말하곤 한다. 이는 이 시대의 마지막 선비 시인에 대한 예의적인 차원의 담론이 아니라 시 세계에 대한 철저한 검증을 통해 집약된 평가이다. 임강빈 시인이 절제된 말과 행동, 풍란 향기와도 같은 인품에 걸맞은 시계를 60년 가까이 일관되게 지켜왔기 때문일 것이다.

임강빈 시인은 45년 가까이 교직에 몸 담아왔고, 1956년 ≪현대문학≫지로 문단에 데뷔한 후 1969년 첫 시집 ≪당신의 손≫을 비롯한 12권의 시집을 상재했다. 자연인으로서의 삶과 시인으로서의 삶을 담은 이 시선집 ≪속(續) · 초록빛에 기대어≫의 서문에서 시인은 이렇게 토로한다. "재주 없는 나로서는 '시' 하나라도 벅찼다. 이왕 이것 하나라도 충실하자 했으나 별무성과다./시 쓴다는 것은 무상(無償)의 즐거움에 있다. 그 즐거움도 점점 멀어지는 것 같다.('시인의 말'에서)"

따라서 필자는 이 '시인의 말'에서의 '무상(無償)의 즐거움'이라는 언어를 화두로 삼아 이 시선집에 묶은 시를 감상하려 한다.

1) '무상(無償)의 즐거움과' 과 불교 인식

무상(無償)은 "어떤 행위에 대하여 아무런 대가나 보상이 없음"을 의미한다. 그럼에도 불구하고 즐거움을 얻을 수 있다는 경지는 안빈낙도(安貧樂道)의 시정신 없이는 가능하지 않다. 안빈낙도의 시정신은 절제 미학으로 가능해진다. 서거정은 ≪동문선≫에서 "기호(嗜好)는 성품을 흐리게 하고, 욕심은 마음의 연못을 출렁이게 하니, 이는 만인에게 다 똑같으나, 절제하는 사람은 현자라 일컫는다."라고 말하고 있다. 시에 있어서도 절제의 미학은 좋고 싫음으로 인해 성품을 흐리게 하지 않고 마음 밭이 잔잔해야 함을 시사하는 말이다. 공자의 시편에서의 '사무사(思無邪)'의 미학과도 다르지 않다. 또한 중용의 시정신에서 비롯되는 것으로 보아야 할 것이다.

이에 따라, 임강빈 시인의 시는 시어에서부터 시 구조는 물론이고, 시정신까지도 절제 미학으로 이루어지고 있다.

시간에 갇혀 연못으로
구름이 지나간다
빈 하늘이
성큼성큼 흰 구름이 모인다
돌을 던진다

가늘게 퍼지는 파문
수면 아래는
탁한 냄새
꽃 한 송이 쑥 올라와서
가부좌(跏趺坐) 한다
아, 연꽃

— 시 〈연꽃〉 전문

시 〈연꽃〉은 11행으로 구성된 소품이다. 그러나 이 시는 연꽃이라는 시적 대상을 불교적 인식과 자연친화 상상력을 통해 우주적으로 형상화된 시이다. 연못 속에 비친 구름을 시간에 갇혀 지나간다고 표현한다. 그리고 그 연못에 빈 하늘과 구름들이 모여든다고도 표현한다. 이러한 인식은 한 톨 모래 속에 온 우주가 들어 있다는 불교적 인식이 전환과 무관하지 않다. 그리고 이러한 우주적 인식이 한 송이 연꽃과 인(因)과 연(緣)을 맺는다. 5행의 "돌을 던진다/가늘게 퍼지는 파문"과 "탁한 냄새"가 "꽃 한 송이 쑥 올라"오게 한다는 인식이 그것이다. 다분히 불교적이다.

불교적 인식의 핵은 인도의 논리학인 인명(因明) 논리다. 인명 논리는 신인명(新因明)과 고인명(古因明)이 있다. 신인명(新因明)의 삼지(三支)는 종(宗)—인(因)—유(兪)이다. '종'은 단안(斷案)이다. '인'은 소전제에 해당하며, '유'는 대전제를 의미한다. 그러니까 신인명은 연역법에 해당된다. 그러나 고인명(古因明)은 종(宗)—인(因)—유(兪)—합(合)—결(結)의 5분작법(分 作法)으로 비논법(比論法)이다.

이런 인도 논리학을 이 시에 대입한다 할 때, 역으로 '신인명'에 대입해야 한다. 이 시의 1,2,3,4,행은 유(兪)이고, 5,6,7,8,행은 인(因)이며, 9,10,11행은 종(宗)이 된다. 물론 임강빈 시인이 이러한 인도의 논리학을 염두에 두고 썼다고는 단언할 수 없다. 일반적으로 한국의 많은 서정시인의 시적 인식 방법이 이러함을 대표적으로 보여주기 위한 분석 때문에 그것을 끌어왔을 뿐이다. 그리고 한국 시인들의 시가 순발상이든 역발상이든 이러한 인식 과정을 보여준다는 것을 대표적으로 보여주기 위함이다.

어찌 되었든 임강빈 시인은 절제된 언어와 불교적 인식을 통해 작은 오브제 속에서 큰 세계를 보여준다. 이러한 예의 다른 시는 〈승천—민들레에게〉이다.

그 넓은 땅 제쳐 두고
하필이면
궁핍하게 태어났다
돌 틈 사이에서 아슬아슬했다

여전 궁핍은 따라다녔지만
청춘은 길었다
밤낮 걱정으로
호호백발이 되었다

이제는 승천할 차례다
우리가 만난
헛된 시름 털어 버려라
가벼이 승천할 차례다

— 시 〈승천—민들레에게〉 전문

이 시는 민들레라는 시적 대상을 '승천'이라는 시어를 통해 새롭게 인식한 시이다. 시인은 민들레를 돌 틈 사이에서 궁핍하게 태어난 존재로 인식한다. 하지만 청춘은 길었고, "밤낮 걱정으로/호호백발 되었다"고 인식한다. 민들레는 속씨식물문의 쌍자엽강에 속하는 식물로 줄기는 없고, 잎이 뿌리에서 뭉쳐나며 옆으로 퍼진다. 잎 가장자리에 톱니가 있고 털이 있다. 이 털을 관모(갓털)이라고 부르는데, 흰색이고 뿌리가 7~8mm인데 반해, 그 털의 길이는 6mm쯤 된다고 한다. 그 관모를 시인은 호호백발이라 표현한다. 민들레를 자기화한 표현이다. 땅가까이로 퍼져나가는 잎과 갓털의 이미지를 시인 자신과 동일화하면서 승천 선험을 한다. 그 승천을 시인은 '가벼운 승천'이라고 말한다. "헛된 시름 털어 버"리고 세상에 대한 모든 걱정과 고통, 세속의 짐을 벗고 가볍게 승천하는 민들레를 통해 삶의 지혜를 배운다. 그리고 그 민들레를 통해 죽음까지도 초월한다. 시 〈생애〉의 "명함 한 장 없이/가볍게 살다" 가는 생애, "풀잎에 머물다/또르르 이슬로 사라"지는 삶을 의미할 것이다. 이러한 시는 삶에 대한 관조와 초월의식 없이는 이 또한 가능하지 않은 선비 의식이며, 불교적 인식이다. 이러한 시인정신을 일상인들도 본받을 때 '무상의 즐거움'을 만끽할 수 있을 것으로 보인다.

2) 시인정신과 '천의무봉'의 시학

시인정신은 그 시인의 주관적 정신이다. 서정시의 개념이 "인간의 감정과 사상을 가장 짧게 표출한 주관 시"라 할 때 시인정신도 곧 주관정신이 된다. 주관 정신이 곧 개성적이고 창의적인 정신이기 때문이다. 그래서 한 시인은 하나의 주관정신으로 무장하게 된다. 그것이 독창적인 창조성이 되기 때문이다. 그러나 시인정신은 시인의 시창작법이라는 형식적인 측면과 내용적인 측면, 개인적 모티프 측면에서도 살펴보아야 한다. 나는 이 글의 서두에서 평자들의 말을 빌려, 임강빈 시인을 선비와 중용의 시인으로 말한 바 있다. 그리고 그의 시법이 불교적 인식론을 바탕으로 하고 있음을 단편적이나마 살펴봤다. 그러나 이러한 탐색이 보편적이고 포괄적인 것이라 좀 더 살펴보려 한다.

좋은 시집을 받아보는 일은
지기를 만난 만큼이나 반갑다

한편 한편
여백을 많이 둔 시다

빗소리가 들린다
기다리던 비다

비는 사선으로 흔들기도 하고
직선으로 꽂히기도 한다

빗줄기가 끊기면 어떡하나
가늘어진 것 같아 조마조마했다

모처럼 흡족히 내렸다
다시 읽기 시작한다

요즘 시는
가뭄 타는 데 익숙하다

오늘 시집은
주룩주룩 빗소리로 홍건하다

— 시 〈시집(詩集)〉 전문

이 시 〈시집〉에서 우리는, 임강빈 시인이 선호하는 시의 경향을 읽을 수 있다. 그 시는 "여백을 많이 둔 시"이다. 그런 시를 시인은 갈증을 해소해 주는 시로 여긴다. 그 비가 사선으로 흔들리든 직선으로 가늘게 내리든 끊기지 않으면 된다. 흡족하게 내리면 된다. 그러나 "요즘 시는/가뭄 타는 데 익숙하다"고 시인은 생각한다. 직선으로 가늘게 내리는 비는 곧 절제된 서정시일 것이고, 사선으로 내리는 비는 서정시의 변용된 시일 것이다. 그리고 가뭄 타는데 익숙한 시는 퍽퍽한 시, 정서가 메마른 시, 난해시, 민중시, 실험시 등등을 의미할 것이다.

현대 서정시의 미학을 단정적으로 말하면 형상성에 있다. 발생적 서정시에 획기적인 변혁을 준 프랑스 시인들의 미학이다. 그들은 서정시를 순수한 표현을 통한 예술적 형식으로 믿었다. 사상이나 정서의 절망적인 체험으로부터 벗어나기 위한 예술적 시도를 형상성에서 찾으려 했던 것이다. 이러한 노력은 새로운 초월성을 획득하려는 예술적 시도인 셈이다. 삶의 공소함, 무기력, 절대 고독과 절망, 비인간화와 무신론 팽배 등등 세기말적 체험에서 일탈할 수 있는 초월적 국면을 이들은 형상성에서 찾았다. 그러나 그것은 인간 정서를 해체해서 얻어질 수 있는 것은 아니다. 이 시대에 맞는 신서정을 회복하고 새로운 신서정시를 탐색해야 한다. 이런 시점에서 임강빈 시인의 고집스러운 시법이 주목된다. 시의 내용 또한 시대에 맞는 것이어야 하지만, 시의 형식도 존재이며, 시인의 실존적 당부이고 목적이 되어야 한다. 그런 점에서 임강빈 시인의 정서와 형식은 간과될 수 없다.

가장 확실한 건
이승을 떠나간 사람하고는
통화가 불가능하다는 일이다
아직 푸른 기가 남아있는
가로수 은행나무
부채꼴 모양의 이파리가 흔들린다
어떻게 알았을까

노란 은행 열매가 미리 와 있다.
이 사실도 모르고
황망히 떠났으리라
하늘이 하도 맑아서
혹시나 하고 전화기를 들었다
여보세욧
찍찍 잡음만 되돌아온다
그대로 내버려두는 건데
공연한 짓 했나싶다

— 시 〈모일(某日)〉 전문

시 〈모일(某日)〉은 일상의 어느 날, 전화의 불통을 모티프로 하면서 자연과의 소통을 꿈꾼 시이다. 이승을 떠나간 사람과는 불통이 확실하지만, 은행나무 이파리가 흔들리는 것은 은행열매가 미리 와 있음을 증거하는 것인데, 그 사실을 혹여 알지 못하고 떠난 은행잎 같은 인간의 존재, 그 존재를 환기시켜 주는 시이다.

또한, 시간과 공간을 초월하는 나무를 비유로 하여, "하늘이 하도 맑아서/혹시나 하고 전화기를 들었다"는 시인의 의식은 하늘이 표상하는 바 의미인 자연과의 소통, 그리고 초월적 그 무엇과 소통하고 싶다는 시정신을 보여주는 이미지다. 자연친화 상상력은 자연과의 소통을 시작으로 하여 자연과의 합일을 위한 상상력이다. 사람과 사람 간의 소통, 인간과 사회, 국가와 국가 간의 소통이 문제 되는 이 시대에 시인의 이러한 상상력은 지구 위기를 극복하는 정신도 될 것이다.

활모양의 긴 뿔을 한
동남아 지방에서 써레질하는 소나
포악하게 길들여진 스페인의 투우나
소는 소지만 왠지 낯설다

일본사람은
순종을 강요하기 위해
조선어독본 첫 장에
〈소〉를 가르쳤다

들판에서 풀을 뜯다가
산 그림자 밟는 걸음
위태위태하면서도
뚜벅뚜벅 한결같았다

외양간에서 별 보며
반추하는 조선의 소야
글썽대는 눈가에는
조신의 정이 스친다

— 시 〈소〉 전문

위의 시 〈소〉는 '조선의 소', 한우를 노래한 시이다. 조선의 소를 통해서 우리 민족의 정을 노래하려 했고, 나아가서 한국인의 은근과 느림의 미학을 이야기하고 있다. 우리에게 이제는 없어져 버린 은근과 느림, 그 미학을 '조선의 소'를 통해 노래하고 있는 것이다.

한우를 '조선의 소'라 바꾸어 지칭한 것에는 의도성이 있다. '한우'라는 언어는 우리의 먹거리인 소고기라는 의미로 변질되어 상용된다. 현대에서의 한우는 농사를 짓는 동반자로서의 동물이 아니라 식용을 위한 것이기 때문이다. 그래서 시인은 일제 강점기의 조선어독본의 소를 거론하면서 한국의 소인 '조선의 소'라는 시어를 의도적으로 사용한 것으로 보인다.

이 시의 3연 "들판에서 풀을 뜯다가/ 산 그림자 밟는 걸음/ 위태위태하면서도/ 뚜벅뚜벅 한결같"이 걷는 조선의 소. 그 소는 우리 기억 속의 소이며, "외양간에서 별 보며/ 반추하는 조선의 소"이다. 그리고 그 소의 "글썽대는 눈가에는/ 조선의 정이 스친다." 여기에서의 '조선의 정'은 한 마디로 정의하기는 어렵지만, 그 말속에는 많은 여백이 있다. 그 여백 속에는 우리의 전통적 정서와 사상이 들어 있다. 백의민족의 한(恨)과 인정이 있고, 선비정신과 중용사상도 있다.

이렇게 애써 꾸미려고도 하지 않으면서 천의무봉(天衣無縫)의 시학이 임강빈의 시학이다.

씨—발 씨발
단골로 내뱉은 나의 욕지거리
벌써 몇 번을 했는지 모른다
뭔가 성이 안 차서 그랬을까
혼란스러워서 그랬을까
갈피가 잡히지 않는다
부지불식간에 튀어나왔다
소리소리 질러도 하늘은 멀고
풀잎에 업힌
작은 아침이슬만 부끄럽게 됐다

— 시 〈부끄럽다〉 전문

우리 민족은 부끄러움을 아는 백성이었다. 그러나 현대의 우리는 부끄러움을 모른다. 이러한 우리를 꾸짖는 시가 〈부끄럽다〉이다. 부지불식간에 튀어나오는 육두문자를 대수롭지 않게 여기는 우리의 거칠고 황폐한 일상을 환기하는 시라기보다는 이 시의 "소리소리 질러도 하늘은 멀고/ 풀잎에 업힌/ 작은 아침이슬만 부끄럽게 됐다"는 끝 3행에서 시인이 말하고자 하는 메시지와 시법을 알게 된다.

"씨—발 씨발"이라는 욕설을 시인은 "뭔가 성이 안 차서", "혼란스러워서", 그리고 "갈피가 잡히지 않"아서 튀어나오는 언어로 인식한다. 아무리 큰 소리로 질러도 하늘은 알지 못한다고 말한다. 이 말은 하늘을 인간의 분노와 혼동과 갈등을 해소해주는 존재로 인식한 것과 다르지 않다. 또한 여기에서의 하늘은 시 〈뭐 좋은 일 없습니까〉에서 시인과 서로 자문하고 소통하는 하늘이다. 그러나 시인은 이러한 마음과 정신을 가져 부끄러운 심사를 "풀잎에 업힌/ 작은 아침이슬"로 비유한다. 자신을 풀잎의 작은 아침이슬과 동일시한다.

이렇듯 임강빈 시인은 사물이나 상황에 대한 인식을 새롭게 한다. 시의 많은 부분들을 풀잎의 아침이슬처럼 감각적으로 인식하면서, 지나치지 않게 자신을 낮추어 표현하면서 그 자연의 시적 대상이 되는 사물들에게 생명력을 부여한다.

3) 사물의 인식과 이미지의 새 지평

20세기에 들어서면서 전통 서정시는 귀에 의존하지 않고 눈에 의존한다. 운율을 중시하기보다는 이미지를 중시하게 된다. 시인의 감정이나 사상을 귀에 호소하지 않고 눈에 호소하면서 새로운 지평을 열게 된다. 그것은 이미지스트의 공로이기는 하나, 그것의 극단화로 인해 서정시의 핵인 정서는 소멸하게 된다. 하지만, 이들의 다른 공로는 시적 대상인 사물이나 상황에 대한 인식 과정을 이미지로 그리면서 그것에 생명을 불어넣고 있다는 점이다.

> 탁탁
> 도리깨질을 한다
> 마당 구석에서 손으로 턱을 괴고
> 그 광경이 재미있었다
> 콩깍지에서 빠져나오는 소리

여기저기 튕기는 소리
적막을 흔들고 있었다

한잠을 자고 나면
외할머니는
윗목 콩나물시루에 물을 주고 계셨다
쪼르르 내려오는 소리
그 소리에 다시 잠이 들었다
아침이면
노란 대가리가 쑥 올라 있었다

— 시 〈적막(寂寞)〉 전문

'적막'은 고요하고 쓸쓸한 것을 의미한다. 그리고 의지할 데 없어 외로운 것을 의미한다. 그 언어를 위의 시 〈적막(寂寞)〉 은 1연에서 소리가 흔드는 것으로 표현한다. 이 표현은 아이러니를 내재한다. 적막이라는 시적 대상을 명징하게 표현하기 위해서 도리깨질 소리, 콩깍지 소리를 차용하고 있지만, 그 반어적 의미로 "마당 구석에서 손으로 턱을 괴고" 있는 적막, 콩깍지에서 빠져나오는 적막으로 인식한다. 그런 뒤, 시인은 과거 유년의 기억 속으로 들어가 외할머니가 "윗목 콩나물시루에 물을"줄 때 콩나물시루 벽을 타고 "쪼르르 내려오는" 물소리에 다시 잠이 든 기억을 떠올린다. 그리고 아침이면 쑥 올라오는 콩나물의 노란 대가리를 떠올린다. 그것을 적막으로 인식하는 것이다. 이렇듯 임강빈 시인은 적막을 소리로 인식하면서 이미지로 표현한다.

둥기 소포나
택배로 보낼까 했습니다.
그것이 잘 안 됩니다
보낼 것이 너무 많아서입니다

세월은 보내는 것이 아니라
만나는 일입니다
슬픔 자체가 세월입니다
외로움도 매한가지입니다
버릴 것은 버리고
취할 것은 취하지만
짐이 점점 커져서
보내기 쉽지 않습니다
너무 섭섭하다거나
야속타 하지 마십시오
뼈아픈 허송 세월은
버리기로 했습니다
양해를 구합니다

— 시 〈허송〉 전문

위의 시 〈허송〉은 자연물에 의탁하지 않는 특별한 시이다. '시간을 하는 일 없이 헛되게 보낸다'는 의미의 언어 '허송'을, "등기 소포나/ 택배로" 보내고 싶은데, "보낼 것이 너무 많아서" 어렵다고 시인은 이 시에서 인식한다. 그러면서 "세월은 보내는 것이 아니라/ 만나는 일"이라고 생각한다. 슬픔 자체도 세월이고 외로움도 마찬가지로 세월이라고 인식한다. 그러나 짐이 커져서 보낼 수 없다는 것이다. "버릴 것은 버리고/ 취할 것은 취하지만/ 짐이 점점 커져서/ 보내기 쉽지 않"다는 것이다. 무소유를 말하고 있지는 않지만, 이 시를 통해서 보면 시인의 시정신은 무소유, 절제된 삶의 정신에 있음을 알게 된다. 시인의 이러한 잠언적 표현 구조는 임강빈 시인의 시에서는 드문 경우지만, 시정신을 짐작하는데 도움을 주는 것은 사실이다.

그러면서 시인은 양해를 구한다. "너무 섭섭하다거나/ 야속타 하지 마십시오/ 뼈아픈 허송세월은/ 버리기로 했습니다/ 양해를 구"한다고.

재미있다. 시의 톤이 경쾌하고 가볍기는 하지만 그 내용은 이 시의 짐처럼 무겁다. 택배로 보낼 수 없다. 이 시 〈허송〉에서 시인은 '허송'을 "뼈아픈 허송"으로 표현한다. 일없이 헛되게 보내는 허송은 뼈아플 수 없다. 가벼울 뿐이다. 그렇다면 임강빈 시인이 무겁고 아프게 생각하는 것은 이 시를 통해서 볼 때, '슬픔=세월'과 '외로움=세월'이다. 슬픔과 외로움으로 점철된 세월이다. 세월 그 자체가 슬픔이고 외로움이다. 서정 시인이 가장 무겁게 느끼는 그것이다. 그것은 '감정의 무게'이다. 시 〈감정의 무게〉를 보자.

계절이나 장소에 따라
사람의 마음도 변화하기 마련이다
즐거울 때의
슬플 때의 색깔은 다르다
육십 킬로그램
이쪽 저쪽인 나의 체중
물론 감정까지 포함된 몸의 무게이다
순수한 감정의 양(量)은 얼마나 될까
증오를 달아 보았다
고독은 어떨까
역시 아래로 처진다
중심이 잡히지 않아
제대로 측량하기 어렵다
사랑도 마찬가지 그 심층(深層)까지
정확히 알아내기란 힘들다

— 시 〈감정의 무게〉 전문

이 시에서의 '감정의 무게'는 "육십 킬로그램/이쪽저쪽인 나의 체중/물론 감정까지 포함된 몸의 무게"이며, "중심이 잡히지 않아/ 제대로 측량하기 어"려운 무게이고, '정확히 알아내기 힘든 심층까지'의 무게이다. 색깔이 다른 슬픔과 즐거움, 순수한 감정의 양, 그 무게, 증오, 고독, 그리고 사랑의 무게를 의미한다. 그러니까 감정의 무게는 시인의 존재, 그 자체의 무게인 것이다. 이러한 감정의 무게 때문에 임강빈 시인은 '쉽게 시가 쓰여진 날'을 두려워하는가?

왠지 수상쩍다
너무 쉽게 시가 쓰여진 날은
아무래도 불안하다
모두가 어렵다 하는데 나만 편안할 수 있는가
고뇌와의 싸움에서
일찍 항복한 것은 아닐까
죄송하다
애써 위장한 것은 아닌데
쉽게 시가 얻어진 날은
왠지 두렵다
일상의 나사를 조인다
긴장을 힘써 조여본다

— 시 〈쉽게 시가 쓰여진 날〉 전문

위의 시에서 시가 쉽게 씌어지는 이유를 시인은 "고뇌와의 싸움에서 / 일찍 항복한 것은 아닐까/ 죄송하다/ 애써 위장한 것은 아닌데"라고 의혹하고 반성한다. 고뇌라는 정체에 대한 무게 때문이 아닐까 하는 회의다. 그래서 시인은 그 두려움 때문에 "일상의 나사를 조"이고 "긴장을 힘써 조"인다.

삶이나 인간 본체 규명을 위한 고뇌에 대한 항복을, 우리는 시 담론에서 시정신이 치열하지 못해서라고 말한다. 그래서 시의 긴장성과 치열함을 시행 길이의 분량으로 혹은 시의 진지함과 주제의 중량감으로 저울질하게 된다. 그러나 임강빈 시인의 경우는 다른 것 같다. 위의 시들에서 보듯이.

질서는 말하지 않는다
가을 하늘은 더욱 그렇다
너무 투명해서 그럴까
저 건물 옥상에서
펄럭이는 깃발
그냥 넓은 가슴이라면 좋겠다
만나자고 한다
서로가 흔들어대며
어서 오라고 한다
적당한 접경에서
눈물 글썽이며
꼭 만나자고 한다

— 시 〈깃발〉 전문

시 〈깃발〉은 유치환의 동명(同名)의 시와 그 인식과 모티프 면에서 다르다. 유치환이 〈깃발〉이 '깃발'의 은유적인 사물에 대한 설명의 시라 한다면, 이 시는 '깃발'의 존재를 새롭게 인식하는 시이다. '깃발'이 존재하는 의미는 하나의 의미를 표상하는 기호로서의 존재가 아니기 때문에 "질서를 말하지 않는다"는 것이다. 그 대신 "어서 오라고" "꼭 만나자고" 눈물을 글썽인다는 것이다.

그러나 이 시에서 좀 더 새겨봐야 할 부분은 2,3행 "가을 하늘은 더욱 그렇다/ 너무 투명해서 그럴까"이다. 그리고 다른 하나는 왜 만나자고 하는지, 그것이 궁금하다. 전자의 경우, 전반부 6행은 산문으로 재구성하면 이렇다. 건물 옥상에서 펄럭이는 깃발은 질서를 말하지 않고, 가을 하늘도 너무 투명해서 질서를 말하지 않는다. 그냥 넓은 가슴으로 있었으면 좋겠다라는 의미일 것이다. 여기에서 산뜻한 이미지는 투명한 가을 하늘의 질서에 대한 침묵이다. '질서'는 규정된 사회 규범이나 윤리, 그리고 합리적인 사고 혹은 지성으로 해석될 수 있다. 그리고 "넓은 가슴"은 넉넉한 포용력 있는 가슴을 의미할 것이다. 그러나 의혹으로 남는 부분은 '투명한 가을'의 의미망이다. 이 시어는 말 그대로 속을 들여다볼 수 있을 만큼 청명한 하늘, 숨김이 없는 하늘, 청결한 하늘을 의미한다. 그래서 규범이나 윤리처럼 인위적인 것이 아닌 자연 그대로의 그것으로도 좋은 하늘이기 때문에 "질서를 말하지 않는다"고 발한 것으로 보인다. 그리고 그런 하늘처럼 깃발도 그러하다는 의미일 것이다.

그리고 후반부 6행에서 만나자고, 어서 오라고 "서로가 흔들어 대며"에서의 '서로'의 정체와 "적당한 접경에서/눈물 글썽이며/꼭 만나자고 한다"의 '접경'과 '눈물'이라는 시어가 의미하는 바와 '꼭'라는 시어의 존재 의미가 이 시의 관건이다. 여기에서의 ① '서로'가 자아와 타자 혹은 하나의 대상과 다른 대상을 의미하는 것이라 할 때, '접경'은 합일을 의미할 것이다. 작게는 소통도 될 수 있을 것이다. 그러나 확대해석해서 ②'서로'의 정체가 '정(正)'과 '반(反)' 이라 할 때, '접경'은 합(合)이 될 것이다. 또 ③분단국가인 한반도의 경우라 할 때, 그것은 남과 북을 의미하는 것이며, 그 '접경'은 통일일 것이다. 그러나 이 시에서는 ①의 해석으로 봄이 좋을 것으로 판단된다. 두 개의 객체의 합일이 필히 '꼭' 만나기로 한다는 상징물로, 또는 눈물로 염원하는 상징물로 임강빈 시인은 '깃발'로 표상한다.

이렇게 필자는 시인의 육십갑자년 동안의 시를 조야하게 일별하면서, 임강빈 시인이 한국 시가를 표상하는 청결한 영혼의 서정시인임을 여러 각도에서 명징하게 확인할 수 있었다. 그러나 이 해설만으로는 부족하다고 느끼게 된다. 그것은 시인의 소박하면서도 절제된 시 속에 우리 한국인의 어제와 오늘의 삶과 모습들이 보이기 때문이다. 행간의 여백을 탐색하며 시인의 정서와 사상의 중심까지 이르러야 온전한 시의 정체를 알 수 있을 것이다. 시의 여백은 투명하고 청결하다. 투명하고 청결한 만큼 그 속에 들어있는 사상이나 정서는 무한하다. 그것을 우리는 지속적으로 탐색해내야 하는데, 그것은 어떤 방법보다도 반복해서 읽고 애송할 수밖에 없다. 시의 여백이 맑은 임강빈 시인의 시는 더욱더 그러하다.

제13시집

바람, 만지작거리다

제13시집 『바람, 만지작거리다』

허정의 경지를 지향하는 '비우고자 함'

1. 『바람, 만지작거리다』의 서지적 개관

1.1 임강빈 시인의 13시집 『바람, 만지작거리다』는 2016년에 오늘의문학사에서 발간되었다. 문학사랑 시인선 48번으로 발간된 이 시집은 양장본 총 144쪽이다.

표4에는 시 '바람 송' 전문이 실려 있다.

〈바람은 자리가 따로 없습니다/ 궁둥이 붙일 틈을 주지 않습니다// 꽃 이파리가 흔들릴 때/ 나뭇가지가 움직일 때/ 깃발이 펄럭일 때/ 바람을 만날 수 있습니다// 바람은 언제나 바쁩니다/ 한 곳에 머물지 않고/ 변화무쌍합니다/ 그 힘이 바람입니다// 바람은 소리가 있습니다/ 살아 있다는 증표입니다〉

1.2 시집의 서두에는 '시인의 말'이 있다.

1.3 목차는 4부로 구분되었는데, 별도로 제목을 붙이지 않았다.

1부는 햇살/ 소동/ 빠져 나간다/ 엉덩방아/ 풍경/ 눈빛/ 스마트폰/ 근황(近況) 1/ 만일에/ 날짜/ 문패/ 이층 다방/ 은수저/ 이 순간/ 냄새/ 풍랑/ 자투리/ 모일(某日)/ 마지막/ 작별/ 일의대수(一衣帶水)/ 스크랩

등 22편이다.

2부는 그냥/ 바람 송(頌)/ 꽃비/ 고속도로를 달리며/ 인연/ 군중/ 나의 시/ 어느 장례식/ 근황(近況) 2/ 함구령(緘口令)/ 호서문학/ 봄/ 딸꾹질/ 칩거(蟄居)/ 호시절/ 구닥다리/ 그림자/ 조금 남아 있다/ 참, 간단했습니다/ 자작나무/ 개구리 울음 등 21편이다.

3부는 빗방울/ 어금니/ 세대 차(差)/ 소통/ 애지중지/ 떠나려 한다/ 송고(送稿)/ 원근법(遠近法)/ 보름달/ 약(藥)/ 연분홍/ 소모품/ 세수(歲首)/ 막막하다/ 절필/ 신록/ 미안합니다/ 잠자는 얼굴/ 소심한 사람/ 문병 등 20편이다.

4부는 낙서/ 함박눈이 내린다/ 깡충깡충/ 난(蘭)/ 길/ 여기까지입니다/ 눈치/ 조금/ 부끄러움/ 나뭇잎 하나/ 부럽다/ 안개꽃/ 나의 전성시대/ 파격(破格)/ 지복(至福)/ 큰일/ 은행나무와 노인/ 일일삼추(一日三秋)/ 정적/ 자위/ 억새에게/ 적막강산 등 22편이다.

1.4 시집의 말미에는 리헌석 문학평론가의 '작품해설'이 실려 있다.

2. '시인의 말'(임강빈)과 '작품해설'(리헌석) 읽기

2.1 '시인의 말' 전문

〈시인의 말〉

앞으로 시가 몇 편 나올지 모르지만, 그러나 시집은 이번이 마지막일 것이다.

문단에 몸을 담근 지 회갑의 나이가 되었지만 널리 회자되는 시, 번번한 애송시 하나 없다. 허무하다는 말은 바로 이런 때 쓰는 것이리라.

누구를 탓하랴,
자업자득이다.

2016. 5.
대전 구봉산 아래
우봉(又峰) 임 강 빈

2.2 리헌석의 '작품해설' 전문

〈작품해설〉

허정의 경지를 지향하는 '비우고자 함'

— 임강빈 시인론

리헌석(문학평론가)

1) 허정의 경지에 대하여

1.1 문학작품에 드러난 한국인의 내면은 다양하다. 개인마다 성향이 다르고, 일인(一人)의 작품 경향도 시기별로 다르다. 동인(同人)의 동시기(同時期) 작품도 개별성을 갖는다. 그러나 한국의 전통 시관(詩觀) 중 비교적 가치 있는 관점 중 하나는 허정(虛靜)의 경지를 도(道)에 접근하는 것으로 보고 있다.

인간의 내적 원형질이 무엇을 '하고자 함'이나 무엇을 '이루고자 함'이라고 할 때, 무욕이나 허정의 세계는 도달할 수 없는 경지로도 보인다. 인간의 욕망은 결핍과 갈등의 근본적인 해소를 향하여 부단히 움직이고, 결핍과 갈등의 구조 속에 놓여 있는 세계를 자각함과 동시에 바람직한 세계로 곧장 나아가려는 상상적 언어의 지향[1)]을 보이고 있어 어쩌면 불가능할지 모른다. 그러나 많은 작품에서 허정의 세계를 지향하고 있으며, 이러한 지향이 '보다 가치 있다'는 시관(詩觀)을 찾을 수 있는데, 이인로(李仁老)가 지은 파한집(破閑集)의 시화(詩話)[2)]가 하나의 본보기라 할 것이다.

---

1) 김영석의 『도(道)의 시학(詩學)』(경희대학교 박사학위논문)에서 인용.
2) 파한집(破閑集) 3권 중에서 '중권'에 있는 시화(詩話)를 근거로 하고 있음

① 장사의 기개는 하늘 밖에서
남몰래 솟는 칼이고
영웅의 지모는 장막 안에서
남몰래 운용되는 계략이다[3)]

② 좌중의 빙설 같은 모습들은
삼신산의 나그네요
저울대의 눈금 같은 이윤도
따지는 것이 만호후이다.[4)]

③ 날이 저무니 새소리는
푸른 나무숲에 숨고
달이 밝으니 사람의 말소리가
높은 누각에 오르더라[5)]

이 세 편의 작품은 모두 같은 누각에서, 같은 경치를 완상하던 세 친구가 분출하는 홍을 이기지 못하여 읊은 즉홍시이다. 그러나 시적 지향은 각자 다르니, ①은 장사와 영웅의 의기를 자신에 빗대어 노래한 것이고, ②는 신선과 속인의 대조를 노래하여 자신을 미화한 것이며, ③은 자연을 조용히 즐기는 관조의 운치를 노래한 것이다. 여기에서 주목할 것은 세 사람의 작품이 모두 읊어지고 난 뒤의 상황이다. ①을

3) 장기암생천외검(壯氣暗生天外劍), 웅모잠전장중주(雄謀潛轉帳中籌)의 국역, 이중약(李仲若)의 한시 작품. 이상보 박사는 〈장한 기운은 하늘 바깥 칼에서 어슴푸레히 생기고/ 웅대한 지모는 장막 속 숫가지에서 가만히 구르도다〉로 번역.

4) 좌중빙설삼산객(座中氷雪三山客), 칭상치주만호후(秤上錙銖萬戶侯)의 국역, 곽서(郭嶼)의 한시 작품. 이상보 박사는 〈좌중이 빙설처럼 깨끗하니 삼신산의 손님이요/ 저울대 위에 저울눈은 만호후를 달도다〉로 번역.

5) 일모조성장벽수(日暮鳥聲藏碧樹), 월명인어상고루(月明人語上高樓)의 국역, 김황원(金黃元)의 한시 작품. 이상보 박사는 〈날이 저무니 새소리 푸른 나무에 숨고/ 달이 밝으니 사람의 말소리 고루에 오르도다〉로 번역.

지은 이중약(李仲若)과 ②를 지은 곽서(郭嶼) 두 사람이 ③의 시가 읊어지자, 스스로를 부끄러워하며, ③을 지은 김황원(金黃元)에게 무릎을 꿇고 찬탄했다는 고사의 내용이다.

『파한집(破閑集)』에서 이인로가 시사하고 있는 것은 ①과 ②의 작품보다는 ③의 작품이 '보다 가치 있다' '보다 품위 있다'는 것이다. 말하자면 강한 의지나 허장성세보다는 관조적 운치에 높은 가치를 두고 있다는 것이다. 즉 시에 있어서는 강렬한 의지보다 무욕의 시심, 허정의 세계를 지향하는 것이 중요하다는 일면을 강조한 것이다. 이와 같은 시관에 근접하는 작품을 빚는 시인에 등단 60년을 맞은 임강빈 시인이 있다.

1.2 임강빈 시인은 1931년 2월 22일 충남 공주에서 태어나 성장한 후 공주사범대학을 졸업하고 평생 교육자의 길을 걸은 후 정년퇴임하고 시창작에 전념하는 분이다. 1956년 ≪현대문학≫에 시 「코스모스」 「항아리」 「새」가 박두진 시인의 3회 추천 완료로 등단하여, 2016년 현재 등단 60주년을 맞는 원로 시인이다. 시인은 시로만 노래한다는 주관에 따라 '산문을 쓰지 않는 시인'으로도 널리 알려져 있다.

시인은 60년 동안 시집 『당신의 손』(1969), 『동목(冬木)』(1973), 『매듭을 풀며』(1979), 『등나무 아래에서』(1985), 『조금은 쓸쓸하고 싶다』(1989) 『버리고 싶은 날의 반복』(1993), 『버들강아지』(1997), 『비 오는 날의 향기』(2000), 『쉽게 시가 쓰여진 날은 불안하다』(2002), 『한 다리로 서 있는 새』(2004), 『집 한 채』(2007), 『이삭줍기』(2010), 『바람, 만지작거리다』(2016)를 발간하였고, 시선집 『초록빛에 기대어』(1995), 『속 초록빛에 기대어』(2015)를 발간하였으며, 6인 시집으로 『청와집(青蛙集)』[6]이 있다.

---

6) 1971년에 발간한 6인 시집. 한성기 박용래 임강빈 최원규 조남익 홍희표 시인 참여.

임강빈 시인은 수준 높은 작품 창작을 인정받아 1966년 충청남도문화상(문학부문), 1989년 제6회 요산문학상, 1994년 제9회 공산교육상(예술부문), 1996년 제1회 대전시인상, 1998년 제13회 상화시인상, 2002년 제1회 정훈문학상 등 대한민국 유수의 문학상을 받으며 한국 시문학 발전에 기여하고 있다.

2) 시에 나타난 심재의 과정

예술적 창조와 미적 관조의 바탕이 되는 순수의식, 즉 마음을 깨끗이 비워버린 순수의식이 허(虛)하고 정(靜)한 상태를 허정(虛靜)이라 하고, 이 허정에 이르는 방법을 심재(心齋)라 하는데, 이 심재란 마음을 텅 비게 하는 것이다. 마음을 텅 비우는 일은 근원적인 순수의식에 도달하는 길이다.[7)]

무욕 또는 허정의 시심을 드러내고 있는 작품은 선시(禪詩)나 한시(漢詩) 또는 시조 등에서 산견된다. 또한 현대시에서도 산견되고 있지만, 이 글에서는 임강빈 시인의 작품을 분석하여 허정의 경지에 이르고자 하는 심재의 과정을 확인하고자 한다. 그는 '비우고자 함'이나 '비운 상태'를 나타내는 '무욕의 시심'을 시종 견지하고 있는 시인이기 때문이다.

> 나무들의 편안한 자세
> 풀들의 편안한 자세
>
> 바람이
> 그 앞을 지나고 있다.

---

7) 김영석, 앞의 논문, 이 논문에서 『장자』의 「인간세」에 인용된 공자와 안회의 대화를 통해 정리.

풀잎이 바람 속에 움직인다.
나뭇잎이 바람 속에 움직인다.

이내 균형 잡히는 나뭇잎
이내 균형 잡히는 풀잎

여기 와 소리쳐 본다
불끈 주먹도 쥐어 본다.

아무도 흐드려 비릴 수 없는
저 편안한 자세

들녘을 걸으며
연습을 한다.

하나 둘 욕심을
버리는 연습을 한다.

―「들녘에서」 전문

일반적인 들의 속성은 생산과 풍요의 상징물이다. 그런 들에서 임강빈 시인은 자신의 시적 원형질이라고 할 수 있는 '비우고자 함'을 형상화하고 있다.

전반부 4연까지는 시인이 들에서 감지한 대상의 객관적 묘사라고 할 수 있다. 여기에서 시인은 바람이 지나는데도 편안한 자세를 견지하고 있는 나무와 풀의 자세에 동화되고 있다. 여기에 나타난 '바람'은 메타퍼에 의해 다양한 의미를 내포하고 있는 것이 확실하다. 전반부의 시를 분석해 보면, 1연의 발단과정에서는 보고 느낀 것을 꾸밈없이 제시하고 있으며, 2연의 발전과정에서는 바람이 등장하며, 3연의 위기과정에서는 바람에 의해 시인의 심상에도 파문을 일으키고 있다. 4연의 결말과정에서는 위기를 해소한 안도의 여유를 그려내고 있는데, 전체적으로 기승전결의 구조를 취하고 있으며, 이에서 작품 구성의 치밀함을 확인할 수 있다.

이러한 전반부의 설정은 후반부의 주제를 접목시키기 위한 준비단계의 일환이다. 후반부 네 연의 중요내용은 바로 '무욕'과 '허정'을 향한 끊임없는 자아성찰의 시심이다. 5연에 있는 〈여기 와 소리쳐 본다/ 불끈 주먹도 쥐어〉 보는 것은 시인의 내면에 타오르고 있는 불안 · 분노 · 갈등 · 저항 · 증오 등의 심상으로 보인다. 이처럼 폭발적인 정서가 6연의 상황에 의해 소화되고 있다. 그러기에 7연의 '비우는 연습'과 8연의 '비움'이 도출되는데, 특히 8연의 〈하나 둘 욕심을/ 버리는 연습을 한다〉에서 보여주는 그의 시적 에스프리는 바로 무욕의 시심인 바, 임강빈 시의 중심을 이룬다.

같은 맥락의 작품에 「바람 시초(詩抄)」 연작이 있다. 그 중 〈바람 앞에 서고 싶은 날이 있다./ 서럽던 일 모두 데리고/ 바람 앞에 서고 싶은 날이 있다./ 산다는 것/ 사랑한다는 것은 뭐냐/ 가난이란 뭐냐/ 깨끗하다는 것은 또 뭐냐/ 나이 들수록/ 감당하기 힘겹다./ 모두 날리고 싶은 날이 있다.〉[8]에서 시인은 바람을 통하여 세상의 영욕을 날리고자 한다. 즉 바람을 매개체로 하여 현존하는 인식의 굴레에서 벗어나고자 한다. 깨끗해지기 위한 매체로 바람을 원용하였듯이, 그는 물을 통해서도 순수하게 거듭나고자 하는 시심을 형상화한다.

> 허유(許由)가
> 귀 씻던 물이
> 늙지 않고 있다.
> 비록 버리고

---

8) 임강빈 시인의 시 「바람 시초(詩抄) · 14」 일부

갈 것이나
꼭 손에 쥐고 싶은
충동이
돌 사이를 흘러간다.
세상일을
한 귀로
흘려버린다는 것의
어려움
이제 조금 알 것 같다.
이 골짜기 물도
여러 풍상
삭이는 동안
이미 다 알고 있다.

— 「물」 전문

버리고 갈 것이나 꼭 손에 쥐고 싶은 충동, 인간적 욕망을 임강빈 시인은 흐르는 물을 통하여 극복하고 있다. 일반적 물에서 '허유가 귀 씻던 물'이라는 한정적 의미가 되었을 때, 물이 주는 의미는 오히려 새로운 의미를 생성한다. 허유가 물로 세상의 오욕을 씻어낸 것처럼 시인도 물을 통하여 세상의 오욕에서 벗어나고자 한다. 욕심을 버리는 것이 어렵다는 것을 인지하면서도, 흐르는 물이 여러 풍상 동안 오욕의 갈등을 씻어내듯이, 시인 역시 그런 욕심을 버리는 서정적 매체로 활용한다.

3) 시에 나타난 갈등 상황

임강빈 시인이 세상의 영욕을 버리고 허정의 세계에 이르고자 하는데 있어 걸거침이 되는 부정적 요소는 무엇인가? 그것은 허정의 세계를 향한 심재의 과정에서 부딪치는 내면적 갈등이며, 그 갈등을 유발시키는 현실의 부정적 상황이다.

꺾이지 마라
늘어진 가지야.
전봉준(全琫準)의
혁명처럼 꺾이지 마라.
춥고 어두운 겨울을
견딘 버들아.
봄추위가
아직은 골목에 남아 있지만
맨 먼저 눈 뜨거라.
춤 추거라.
뿌리박은 나의 땅
늘어진 가지야.
바람 따라 서러운 버들아
진정 꺾이지 않는
힘을 보이라.

—「버들」 전문

이 작품은 다의적 해석을 가능하게 하고 있다. 일차적 의미는 어둡고 추운 겨울을 견딘 버들의 가지에게 꺾이지 말라는 간절한 주문이다. 그러나 이 작품은 '버들'이 언표화된 그 자체에 머무는 것이 아니라 다중적으로 확산적 의미를 띤다.

첫째는 버들을 시인 자신의 내면적 표상으로 인식하는 것이다. 「바람 詩抄」 연작시에서 보여주는 심리적 명암을 버들에 전이시킨 것으로 볼 수 있다. 둘째는 현실에 대한 관심의 표명이다. 특히 '전봉준의 혁명처럼' 꺾이지 말라는 주문은 정치적 · 경제적 · 사회적 · 예술적 갈등이 노정되는 시대에 끝없는 시련과 고난을 '겨울'로 내포하는 것으로 볼 수 있다. 셋째는 민족에 대한 간절한 소망이다. '뿌리박은 나의 땅'에서 맨 먼저 눈을 뜨라는 것, 진정 꺾이지 않는 힘을 보이라는 것은 이육사의 시 「광야」에 나오는 '초인(超人)'과 같은 이미지를 상징적으로 보여 준다. 이와 같은 관점에서 보면, 이 작품은 내면적 갈등과 현실의 부정적 상황을 극복하고자 하는 심회를 진솔하고 간절하게 표현하고 있음을 확인하게 한다.

이와 같은 면모를 보여주는 또 다른 작품을 살펴보기로 한다. 〈가지에서/ 가지로 옮겨 앉은 새도 있고/ 다른 나무로/ 아주 바꿔 앉은 새도 있었다./ 끝내는/ 먼 하늘로 가버렸지만/ 그 많은 새 가운데/ 입을 꼭 다문/ 산새 한 마리/ 나를 지켜보고 있었다.〉[9] 이 작품에서는 주체와 대상의 관계를 상대적인 것으로 설정하고 있지만, 주의 깊게 살펴보면 둘의 관계는 동일체가 분명하다. 많은 산새 가운데, 입을 꼭 다물고 있는 산새 한 마리는 바로 '지조 있는 인간'을 상징한다. 앉았던 가지에서 다른 가지로 옮겨 앉거나, 앉았던 나무에서 다른 나무로 옮겨 앉는 새들은 변절을 일삼는 무리들에 대한 준엄한 상징이다. 영욕이 점철된 인간사의 단면을 명징하게 보이는 이 작품은 세상의 야합 · 변절 · 배신의 포화 상태에서도 지조 있는 인간이 되고자 하는 자성적(自省的) 염원에 다름 아니다. 이와 같은 의지적 외침이 작품으로 승화되어 나타나기도 한다.

목청 있어도
울지 못하는 노래

날개 있어도
날지 못하는 날개

---

9) 임강빈 시인의 시 「산새」 일부

분노를
삼켜버린 거위의 목청

슬픔으로
막힌 거위의 목청

울고 싶지만
울음이 되지 않는다.

날고 싶지만
날개가 되지 않는다.

달밤이 좋아
다시 가다듬는 목청

그래도 탁 트이지 않는
거위의 노래

—「거위의 노래」 전문

이 작품에서 시인은 주체와 대상으로서의 거위를 동일시하고 있다. 울고 싶어도 울지 못하는 노래, 날고 싶어도 날지 못하는 날개를 가진 거위와 시인은 동병상련(同病相憐)의 관계이다. 그러나 시인은 '달밤'에 다시 목청을 가다듬고 있다. 분노 · 좌절 · 슬픔을 감내하고 다시금 목청을 가다듬는 것이다. 그러나 '달밤'에 목청을 가다듬는 것은 남에게 보이기 위한 것이 아니고 스스로 다짐하는 연찬의 성격이다. 또한 이러한 연찬은 임강빈 시인이 지향하고 있는 '비우고자 함'의 전경화에 해당한다.

임강빈 시인이 '비우고자 함'을 추구하며, 허정의 세계를 지향하는 것은 동양적 달관과 함께 관조적 자세에 바탕하고 있다. 일부 작품에서 주제가 강조되거나, 특정한 경향이 두드러진 것을 확인할 수는 있지만, 그는 묵묵히 순수 서정을 시로 빚어내고자 한다.

눈보라 속
무수한 내가 있었다.

어디서나
눈은 쌓이고 있었다.

쌓이지 않는
강물이 소리 내며 있었다.

길 따라
상여(喪輿)가 바삐 가고 있었다.

발자국이
이내 지워지고 있었다.

눈보라 속
무수한 내가 있었다.

미이라처럼
강물은 누워 있었다.

— 「모일(某日)」 전문

이 작품을 좀 더 구체적으로 분석하면, 주요 소재는 눈보라 · 강물 · 상여다. 물론 부분적으로 내 · 발자국 · 미이라 등도 있으나 이들은 보조적 소재이다. 서두의 눈보라는 시련과 죽음의 이미지를 내포하고, 여기에 상여가 등장하여 동질적 이미지의 상승효과를 끌어내고 있다. 상여와 관련된 것은 '죽음'이다. 시인은 죽음에 대한 감정을 직접 토로하지 않고, 〈강물이 소리내며 있었다.〉라고 하여 '울음소리'를 연상하게 하고, 〈발자국이 이내 지워지고 있었다.〉라고 담담하게 술회함으로써 인간도 자연의 일부분으로 무화(無化)하는 이치를 형상화한 것이다.

이 시가 보이고 있는 특이한 사실 중의 하나는 시인의 감정이 냉혹하리만치 객관적이고 관조적이라는 점이다. 눈이 오고, 상여가 가는데도 시인의 감정은 미동도 하지 않는다. 그러함에도 독자들은, 언표화된 것 이상으로, 행간에서 많은 사상과 감정을 읽어낼 수 있다. 결국 임강빈 시인은 스스로 지향하는 허정의 세계로 가는 심재의 과정에 걸거침이 되는 부정적 요소는 지사적 의기로 감내하거나, 자아 연찬을 통하여 극복하고 있으며, 더 나아가 죽음에 대해서까지도 관조적 심상으로 일관하고 있음을 확인할 수 있다.

4) 시에 나타난 허정의 세계

임강빈 시인의 의식 저변에는 내적 갈등과 외적 난관을 극복하고, 잠재적으로 '비우고자 함'이라는 무화(無化) 의식이 내재되어 있다. 채워진 것을 비우고자 하는 시도에 의하여 허정의 상태에 이르고자 하는데, 이와 같은 '비움'에 관한 작품이 심도 깊게 형상화되고 있다.

어깨 너머로
남의 인생을
열심히 구경하다가
모두 돌아간
빈 무대에

비로소 박수를 보낸다.
어떤 비유의
꽃잎이
시나브로 지고 있었다.

—「구경꾼」 전문

관객은 빈 무대가 아니라, 열연하는 무대에 박수를 보내는 것이 상례인데, 임강빈 시인은 '빈 무대'에 관심을 집중한다. 그가 박수를 보내는 '빈 무대'는 사실 텅 빈 무대가 아니라, 오히려 가득 '채워진 무대'의 역설적 표현으로 보인다. 〈어깨 너머로/ 남의 인생을/ 열심히 구경〉하는 것은, 열연하듯 살아가는 다른 사람의 삶, 그러나 이제는 돌아간[10] 그들의 업적을 생각하면서 박수를 보내기 위한 전경화이다. '모두 돌아간 빈 무대'에 박수를 보내는 것은 바로 열연하던 그들의 업적에 대하여 보내는 찬탄이다. 동고동락하던 사람들[11]이 모두 돌아가고 난 뒤, 시인은 그들을 회상하고 추모하면서 박수를 보낸다. 이는 〈시나브로 지는 꽃잎의 비유〉를 통하여 유추할 수 있다.

'빈 무대에 박수를 보내는 사람' '주인공이 아니고 어깨 너머로 남의 인생을 구경하는 사람'으로서 임강빈 시인은 달관의 시심을 보이고 있다. 그러면서 동시에 자연에의 관조와 시인 스스로의 무소유적 성찰을 보이고 있다.

삭정이
마른 가지만으로
집이 되어 저렇게 시원하다.

---

10) 여기서는 관객이 돌아갔다는 의미이지만, '죽은'의 의미로도 확장된다.
11) 여기서의 관객은 예술가들이나 문인들로 보아도 된다.

세상에 태어나
내가 한 일
부끄러울 때가 있다.

비워 둔
까치둥지를 바라보며
더욱 그러하다.

―「까치집」 일부

임강빈 시인은 이 작품에서 시적 대상인 '까치집'과 자신을 비교하는데, 까치집이 보다 긍정적으로 설정되어 있다. '까치집'이기 때문에 우월적 위상에 존재하는 것이 아니라, 비어 있기에 가중치를 부여받은 것이다. 즉 '비어 있음'은 '채워 있음'보다 더 가치 있는 사물이며, 더 의미 있는 실체로 파악하는데, 이런 시적 공간을 형상화한 것은 바로 무욕, 무소유에 의한 허정의 경지에 이른 것에 다름 아니다. 시적 공간에서 허정의 세계를 찾아낸 것이 「까치집」이라면, 내면에서 찾은 허정의 경지를 시적 대상에 대입한 것이 다음의 작품이다.

한번은
논바닥에
고인 물일레.

거두어 간
밑둥에
넘치는 물일레.

서릿바람
그 안에도

얼지 않는 구름

진정
서러운 것 없이
다시 녹는 물일레.

한번은
논바닥에
혼자 있는 물일레.

—「무제(無題)」 전문

무욕의 시심을 수단으로써가 아니고 목적으로 인식하고 있는 시인의 '자화상'을 그린 작품이다. 시인은 '서릿바람/ 그 안에도/ 얼지 않는 구름'이 되고자 한다. 그래서 그 얼지 않는 구름이 비치는 '논바닥'의 물이 되고자 한다. 그 물은 드넓은 바다도 아니고, 유구한 흐름을 보이는 강물도 아니다. 시냇물도 아니고, 정화수도 아니다. 또한 같은 논의 물이라 하더라도 그 물은 초봄의 볍씨 눈을 틔우는 못자리의 물도 아니고, 여름철에 벼가 자랄 때 자양분으로서의 역할을 하는 물도 아니며, 가을에 알곡이 영그는 때 필요한 물도 아니다. 다만 알곡을 모두 거두어 가고 남은 초겨울의 황량한 상황에서, 벼의 밑둥에만 넘치는 물이다. 그러나 그 물은 진정 서러운 것 없는 물이다. 시인의 지향인 바, 서릿바람에도 얼지 않는 구름을 간직할 수 있다면, 그는 서럽지도 않고, 논바닥에 혼자 있어도 외롭지 않은 것이다. 논바닥에 고인 소량의 물로 만족하는 것이 바로 그의 내면이며, 이러한 작품이 바로 그의 내면적 투영이다.

5) 시인의 지향에 대하여

무엇이 시를 시답게 하는가? 이에 대한 명징(明澄)한 답을 도출하기는 어렵지만, 한 시인의 시적 지향을 분석하면, 그 시인이 갖고 있는 시적 원형질을 찾아낼 수 있다. 이것이 바로 그의 시를 시답게 하는 요소라 할 수 있다. 시세계의 다양성 속에서 대표적 흐름을 찾아 분석하여 정리할 때, 임강빈 시인의 시적 지향은 대체로 '비우고자 함'임을 알 수 있다. 이것은 바로 허정의 경지를 지향하는 것인데, 간단히 정리하면 다음과 같다.

5.1 한국의 전통적 시관(詩觀) 중 비교적 가치 있는 관점은 무욕에의 지향인 바, 특히 허정(虛靜)의 경지를 도에 접근하는 것으로 보고 있기도 하다. 이인로(李仁老)의 『파한집(破閑集)』에 있는 시화(詩話)에서 도출된 바에 의하면, 시에 있어서는 강렬한 의지보다 무욕의 시심, 허정의 세계를 지향하는 시심에 무게를 두고 있다.

5.2 예술적 창조와 미적 관조의 바탕이 되는 순수의식을 허정(虛靜)이라 하고, 이 허정에 이르는 방법을 심재(心齋)라 하는바, 임강빈 시인의 작품을 분석하여, 이 심재의 과정을 통한 허정의 세계를 확인하였다.

5.21 임강빈 시인은 '비우고자 함'이나 '비운 상태'를 나타내는 '무욕의 시심'을 시종 견지하고 있다. 바람을 통하여 욕심을 버리고자 하며, 물을 통하여 마음을 씻고자 하는데, 인간적 욕망과 충동에서 벗어나고자 하는 심재의 과정과 동질적이다.

5.22 임강빈 시인이 '버리고자 하는 것'은 허정의 세계에 이르는 데에 걸거침이 되는 것들이다. 이러한 부정적 요소는 허정의 세계를 향한 심재의 과정에서 부딪치는 내면적 갈등과 현실의 부정적 상황이다.

임강빈 시인은 이런 부정적 요소를 지사적 의기로 감내하거나, 자아 연찬을 통하여 극복하고 있으며, 더 나아가 죽음에 대해서까지도 관조적 심상으로 일관하고 있다.

5.23 임강빈 시인은 거의 허정의 경지에 이른 내면을 작품으로 형상화하고 있다. 빈 공간에 박수를 보낸다든가, 빈 까치집에 가치부여를 한다든가, 논바닥에 고인 물과 같이 극미한 사물에 자신을 담는다든가 하는 등의 형상화에서 확인된다. 말하자면 시적 공간에서도 허정의 세계를 찾아내고, 대상인 사물에서도 허정의 속성을 찾아내어 작품화한다.

5.3 시를 시답게 하는 것은 특정 시인의 시적 지향을 분석하고 정리해야 한다. 그 시인이 갖고 있는 대표적 흐름을 통하여, 그 시인의 시적 원형질을 찾아낼 수 있는데, 그 시적 원형질이 바로 그의 시를 시답게 하는 것이다. 다만 그 지향이 얼마나 보편적인가, 얼마나 가치로운가 하는 것이 관건이기 때문에 쉽게 접근할 수 있는 것은 아니나, 임강빈 시인의 시적 지향은 대체로 '비우고자 함'임을 알 수 있는데, 이는 바로 허정의 경지를 지향하는 것이고, 이는 파한집(破閑集)에서 보이고 있는 한국의 전통적 시관과도 합치하는 것이다.

참고자료 1

미발표 유고 시 11편

마을

옹기종기
노랗게 살아가는 마을이 있다

기웃거리지 마라
곧게 자라라

가볍게
더 가벼워져라

서로가 다독거리며 사는
민들레라는 따스한 마을이 있다

* 2016. 5. 9. 혹시 시비를 세우게 되면 위의 시 「마을」을 넣으라 하셨음.

주량(酒量)

주량이 얼마냐고 물으면
좀 한다고 어물어물 넘겼다
그 주량이 놀랄 만큼 줄어서
소주 반 병이 정량이 되었다

냉장고 열고
마른멸치를 고추장에 찍어 먹는
그 맛이 쏠쏠하다

무슨 청승으로 혼자 마시느냐고
핀잔하는 사람이 있지만
그건 모르는 소리
독작해 보면 안다

혼자 따르고
혼자 마신다
외압이 없다
생각하며 마신다

주량이 줄어서 서글프지만
사랑을 빼앗긴 것 같지만
술맛이 있어 아직은 행복하다

미싱을 돌리며

집사람이 참 오랜만에
미싱을 돌린다
침침한 눈에
바늘구멍에 실 꿰기가 어디 쉬운가
몇 번 실패 끝에
미싱이 돌아간다

돌돌 돌아가는
동학사 계곡 물소리 같고
창틈 귀뚜리 소리로도 들린다

작은 키가 작아졌고
옷이 헐렁헐렁하다고 한다
몸에 맞게
줄이고 좁히고 수선 중이다

많이 늙었구나
저 미싱 돌리는 폼이 다소곳하다
아니 고즈넉스럽다

첫걸음

천리 길도 첫걸음으로 시작한다는데
그 첫걸음이 두렵다
우선 서있을 수가 없다
한 발짝 떼기가 무섭다

엉덩방아 수없이 주저앉다가
넘어지다가
마침내 해냈다
그 안간힘
엉거주춤 서는 데만
일주일
반달쯤 되어서야
한 걸음 겨우 뗄 수가 있었다

그날의 환희여
감격이여
만리붕정(萬里鵬程)
머나먼 길 다시 시작이다

시집을 보내다

시집(詩集)을 시집보낸다

딸 시집보낼 때는
섭섭함 반 시원함 반
반반이었는데
오늘은 좀 다르구나
마지막 시집이라는 생각에
왈칵 섭섭함이 달라붙는다

짧은 인생
길게 살았다
시가 한몫 거둔 셈이다
이제는 서둘 필요가 없다

시를 묶어서 오늘 시집보낸다

첩첩산에 오르다

첩첩산에 오릅니다
물론 혼자입니다
희미하게 마을이 보이더니
이내 끊어졌습니다
개짓는 소리도 없습니다
새들도 다른 산으로 옮겼는지
적막이 흐릅니다
꽃은 나무 아래 숨어버렸습니다
바람만 세게 불어댑니다
이 산에는
나 혼자인 것 같습니다
육중한 덩치에 반했고
여간해서는 미동도 하지 않을
그 믿음 때문에
산을 사랑하게 되었습니다
전부 버리기로 했습니다
아직 남아있는 작은 욕심을 말입니다

별명

나는 삼식입니다
본명은 아니고 남들이 붙인 이름입니다
별 하는 일 없이
집에서만
또박또박 세 끼를 먹어치웁니다
삼식이라는 이름 가진 사람이
점점 늘어난다고 합니다
안타까운 일입니다
안사람의 눈치는 어떻습니까
밉다는 감정이 왜 없겠어요
하지만 우리는 부부입니다

구름과 함께

거실 소파에 드러누우니
하늘이 한눈에 들어온다
홀연히 구름이 나타났다
다도해에 떠있는 섬이었다가
동남아로 모였다가
먼 대륙으로 표류하고 있었다

비가 주룩주룩 오실 때
함박눈이 조용조용 내리실 때
모두가 하늘의 짓으로 알았다
그렇게 믿고 싶었다

잠깐 머물면서
이합집산이 자유로운 구름
그 신비로움
신출귀몰(神出鬼沒)하는 구름과
놀기로 했다

곡선(曲線)

도시는 거의가 직선이다
도로도 시원시원하다

시골은 곡선이 많다
논두렁이 밭두렁이 그렇고
산의 능선은 모두 곡선이다

직선은 곡선이 부럽다
곡선과 직선이 만나서
파라다이스가 된다

코스모스에게

가을이 와서
높아진 하늘

땅과 사이가
너무 멀어졌구나

바람이 와서
더 소통하라고 한다

작은 손을
마구 흔들라고 한다

코스모스에게
연방 신호를 보낸다

짧은 통화

오랜만일세
살아있어서 통화가 되는군

짜증나는 일 많았지
살맛나는 일도 더러 있었다

동감일세
한자리에 너무 머물렀어

아무렴,
자리를 비울 때가 됐지

참고자료 2

임강빈 시인 산문

유월의 감동

붉은 석류꽃이 필 무렵 이 땅에는 월드컵 열기로 뜨거웠다. 대한민국이란 국호를 목청껏 외쳐댔다. 붉은 셔츠차림의 군중이 운집한 것도 처음 있는 일이다. 공명심 때문이 아닌 순수한 공감대로 형성되었기 때문에 그 값은 비싸다.

유월은 온통 감동의 물결이었다. 이 감동은 강요가 아니라 자연 발생적으로 형성된 것이다.

> 벽에 걸린 세계지도/오대양 육대주가/손바닥에 들어오네요/대륙의 끝 한반도/대한민국이/고추만한 게 달려 있어요/작은 고추가 맵다 하지요/자랑스럽습니다//
>
> (중략)
>
> 세계지도에서/고향 나들이 했어요/소가 누워있는 산맥/울창한 숲/강물이 찰랑이네요/황금벼가 물결치네요/귀뚜라미도 서럽게 울 줄 아는/시골 마을/대한민국을 떠올렸습니다//

졸시 「세계지도를 보다가」의 일부이다.

나는 서정시인임을 자랑한다. 시의 고향은 아무래도 서정성에 있다. 그래서 고집스럽게 서정만 노래하고 있는지 모른다. 이 시에는 대한민국이란 시어가 두 번 들어있다. 고향에 대한 그리움 때문일까. 희미하게만 보아온 대한민국이 가까이 다가선 것일까. 짤막한 서정시만 써온 나로서는 좀 파격적이다.

가끔 취미가 무엇이냐고 질문해올 때가 있다. 꼭 답을 해야 하나 하다가도 적당히 '독서'라고 해둔다. 별 취미 없는 사람들이 쓰는 말이다. 한데 독서가 취미일 수는 없다. 독서는 교양이다. 취미는 전문적으로 하는 것이 아니라 마음에 끌려서 혹은 즐기기 위하여 하는 일일 것이다. 바둑이나 낚시는 고상한 취미이지만 낭비 같아서 일찍 거뒀고 간단한 우표 수집도 끈기를 요하는 것이라 중도에 고만두었다.

제자나 후학에게는 인생은 길다. 그 긴 인생을 즐기기 위해서도 한두 가지 취미는 있어야 한다고 권하면서 내 자신은 무취미로 살아왔다. 굳이 답하라면 한 가지는 있다. 그게 무엇인가 하면, 스포츠 생중계 보는 일이다. 별난 취미라고 하겠지만 이 방면에는 거의 광적(狂的)이다. 나는 원래 약골로 태어났다. 운동 신경도 둔한 편이라 그것하고는 거리가 멀다. 그저 보는 것으로 위안을 삼는다. 스포츠 중계는 라디오 쪽이 좋다. 귀를 통해 눈으로 본다. 상상력(想像力)이 동원된다. 상상력 훈련이 따르기 때문이다.

별로 텔레비전 보급이 안 되었을 때는 다방을 많이 이용하였다. 그런 날은 입구에 중계를 알리는 광고가 붙기 마련이고, 시간이 되면 사람들이 꾸역꾸역 모여들었다. 좌석은 한정되어 있고 그래서 보조의자까지 총동원된다. 오랜 시간을 차 한 잔으로는 미안해서 중간에 차를 다시 시키기 마련이다. 잔뜩 기대하고 있는데 현지 사정에 의하여 중계할 수 없다고 채널을 바꿀 때의 실망, 그 허망감은 지금도 생생하다.

피치 못할 술자리일 때는 적당히 핑계를 대고 텔레비전 앞에 내가 앉아있다. 스포츠 중계라면 종목을 가리지 않는다. 야구, 축구, 배구, 등 구기는 물론 권투, 유도, 레슬링 같은 투기 경기도 빠질 수 없다. 왜 이렇게 광적이 되었나. 아마 깨끗한 승부의 세계에 동경해서일 것이다. 간혹 깔끔하게 끝나지 않을 경우도 있다. 그래도 딴 분야보다는 깨끗하다. 끊고 맺음이 확실해서 좋다.

기록은 깨기 위해서 있다고 한다. 그 깨지는 기록에 대한 호기심, 마라톤 중계도 끝까지 보아야 직성이 풀린다. 빅 게임이 있던 다음 날 화제가 그쪽으로 모아질 줄 알았는데 별 반응이 없을 때는 괜히 섭섭하다. 공연히 나 혼자 흥분했다 싶다.

박찬호의 경기는 거의 다 보았다. 시차 때문에 새벽이나 밤에 경기를 본다. 그는 나와 동향이고 학교도 선후배 사이라서가 아니라 그는 믿음을 주는 선수이다.

> 삼진(三振)아웃은 깨끗하다/미국으로 건너간/박찬호의 삼진은 더욱 그렇다/모자를 벗고 절하는 것도 인상적/암, 동양예의지국의 후예다/악물고 전력투구하는/그의 폼은 아름답다/뙤약볕의 삼진 아웃은/서늘한 한국의 가을 날씨 같다

후생가외(後生可畏)란 말이 있다. 젊은 후진을 두려워해야 한다는 뜻이다. 이 후생가외란 말을 갖고 이 고장에서 논쟁이 있었다. 초·중·고생을 대상으로 한 백일장이었는데 그 심사평에 이 말을 인용했던 것이다. 아직 어린 학생들에게 지나친 찬사라는 것이다. 앞으로 올 사람이 오늘의 선배보다 못하리라고 어찌 알겠는가. 미래가 있다는 것은 가능을 말하는 것이다. 훌륭한 후배가 많이 나와야 이 역사는 발전하고 그리고 이어질 것이다. 허지만 너무 과찬이라는 비꼼이었다.

요즘 젊은이를 일러 건방지다, 예의가 없다고들 질타한다. 버르장머리가 없다고들 개탄한다. 이번 월드컵에서 부정적으로만 보아온 기성세대의 시각이 확 바뀌었다. 붉은 악마나 거리 응원에 나선 군중이 바로 나이 어린 청소년들이었다. 그저 철부지로만 알았는데 주역들이 바로 그들 아닌가. 어디에 잠복하고 있다가 이처럼 분출한 것일까. 언제 저토록 대한민국을 외쳐본 적이 있던가. 붉은 셔츠를 입은 것이며, 얼굴이나 팔뚝에 그린 태극기 모양도 개성이 있어 보였다.

사실 기성세대는 〈붉은 색〉을 멀리해 왔다. 혁명을 표방하고 피를

상징하는 색깔이라 해서 기피해 왔다. 하다못해 초등학교 운동회 때 홍백전이 청백전으로 바뀔 정도였다. 그 붉은 인파가 대한민국 온 거리를 누볐다. 적대시하던 붉은 색이 어느새 따스한 정서로까지 파고들었다. 가까운 이웃처럼 친밀해 진 것이다.

엄숙했던 태극기, 장롱 서랍이나 국기함에서 잠자던 태극기가 거리로 나선 것이다. 게양했다가도 비나 눈이 오면 곧 하강해야 했던 그 존엄이 우리 곁으로 다가온 것이다. 두건으로 대용하기도 하고 휘감기도 하고 허리춤에 둘러도 조금도 거부감이 나지 않았다.

6월 14일, 대전 월드컵 경기장에 갔다. 이미 붉은 악마들이 장사진을 치고 있었다. 그 위용을 멀리서만 바라봐야 했던 그 경기장, 막대한 돈을 투자해서 지었다는 축구전용경기장이 아닌가.

그 중에는 붉은 티셔츠 차림의 여학생, 그리고 여성이 많이 눈에 띄었다. 스포츠에는 별 관심 없는 성싶은데 태반이 넘는 것 같았다. 일종의 해방감일까, 카타르시스일까. 많이 변했구나 싶었다. 내부에 들어갔다. 우선 눈에 띄는 것은 그라운드의 푸른 잔디였다. 호수 옆에 내가 서있다는 착각마저 들었다.

이미 좌석은 거의 꽉 차 있었고, 응원의 함성으로 정신이 얼떨떨했다. 종이로 귀를 틀어막았다. 심장마비로 변을 당했다는 신문 기사가 순간 스쳐갔다. 우황청심환을 씹었다. 좀 진정되는 것 같았다.

같은 시간에 인천에서는 한국과 포르투갈전이 있었다. 미국과 폴란드전을 관전하면서도 라디오에 잔뜩 귀 기울이던 관중 하나가 희소식을 전했다. 포르투갈을 꺾었다는 것이다. 주변에 있던 관중들이 자리에서 벌떡 일어나서 환호했다. 그토록 애타던 16강을 따낸 것이다. 자정 가까이 집에 와서 한국과 포르투갈전 재방영을 보고서야 잠이 들었다.

모 신문사로부터 전화가 왔다. 8강에 오르면 축하 겸 격려하는 축사 청탁이었다. 8강까지는 사흘이나 남았다. 이런 행사시는 별로 내키지 않는다. 그래서 도망갈 구멍을 찾았다. 스포츠에 조예 있는 적당한 분에게 부탁해 보라고 정중히 사양했다. 그랬더니 스포츠 중계광이라는 것을 이미 알고 하는 부탁이란다. 아직 사흘이나 남았고, 그 결과를 본 다음에 써야할 게 아니냐고 꼬리를 내렸다. 틀림없이 8강은 무난할 것이라며 승리를 가정해서 써보란다. 잘못하면 휴지통에 들어갈 판이다. 따분했지만 진출을 기원하는 심정으로 응했다.

글은 쓰고 싶을 때 글이 된다. 전날 새벽에 초가 잡혔다. 텔레비전 앞에서 경기를 보았다. 적중했다. 세계 최강이라는 이태리를 연장 골든골로 이겼다. 시가 살아나는 순간이었다.

참 힘을 보았다.

— 월드컵 8강 진출에 부쳐

우리는 이겼다
빗장 수비를 뚫고 네트를 갈랐다
정정당당히
대전 월드컵경기장에서 승리했다
순간 좋아라 깡충깡충 뛰었다
둥실둥실 춤이 되었다
저 붉은 악마들의 절규
운집한 거리 응원단의 함성
세 살배기 아기로부터
남녀노소 하나가 되었다
선수들은 그라운드에서
발끝을 세워 힘껏 공을 찼다
땀범벅이 속
뛰며 부딪치며 넘어지기도 했다

대~한민국
오, 코리아
온 천지가 들끓었다
대한민국이
이처럼 자랑스러울 때가 있던가
대한민국이
이렇게 예뻐 보인 적이 있던가
거대한 힘의 꿈틀거림
감동의 물결
붉은 꽃밭
남남이 껴안아도 흉되지 않았다
감격의 눈물로 얼싸안았다
우리가 하나 되는 참 힘을 보았다
누가 시킨 것도 아닌
스스로가 일궈낸 우리의 미래를 보았다

월드컵에서 4강이란 신화를 이루어냈다.
무엇보다도 해낼 수 있다는 자신감이 큰 수확이다.
유월의 감동은 오래오래 기억될 것이다.

- 〈시인정신〉 2002년 가을호

쉽게 시(詩)가 쓰여진 날은 불안(不安)하다

시는 왜 쓰느냐는 물음은 시가 존재하는 한 늘 따라다니는 질문일 것이다. 삶의 공기를 메꾸기 위하여, 자기 정화를 위하여, 혹은 고독의 구제 행위 등 고급스럽게들 말하지만, 쉽게 즐거움이라고 말하면 더 솔직할 것이다. 물론 여기에는 고통이 따른다. 고통 없는 출산이 있겠는가. 시 쓰는 즐거움은 아픔과 함께한다.

이 땅엔 시가 많고 따라서 유명, 무명의 시인이 많다. 시인이 많다고 손해 볼 것은 없다. 툭하면 살인하고 사기나 치고 인면수심이 들끓는 세상에, 미를 추구하겠다는 시인이 만이면 어떻고 십만이면 어떠랴. 밥 먹고 바로 드러누우면 소가 된다고 할머니는 말씀하셨다. 이런 거짓말은 이 사회에 얼마든지 있어도 좋다는 생각이다. 시인은 아름다운 존재이다. 위안을 준다. 다만 이름만 시인이고 작품이 없는 유명무실한 시인은 도태되어도 좋으리라는 생각이다.

1956년 〈현대문학〉 지에 추천을 받아 시 천료 소감에서 이렇게 적었다. 소나무 아래 동자에게 물었다. 답하기를 스승은 약을 캐러 가셨다. 지재차산중(只在此山中)이나 운심부지처(雲深不知處)라는 당나라 시인 가도(賈島)의 오언절구를 인용하였다. 지금 생각해도 건방지다. 겨우 등단한 주제에 구름이 깊으니 어쩌니 했으니 말이다. 40년 넘게 나는 짙은 구름에 가려서 시의 실체를 모른 채 살아왔다. 방황도 하였다.

가끔 원로라는 말을 들을 때가 있다. 이럴 때 당혹해지는 것이다. 하긴 시 인생 사십 년, 불혹(不惑)을 넘겼으니 듣기 좋으라고 하는 말인 줄 모르는 것은 아니다. 그때마다 〈나는 현역 시인이오.〉라고 사족을 달지만 개운치 않은 것은 마찬가지다.

나는 두 마리를 쫓았다. 한 마리는 문학, 또 한 마리는 교육이라는 토끼다. 시가 밥을 먹여주질 못했다. 결국은 어느 하나도 내세울 것 없이 이 꼴이 되었다. 정년퇴임으로 풀려나와 완전한 자유인이 되었다. 시에만 전념하게 되었다. 열심히 하니까 무언가 조금 보이는 것 같다. 작품이야 좋든 못하든 시를 많이 쓰게 되었다.

나는 원래 과작(寡作)하는 편이다. 전 재산인 시집 8권이 말해준다. 과작이 아닌 다작으로 선회하는 중이다. 그런데 고민이 생겼다. 자기 도취에 빠져있는 게 아닌가. 언어의 미로에 갇혀있는 게 아닌가. 그래서 쉽게 시가 쓰여진 날은 왠지 불안하다.

동양시의 원류는 서정성에 있다. 시행이 짧다. 우리나라의 시조, 한시의 오언절구나 율시, 그리고 일본의 하이쿠 등이 그렇다. 동양의 시는 여백을 중히 여긴다. 그래서 여백의 미학이라고도 한다. 간결과 함축성으로 여유를 찾는다.

왜 요즘 시는 길어졌는가. 산문의 영향이 아닐까. 확실히 우리는 산문의 시대에 살고 있다. 그래서 시도 산문화되었다. 행과 연의 구분이 무너졌고 리듬도 사라진 지 오래이다. 과연 이래도 되는 것일까. 시와 산문(소설)의 싸움은 이미 끝났다. 그러나 시는 시의 기능이 있고, 산문은 산문의 기능이 있을 것이다. 시가 산문을 닮으려 한다. 시 속에 산문성이 이미 많이 들어 있다. 산문은 많은 것을 포용하자니 자연히 길어질 수밖에 없다. 그릇이 커진 것이다. 그러나 길게 썼다고 전부 산문시가 되는 것은 아니다. 길어질 수밖에 없는 개연성이 있어야 한다.

시인은 숙련공이 되기를 거부한다. 자동차 공장에는 라인에 따라 파트별로 자기 맡은 일에만 열중한다. 나사 죄는 사람은 계속 나사만 죈다. 시인은 창조하는 사람이다. 창조하는 기쁨으로 살아가는 사람이다. 독창성이 뛰어난 시인은 독자에게 감동을 준다. 감동의 폭이 클 때 우리는 좋은 시인과 만났다고 환호한다.

한편의 아름다운 시에서 감동과 만난다는 것은 행복이다. 좋은 시를 읽으면 하루 종일 즐겁다. 훌륭한 시집을 만났을 때는 십년지기를 만난 듯 반갑다. 감동은 남에게 강요할 수 없고, 힘으로 되는 것도 아니다. 잔잔한 감동일수록 그 파장이 널리 퍼진다. 감동이 없는 시는 무미건조하다. 마치 마른 나뭇가지 씹는 것과 다를 바 없다. 생의 깊숙한 곳에서 샘물을 길어 올린다. 두레박 가득 찰찰 넘쳐올 때의 신선함 같은 것이다. 그 감동은 어디서 오는가. 그것은 상상력이다. 상상력의 훈련이 다져진 시일수록 감동의 폭은 크다.

육상 선수는 달리기를 잘하는 사람이다. 그렇다고 모두가 한결같은 것은 아니다. 단거리에 능한 사람이 있고, 중거리, 혹은 마라톤에 뛰어난 선수가 있다. 요는 어느 종목을 택하느냐에 있다. 뛰어난 전략가는 총을 쓰지 않아도 승리로 이길 수 있다. 그러나 시인은 표현이라는 수단 없이는 시가 될 수가 없다.

우리는 가끔 시적이란 말을 쓴다. 시와 시적은 구분되어야 한다. 천하 명산 금강산 길이 뚫렸다. 많은 관광객이 다녀왔다. 기암 승경의 그 아름다움에 감탄했을 것이다. 아, 아 하는 감탄사가 절로 터졌을 것이다. 이런 상태를 때 시적이라 부른다. 그것이 시가 되려면 표현이 따라야 한다. 시는 표현이라는 과정을 밟아야 한다. 누가 이런 말을 했다. 〈나이 어려서 시를 쓴다는 것처럼 무의미한 것도 없다. 시는 언제까지나 기다리지 않으면 안 된다. 그리하여 겨우 몇 줄의 시가 쓰여질 것이다.〉 그렇다. 시는 침묵의 미학이다. 침묵도 위대한 언어라는 역설도 있지만 시는 침묵과 동행하는 예술이다. 시는 요설보다는 간결미, 논리적이라기보다는 상상력의 문학이다. 시는 감정을 바탕으로 깔고 거기에다 얼마간의 지성과 결합할 때 아름다운 시가 된다. 개성이 없는 시는 죽은 시, 스스로를 포기한 행위이다. 그리고 서정시는 경제적이어야 한다. 적은 언어로 많은 의미의 울림을 줄줄 알아야 한다.

우선은 정해진 시의 틀에 몰입한다. 그러다보면 답답하다고 느껴질 때가 있다. 부수고 싶은 충동이 생길 것이다. 그 충동이 자기류(自己流)의 시를 갖고 싶어한다. 이런 경지에 도달할 때 참 만족을 느끼는 것이다.

모호한 시보다는 명징한 시, 긴 시보다는 짧은 시, 어려운 시보다는 쉬운 시가 나의 체질에 맞는 것 같다. 시는 강요가 있을 수 없다. 차라리 고집이라면 어떨까. 눈치나 살피고 어느 시의 아류가 되는 것을 타기하라. 닫힌 시보다는 열린 시에 눈을 돌려라.

나는 가급적 감정이입은 피하고, 감정을 노출시키지 않고, 사물의 현상화, 혹은 현실과 사물에 대한 객관화, 그리하여 이미지를 투명하게 드러낸 시 쓰기를 계속할 것이다.

나는 요즘 시에 푹 빠져있다. 전에 느껴보지 못한 감정이다. 과작이라는 골방에서 벗어난 것이다. 나는 시로 해서 건강하다. 이만한 지복이 또 있겠는가. 풍요 속의 빈곤이란 말이 있다. 제발 그러지 말기를 바란다.

2002. 4 〈현대시학〉 신작소시집 시화

박용래의 시(詩)와 삶

미당(未堂) 선생이 한번은 「박용래(朴龍來)」라는 시를 발표한 적이 있다.

> 아내와 아이들 다 직장(職場)에 나가는/밝은 낮은 홀로 남아 시(詩) 쓰매 빈집 지키고/해 어스름 겨우 풀려 친구 만나서 나온다는/박용래(朴龍來)더러 「장 속의 새로다」 하니/그렇기사 하기는 하시만시두 지혜는 있는 새라고 나왔으니/지혜는 있는 새지 뭣이냐 한다/왜 아니리요/대한민국(大韓民國)에서/그 중 지혜 있는 장 속의 시(詩)의 새는/아무래도 우리 박용래(朴龍來)인가 하노라.

편안한 작품이라서 인용한 것이다. 사실 그랬다. 평생을 직장다운 직장 없이 오직 시 하나로 버텨오지 않았는가. 「지혜 있는 새」, 박용래 시인은 생전에도 그랬지만 사후에 더 명성을 얻었다. 호랑이는 죽어서 가죽을 남기고 사람은 죽어서 이름을 남긴다 했던가.

사후에 한국문학상을 수상했고, 한국일보 문화면에 전면을 할애해서 조명해 주었고, 「박용래」에 관계되는 시가 문학잡지 혹은 신문 지상에 이십여 편이 발표되었고, 국정교과서 〈중학국어〉에 「겨울밤」이 교재로 올라갔다. 그뿐인가. 1984년 10월 27일 보문산 사정공원에 박용래 시비가 건립되었다. 재력만 있으면 아무나 비를 세우는 세상이지만 이 시비만은 달랐다. 그를 아끼는 경향 각지의 문인들이 정재를 털어 무려 300여 명이 참여한 것으로 안다. 그리고 1999년에 「박용래 문학상」이 대전일보사에서 제정되었다. 장 속에 갇힌 새가 상공 높이 비상하고 있다.

박용래 시인과 나를 막역한 친구로 치부한다. 1956년에 두 사람이 같은 ≪현대문학≫지를 통해 박두진(朴斗鎭) 선생의 추천으로 나왔고, 고향이 부여와 공주이며 대전에서 살았고, 서정시라는 토양에 뿌리를 두었다는 것 등으로 그렇게 보는 것으로 안다. 우리는 다같이 일제 말기에 소년시절을 지냈고, 6.25라는 격동기를 만났으며, 역사의 소용돌이를 감수성이 예민한 시대를 함께 살아왔다는 공통점이 있다.

박용래 시인을 처음 만난 것은 추천받은 해 늦더위 때로 기억한다. 우선 전화로 만나고 싶다고 알렸다. 전화 속의 음성은 다분히 여성 목소리였다. 대전 철도학교로 찾아갔다. 첫 상면이었지만 구면지기처럼 대해 주었다. 그 다음 봄 내가 대전으로 직장을 옮기게 되어 자주 만나게 되었다.

대전에 있는 시인들과도 어울렸다. 철새처럼 다방에 우르르 모였고, 가끔은 목로주점에서 막걸리를 마셨다. 한참 어울리다가 하나 둘 빠져나가는 것이었다. 이상했다. 나중에 안 일이지만 적당할 때 끝내야지 판이 길면 박용래 주정에 견딜 수 없어 피하는 것이 상책이라는 것이었다. 그것도 모르고 나는 박 선생 다음부터는 나하고만 해요, 볼멘소리로 한마디 했다. 그럴래? 넌 참 좋구나 하고는 그 특유의 눈물을 흘리는 것이었다. 눈물 콧물 뒤범벅이 되면서 나중에는 엉엉 소리내어 울었다. 주모는 나에게 어서 가라고 눈치를 던지는 것이었다. 그는 울 때마다 홍래(鴻來) 누나를 찾았다. 밤늦게 공부할 때면 옆에서 수틀에 수(繡)를 놓으며 지켜주던 홍래 누나, 만혼에 상처한 남자에게 시집을 갔고, 일년 남짓 살다가 산고(産苦)로 세상을 떠났다. 열 살 위의 누나, 그 불행을 반추하며 잔상(殘像)으로 남았다.

술 이야기가 나왔으니 몇 마디 하면 박용래 시인은 두주불사(斗酒不辭)하는 주량은 아니다. 좋게 말해서 좀 지나친 애주가라고나 할까. 집에만 틀어박혀 있으니 얼마나 답답하랴. 그 답답함을 술에 의지했다. 모처럼의 해방감, 처음에는 색시처럼 얌전하다가도 좀 주기가 올랐다 싶으면 자작시를 술술 외는 것이다.

> 눌더러 물어볼까 나는 슬프냐
> 장닭 꼬리 날리는 하얀 바람
> 봄길 여기사 扶余 故鄕이란다

그리고는 비틀거리며 발레풍(風)의 춤을 춘다. 빳빳한 수염을 남의 뺨에 문질러댄다. 이쯤 되면 한두 사람씩 빠져나간다. 결국 나중에 나와 단둘이 남는다. 2차 가자고 한다. 또 끌려간다. 이제 그만 헤어지자고 하면 야 나 돈 있어 하고 꼬깃꼬깃 접은 지폐 한 장을 꺼내 보이는 것이다. 원고료인 모양이다. 그때부터는 술이 술을 마신다. 가족들 성화에 못 이겨 단주를 결심하기도 했다. 그래서 집에 있는 술잔이란 술잔을 모두 깨뜨려버렸다. 그러나 그것도 작심삼일(作心三日)로 끝나고 접시에 술을 마셔야 했다.

박용래 부인 이태준 여사와 나는 동갑이었다. 집안 살림을 혼자서 꾸려나갔다. 조산원 간호사의 빠듯한 살림 속에도 철따라 양복이며 구두며 남에게 흉잡히지 않게 하려고 애썼다. 이 여사는 나를 믿어주었다. 다른 사람과는 금주령을 내렸다가도 나하고 술 마신다면 무조건 오케이라고 했다. 그 점을 이용하여 남들과 만취되어 와서는 나를 팔았다. 나중엔 들통이 났지만.

박용래 시인은 한 직장에 오래 있지를 못했다. 하기야 문학한다고 그 좋은 은행자리마저 박차고 나온 그였으니 더 말해서 무엇 하랴. 5남매는 잘 자라주었다. 그러나 학비는커녕 용돈마저 집어줄 돈도 없었다. 그래서 결행한 것이 당진에 있는 송악중학교 훈장자리였다. 아이들은 환호했다. 잔소리에서 해방은 물론 술 주전자 들고 다닐 일도 없어진 것이다. 매일 집에만 있던 아빠가 일주일에 한 번씩 집에 오는 것이 신기하기까지 했다. 일 년 남짓 했을까, 그래도 제일 오래 봉사한 셈이었다.

내가 충남문협 지부장 할 때의 일이다. 보문산 음악당에서 학생 백일장이 열렸다. 이런 날은 박 시인으로서는 호기를 맞는 것이다. 작품심사를 위촉했지만 벌써 술에 빠져있었다. 행사를 마치고 제일 늦게 산을 내려오면서 한마디 쏘아붙였다.

"시는 고만둘 생각이야?"

"?"

"죽으면 쓰고 싶어도 못 써."

"야, 나 안 죽는다."

"술은 보약이 아니거든. 적당히 마셔."

"얼레, 참 이상하네."

"시비는 어디가 좋을까. 이 보문산?"

"필요 없다. 저 아래 가서 한잔 사라, 임마!"

우리는 이런 대화를 나누면서 억지로 내려왔다. 그리고 기어이 술집에 들렀다. 박 시인은 나에게 가끔 이런 부탁을 했다.

"저 말이지, 우리 딸 취직 좀 알아봐 줘."

"알았다니까."

하도 듣는 말이라 적당히 대답해 둘 수밖에 없었다. 내가 무슨 힘이라도 있는 것처럼 정색으로 말하곤 했다. 내가 교감으로 있을 때였다. 학교 서무과에 자리가 생겨서 그 자리에 앉힐 수가 있었다. 전화가 왔다.

"햐, 그럴 줄 알았다. 진짜 고맙다."

"뭐 그까짓 것 가지고……."

"아냐, 오늘은 내 술 산다."

이렇게 되어 나와 박 시인의 맏딸 노아와 한학교에 근무하게 되었다. 등잔 밑이 어둡다고 까맣게 모르고 있었는데 어느 사이 과학 선생과 결혼까지 하게 되었다. 윤화(輪禍)로 병원 신세를 지다가, 딸 결혼식 날 목발을 짚고 나타난 그의 환한 웃음은 지금도 눈앞에 어른거린다.

박용래 시인은 박두진(朴斗鎭) 선생의 추천으로 문단에 등단했지만 朴木月 선생과 친교가 두터웠다.

〈시의 날개도 꺾이고 생활도 잃고 민민(憫憫)하고 있을 때 목월 선생을 알게 된 것은 구원(救援)이었다. 무슨 일로 선생이 대전에 오신 적이 있었다. 처음 보는 우리에게 시(詩)를 낭독해 주시던 선생의 음성은 오늘도 생생하다. 갓 『청록집(靑鹿集)』이 세상에 나왔을 땔까. 무명 토시를 낀 한복(韓服)차림이 잘 어울려서 말갛게 비치는 인상이었다.〉

이렇게 목월 선생을 흠모했다. 원효로 목월 선생댁을 자주 찾았고, 늘 부부 동반으로 대전에 오면 으레 오류동 박용래를 찾았다.

주변머리 없기로도 난형난제였다. 시에 등단하여 나는 13년 만에 현대문학 간행으로 첫 시집 『당신의 손』이 나왔고, 박용래 시인은 박목월 선생의 추천으로 삼애사(三愛社)에서 그도 13년 만에 『싸락눈』이 출간되었다. 그만큼 우리는 매사에 늦었다.

사글세에서 전세로 전전하다가 내 집 마련한 것도 거의 같은 무렵이었다. 지금은 산뜻한 양옥으로 개조되었지만 원래는 초가였다. 그의 명시 「저녁눈」에 나오는 말집 호롱불이나 말굽 소리는 그의 뒷집에 있던 말집이 소재였다. ≪문학사상≫지에 연재되었던 산문 「호박잎에 모이는 빗소리」는 흙담에 뻗은 호박잎에서 따온 것이다. 집을 지키다 마루에 나와 우두커니 서서 바라본 빗소리, 기세 좋게 호박잎 위로 내리치는 그 빗소리에 넋을 잃었는지도 모른다. 이처럼 그는 소재를 주변의 가까운 것에서 찾았다.

근년 하루는 아들 노성이를 앞세우고 내 집에 왔다. 전작이 이미 있었다. 집을 한번 돌아보고는 불쑥 내뱉었다.

"우리집하고 바꾸자."

마당에 잔디를 입히고 정원수도 심었으니 탐이 났던 모양이다. 지금은 땅값이 평준화되어 비슷비슷하지만, 그 당시에는 대전의 중심지 서대전 오류동과 변두리 내 집과는 격차가 상당했을 때였다. 그래, 좋다 하여 성사만 되었다면야 나도 졸부가 되었을 건데, 그때 일을 회상하며 요즘도 씨익 웃을 때가 있다.

박용래는 뭐니뭐니해도 정한의 시인, 눈물의 시인, 이 나라 장 속의 시(詩)의 새였다.

- 2002년『시로 여는 세상』

박용래(朴龍來), 그리고 우정

올해가 박용래 시인의 20주기가 된다.

'박용래 이야기'를 써달라는 청탁을 받았다. 쓸 내용이 많을 것 같았는데 실은 그렇지가 못하다. 세월 탓일까.

시인은 시만 쓰는 것으로 행복하다. 무슨 명예나 돈을 탐하랴.

이 땅에는 시가 많고 따라서 시인 또한 많다. 시를 필생의 업으로 하는 시인이 있는가 하면 시인이란 이름만 빌리고는 사라진 사람도 적지 않다. 유명무실한 시인이 많고 그 부침(浮沈)이 심하다.

박용래 시인은 살아서 이름을 얻었지만 사후에도 명성이 높다. 한국문학작가상을 수상했고, 시선집『먼 바다』, 산문집『우리 물빛 사랑이 풀꽃으로 피어나면』이 간행되었다. 한국일보에「문학사 탐방」, 대전일보에「충청의 예맥」,「작가의 땅」등 그의 문학과 인간이 조명됐다. '새여울' 동인지에서「시인은 죽어서도 외롭지 않다」가 특집으로 다루어졌으며, 각 문학지마다 박용래 실명(實名)의 시가 이십여 편 발표되었다.

1984년 10월 27일, 보문산 사정공원에 시비(詩碑)가 세워졌다. 많은 사람이 참여했다는 데 의미를 두고 싶다.

1999년에는 〈박용래 문학상〉이 대전일보에 의해 제정되었다.

이렇게 그는 갔지만 외롭지 않게 빛나고 있다.

1956년 박용래 시인과 나는 다같이 ≪現代文學≫지를 통해 문단에 나왔고, 똑같이 박두진 선생의 추천을 받았다. 그리고 고향도 백제의 고도인 부여와 공주, 나이는 그가 다섯 살 연상이다. 이런 저런 연유로 해서 문단에서는 가까운 사이로 보고 있다.

그와의 상봉은 대전에서였다. 가파른 언덕을 기어올라서 그가 재직하던 대전철도학교에서 만났다. 첫인상은 허약해 보였다.

반년 후 내가 대전으로 옮기게 되어 자주 그와 만났다. 술자리도 잦아졌다. 나중에 안 일이지만, 그는 강경상업고등학교를 수석으로 졸업했고, 정구 선수이면서 미술반에서도 두각을 나타냈다고 한다. 다재다능한 학생이었으며, 대대장으로 열병이나 분열식을 할 때 그의 호령은 쩌렁쩌렁 교내가 울렸다고 한다. 잘 믿어지지 않지만 그의 학우나 후배들의 말이 한 가지로 나오니 어쩔 수 없지 않은가.

그가 졸업한 해는 1943년이었다. 군산으로 가서 은행 시험을 치르고 곧 조선은행에 근무했고, 다시 대전으로 옮겼다. 해방과 함께 돈 세는 일이나 돈 냄새가 역겨워 은행을 그만두었다. 그 좋은 자리를 팽개쳤던 것이다. 시인되기를 예약한 셈이라고나 할까.

술자리에 마주 앉으면 간간히 소운을 만났을 때의 감격담, 목월을 만나 시인 지망을 결심하게 되었다는 말, 그리고 홍래(鴻來) 누나 이야기를 하다가는 눈물을 쏟곤 했다.

후에 「나의 시적 편력」에서 그는 단편적으로 내게 들려주었던 것을 이렇게 정리해 놓았다.

동래(東萊)에서 김소운 선생이 문인부락(文人部落)을 세울 예정인바 뜻있는 청년은 연락을 바란다고 했다. 넓은 천지에 내 갈 곳은 여기밖에 없다는 일념으로 경부 열차에 올랐다. 선생은 시인이니까 대나무숲이나 솔밭 머리에 살고 계시리라 믿었던 나는 그런 곳만 샅샅이 누볐으나 헛수고였다.

못 견디게 슬픈 날은 대구로 서울로 목월 선생을 찾았다. 말없이 길을 가다가도 손을 꼭 쥐어주시는 선생에게 나는 얼마나 많은 위안을 받았는지! 시도 못 쓰고 생활도 없는 나는 답답한 존재였으리라.

청년 박용래의 방황과 시에 대한 갈구(渴求)가 체온에서 묻어나온다. 김광림 시인은 동아일보 지면에 「이달의 시」에서 이렇게 쓴 적이 있다.

…… 대전이란 묘한 곳이다. 한성기, 박용래, 임강빈 등 착하고 알뜰하기만 한 시의 모범생만 가졌으니. 그러나 이들에게 개구쟁이 같은 현대시의 실험의식을 가져주기를 바라는 것은 필자만의 소망일까.

적절한 지적이다. 이 세 사람의 빛깔은 조금씩 달라도 서정성이란 토양은 같다고 본다. 박용래는 일본의 하이쿠[俳句]나 센류우[川柳]에 영향을 받은 흔적이 있다. 그의 서가에는 석천탁목(石川琢木), 북원백추(北原白秋) 등의 시집이 꽂혀 있었다.

그는 누구보다도 언어를 아낀 사람이다. 시어를 조탁하듯 했다. 언어 하나 헤프게 쓰지 않았다. 경제적인 시를 썼다. 적은 언어로 큰 울림을 주는 시를 썼다. 엽서 한 장 쓰는 데도, 단순한 구문 한 줄 쓰는 데도 전력투구했다. 쓰고 지우고 다시 쓰기를 반복한 시인이다.

그는 실격(失格)한 가장이었다. 무능했다. 아이들은 늘고 자랐다. 학비는커녕 용돈도 한푼 집어줄 위인이 못되었다. 그래서 결심한 것이 당진 송악중학교 부임이었다.

아이들은 환호했다. 잔소리에서 해방되었고, 술주전자 앞세우는 일도 없어진 것이다. 토요일 집에 오는 것이 신기하기까지 했다.

'창밖에 봄비가 내리네요. 꽃망울이 곧 터지겠지. 공연히 마음이 설레서…….'라든가. '단풍이 타고 있네요. 지는 날은 슬퍼질 텐데…….' 라든가, 무슨 시 구절 읊듯 얌전한 통화가 오면 술 생각이 간절하다는 신호였다. 다른 곳에 전화 걸다 보면 '찌— 찌—' 통화 중일 때가 있어 짜증스럽지만 그와는 언제든 시원히 뚫렸다. 하루 종일 집을 지키고 있으니 그럴 수밖에.

남들은 직장에서 풀려나와 집으로 돌아가는 시간에 그는 출근을 했다. 그래서 대개는 퇴근길에 자주 만났다. 그는 취하고 싶은 것이었다. 홍이 났다 하면 언제나 그의 독무대가 되었다. '임선생'이 '임형'으로, 나중엔 '임마'였다. 이런 호칭으로 그의 취기가 얼마쯤인가를 가늠할 수 있었다. 남들이 노래하면 발가락을 세워 발레춤을 춘다든가, '눌더러 물어볼까. 나는 슬프냐' 등의 자작시를 줄줄 외우고 '홍래 누나'가 나오고 끝내는 울음이 터지는 것이다. 눈물과 콧물이 범벅이 되어 술자리가 고요히 끝나는 경우가 드물었다. 눈치 빠른 친구들은 슬금슬금 자리를 떴다. 이때 나는 인내가 필요했다. 냉큼 자리에서 일어설 것 같지가 않아 사정사정 강청할 수밖에. 그러면 그는 "임마 나 돈 있어." 하면서 꼬깃꼬깃한 지폐 한 장을 바지 새끼주머니에서 자랑하듯 내보였다. 고료로 받은 비상금이었다. 그리고는 '멋도 낭만도 모르는 놈들'이라고 고래고래 소리를 쳤다. 술자리 풍경은 대개가 이러했다.

그의 집에 가면 대개 작취미성일 때가 많았다. 거의 팬티바람이었다. 집안인데 어떠냐고 짐짓 진지했다. 매일같이 취중인데 그 짓은 언제 치르냐고 물으면 자못 신파조로 "야, 너 그것도 모르냐? 아, 황홀해." 했다. 그는 술은 친해도 여자하고는 멀었다. 대신 미소년(美少年)을 좋아했다. 반반하다 싶으면 얼굴을 비벼댔다. 그 억센 수염으로 마주 비벼대는 것이다. 아마 이렇게 당한 사람이 상당한 걸로 알고 있다.

문협 주최로 보문산 음악당에서 백일장 행사가 있었다. 대전의 터주노릇을 하는 그를 심사위원에서 뺄 수는 없었다. 오후가 되자 점심때부터 마신 술이 벌써 취해 있었다. 그는 열외로 밀렸다. 행사를 마치고 내려가는 일행 중에 제일 늦게 두 사람이 뒤로 처졌다. 비틀거리는 그를 붙잡고 한마디 쏘아붙였다.

"이젠 아주 시를 버릴 작정 했어?

"……?"

"죽으면 그만이야. 쓰고 싶어도 못 하잖아."

"얼래, 참 이상한 말 하네."
"시비(詩碑) 어디가 좋을까. 이 보문산 어때?"
"필요 없어. 저 아래 가서 술 한 잔 사라, 임마."
우린 이렇게 씨부렁거리며 억지로 내려왔다.

1980년 여름, 밤 10시가 넘어서 전화벨이 울렸다. 다급한 부인의 목소리였다. 불길한 생각이 순간 스쳤다. 병원으로 달려갔다. 윤화(輪禍)였다. 다행히 큰 부상은 아니었다. 골절상이었다. 젊은 화가와, 한성기 시인이 살고 있던 진잠엘 갔다가 부재중이라 허탕치고, 막걸리 몇 사발 걸치고 소낙비를 맞으며 귀가하던 길에 집앞 횡단로를 건너다 택시에 치었다고 했다.

응급 치료를 받고 엑스레이를 찍었다. 그 상황에도 택시 기사의 신변을 걱정하고 있었다. 그를 보고 꼭 어린애 같다고 간호사가 말했다. 그는 "음, 그래 나는 막내둥이라서……." 했다. 순진한 그의 말에 웃음이 나왔다. 다리에 깁스를 했다. 병실로 옮기면서 다리를 쳐들어 보이며 "어때, 나 비너스 다리 같지?" 하는 바람에 또 한바탕 주변 사람을 웃겼다.

이 일로 해서 그 뜨거운 여름 석 달 동안 또 새장에 갇히는 몸이 되었던 것이다. 갇히는 것에 익숙한 그였지만 답답해했다. 창밖의 구름을 바라보며 노을빛에 흥분도 하며 시상을 가다듬기도 했다. 머리맡에는 만년필과 종이가 항시 준비되어 있었다. 자기 성찰의 좋은 기회로 삼았을 것이다. 그는 과작(寡作)하는 시인이었다. 병원에 있는 동안 많은 작품을 생산해 낸 것으로 안다.

퇴원 후에도 얼마간 집에서 요양을 해야 했다. 목발 신세였다. 아마 이 동안이 술과 떨어져 산 가장 긴 시간이었으리라.

보고 싶은 얼굴이 떠오르면 만나자고 했다. 교외로 나가 바람이나 쐬기를 원했다. 사고가 났던 횡단로도 둘러보았다.

1980년 11월 21일, 내가 근무하던 학교 교무실 책상 위에 있는 전화 벨이 울렸다. 하직했다는 떨리는 목소리였다. 순간 덜컹했다. 도무지 믿어지지 않았다. 나와 함께 근무하던 그의 서랑(壻郞)을 좇다시피 보내고 뒤따라 달려갔다. 혹시나 했지만 사실이었다. 심장마비라 했다. 칠성판에 반듯하게 누워 있는 흰 천을 들추고 그를 보았다. 아무렇지도 않다는 듯 아주 평화로운 얼굴이었다. '죽음은 이렇게 평온한 것이구나.' 하고 속으로 몇 번을 되뇌고 있었다.

빈소에는 젊은 시절의 사진에 검은 리본이 걸리고 새 구두가 밑에 놓여 있었다. 늘 노래해 왔던 탐라행(耽羅行)을 위해 부인이 마련한 새 구두였다.

대전 근교 산내에 있는 천주교 묘지에 묻었다. 그를 아끼고 따르던 오열하는 긴 행렬을 뒤로한 채 그는 조용히 묻혔다.

> 가을바람 마른 풀숲 속눈물 말리고 있을까/혼자 삐쳐 소줏잔 홀짝이고 있을까/지상의 주소를 잃은 龍來의 눈물이/잘 울지 않는 剛彬을 울리고 있었다
>
> — 나태주 「우정」

해마다 한두 번은 그의 시비를 찾는다. 처음 세울 때는 공원 조성이 완성되지 않았을 때라 나무도 어리고 어설퍼 보이기까지 했다. 그로부터 16년이 되었다. 나무도 빽빽해졌고, 새들의 지저귐도 끊이질 않는다. 시비 뒤로 심었던 적단풍이 지금은 주인의 키를 훌쩍 덮고 있다.

시간이 이렇게 만들어 놓았다.

- 2000년 〈시문학〉

스냅 사진 속의 빈 술잔

자유인이란 이렇게 편안한 것인가. 정년에서 물러나니 우선 매일 넥타이 매는 일에서 해방되어 좋다. 그리고 진짜 직업 시인의 즐거움을 맛본다. 보름 전쯤일까, 「스냅」이라는 시 한편 끄적거려 놓았다. 작품이야 어찌되었건 그 시를 다시 꺼내서 흥얼거리고 있었다.

거실 방바닥에 엷은 햇살이 든다
그것과 몇 마디 건네다가
퇴색한 스냅 사진을 다시 들춘다
거의가 술잔을 높이 들었다
술을 사랑했고
견딜 수 없는 추억이
순간을 스친다
슬픈 과거는 아름답다
멀리 여행한 것 같은데
늘 제자리에서 빙빙 돌고 있을 뿐
인생은 역시 짧구나
정색한 사진은 언제나 쑥스럽다
찰칵찰칵 스냅의 연속
한 컷 내 진솔은 어디 있느냐
창 너머 앵두꽃이 하얗다

전화벨이 울렸다. 〈현대시학〉으로부터 「나의 시와 이 사진 한장」의 원고 청탁이다. 한성기, 박용래가 있는 것이면 좋겠다고 했다. 뭐 어렵지 않아 순순히 응했다. 나는 책이나 사진을 차곡차곡 챙길 줄 모르는 부실한 사람이다. 원고 청탁이 와도 느슨하게 있다가 마감이 되어서야

부랴부랴 서둔다.

어느 주점인가는 확실하지 않지만 거나하게 끝내고서 우리 넷은 은행동을 걷고 있었다. 한성기 시인의 제의로 기념사진 하나 남기자고 해서 성사진관에 들어섰다. 앞줄엔 박용래 그리고 나, 뒷줄은 키가 훤칠한 한성기, 그 막내인 홍희표, 이렇게 넷이서 폼을 잡았다. 그 기념이란 아마도 박용래 시인의 〈제1회 현대시학 작품상〉 수상 기념이 아닌가 한다. 서울 수상식에 참석 못한 미안한 마음이 그랬을 것이다. 정색하고 찍은 사진은 쑥스럽다. 그래서 이 낡은 사진을 내놓기로 했다. 오늘의 이 한 장의 사진도 이것과 무관하지 않다.

요즘 사진엔 그날의 날짜가 찍혀 나오지만 그 시절엔 그런 것이 없었다. 어느 때 어느 장소인지 적어놓지 않으면 쉽게 떠오르지 않는다. 기억을 더듬는데 상당한 시간이 필요하다. 이 사진에는 〈바람이 맛있어요〉 하고 유성이나 대전 근교를 매일 흰고무신 차림으로 거닐던 둑길의 한성기 시인은 빠져 있어 미안하지만, 막상 고르려니 적당한 것이 수중에 잡히지 않아 이대로 내놓을 수밖에 없다.

박용래 시인의 수상은 1969년이니까 32년 전 일이다. 옷차림으로 봐서 가을 어느 날일 것이다. 무대는 어느 중국 요리집, 모두가 모범생처럼 얌전히 앉아 있다. 지금은 출판기념회나 수상식장이 호텔로 격상되어 있지만 그때만 해도 대개 다방, 그것도 전부가 아닌 구석에서 조촐하게 치러야만 했다. 가난한 시절이었다. 누군가의 발기로 모였는지는 기억이 나지 않지만 좌우간 모였다. 사발통문식으로 가까운 사이끼리의 축하연이었다.

그날의 면면을 살펴본다. 맨 앞에 담배를 물고 있는 「혼야」의 이동주 시인이 우선 눈에 들어온다. 서울과 고향 오가는 길에 대전에 내려서 시인들과 회포를 풀곤 했다. 그 다음이 그날의 주인공 박용래 시인, 그날따라 참 얌전하다. 포켓에 꽃이 꽂혀 있다. 그 옆자리엔 〈백수〉 동인을 주도했던 김제영 소설가가 고개를 숙이고 있다. 다음이 필자,

그리고 홍희표 시인, 김정수 시인, 끝에 윤조병 희곡작가, 가려서 보이지 않지만 그 앞에 신정식 시인도 앉아 있었다. 얼굴이 간신히 보이는 김학응 시인, 그 옆이 강성렬 화가, 신정식 · 홍희표 · 강성렬은 〈청시사(靑柹舍)〉를 부리나케 드나들던 맴버들이다. 안경을 쓴 조남익 시인, 그 옆에 홍기삼 평론가도 보인다. 박용래 시인 맞은편의 두 사람은 기억이 나지 않는다. 이 사진으로 보아서는 적막강산 같다. 도무지 박용래 시인의 축하연 분위기가 아니다. 안주만 있고 술잔이 보이지 않는 것으로 보아 누군가 축사라도 하고 있는 모양이다.

돈이 없어 시집 발간은 엄두도 내지 못하던 그가, 어느 고마운 분의 뜻을 받들어 삼애사(三愛社)에서 김영태 시인의 장정으로 처녀시집『싸락눈』이 나왔다. 문단에 얼굴을 내민 지 13년 만의 일이다. 이 시집이 계기가 되어 현대시학 작품상을 수상하게 되었다. 이영도 시조시인의 후견이 컸던 것으로 안다. 격려의 뜻으로 파카 만년필을 받았다. 아이처럼 자랑하며 좋아하던 기억이 새롭다.

그는 천재적인 서정시인이었다. 흔히 정한(情恨)의 시인으로 통한다. 현대문학에 박두진 선생의 천으로 문단에 나왔지만 김소운, 박목월 선생을 짝사랑하듯 심취했다. 〈박목월 선생을 뵐 때마다 시를 쓰고 싶은 욕망에 괴로웠던 많은 날을 고백한다. 무명(無名)을 자처했던 내가 문단에 나온 것은, 목월 선생의 눈에 보이지 않는 채찍질도 있었다.〉라고 술회한 바 있다. 그를 천부적인 시인으로 치부하지만 한때는 그가 모아왔던 시고(詩稿)를 모조리 불사르고 새 노트를 마련할 만큼 좌절도 만났다. 그는 시에 대한 애정이 누구보다 컸고 치열성도 강렬했다. 시는 물론 편지 한 장이나 산문 하나에도 전력투구하는 자세였다.

박용래 시인을 말할 때 술을 빼놓고는 재미가 없다. 여러 곳에서 숱한 일화를 뿌리고 다녔고, 그렇다고 두주불사(斗酒不辭)의 주량은 아니었다. 단지 애주가였다. 안주는 별로였다. 기껏해야 멸치 똥을 빼고 고추장에 찍어 먹거나 무말랭이 정도면 족했다. 아무리 진수성찬이라도 손을 대는 일은 별로 없었다. 식구들의 성화에 못 이겨 금주 선언을 한 적이 몇 번 있었지만 작심삼일(作心三日), 길어야 한달 남짓해서 스스로 허물었다. 적나라한 박용래로 돌아오는 것이다.

그의 스냅을 다시 본다. 다소곳하게 앉아 있는 박용래, 자리가 자리인지라 함부로 설칠 수도 없고, 그야말로 죽을 맛이었을 것이다. 나는 박용래 시인을 어느 정도는 안다. 빨리 술잔에다 고량주 한잔 따라주고 싶다.

- 2001년 『현대시학』

젊은 날의 초상

— 혼란(混亂), 그리고 한줄기 빛

우리 세대는 포성 속에서 낳았고, 그 소리를 들으며 성장했다. 일제가 고의적으로 중국과 전쟁을 일으켜 만주를 평정했고, 이어서 중국 침략, 진주만 공습으로 2차 세계대전에 합류했다. 기세등등하던 일본의 패망으로 우리는 해방을 맞았다. 그 감격도 잠시, 6.25라는 동족상잔을 겪어야 했다. 불행의 연속이었다.

나는 일제 때 공주중하교(6년제)에 입학했다. 전시하라 공부도 뒷전에 밀리고 각종 봉사 활동에 동원되었다. 2학년 때 해방을 맞이하였다. 그리고 혼란의 와중에 빠지게 됐다. 그때 담배에 손을 댔고 술도 배웠다. 결석도 다반사였다. 말하자면 불량 학생인 셈이다. 방학 때는 돈벌이를 한다고 친구와 함께 영등포 판잣집에 머물면서 꼭두새벽에 미군 인력 시장, 그 장사진 속에 줄을 섰지만 몇 번을 바로 앞에서 끊기곤 했다. 세상이란 그리 쉬운 것이 아니라는 것을 체험했다.

한때는 일본 밀항을 계획했다가 좌절을 맞기도 했다. 꿈이라기보다는 무모였다. 집을 벗어나야겠다는 일념이 암담한 추억으로 남게 되었다. 내게도 이런 엉뚱한 면이 있었구나 하고 놀랄 때가 있다.

1950년 4월에 그럭저럭 졸업을 했다. 그야말로 그럭저럭이었다. 그런 가운데도 1949년 서울서 발행한 '중학생(中學生)'지에 투고도 했으며, 그간 습작한 시를 모아 단권 시집도 냈다. 주황색 종이를 구해 내가 쓴 시를 또박또박 글씨를 썼으며, 장정은 미술반 학생에게 부탁했다. 「해바라기」란 시집이다. 그 무렵 대전일보 창간 5주년(?) 기념으로 공모한 문예콩쿠르에 「산딸기」가 당선되기도 했다. 인각유일능(人各有一能)이라 했는데, 내겐 그 많은 재주는 없고 문재(文才)는 조금 있었던 것 같다.

졸업 후 공주사범대학에 입학했다. 6월 1일 입학하고 강의실 몇 번 가보지도 못하고 6.25가 터졌다. 자연 휴교할 수밖에 더 있는가. 처음엔 피난민 속에 끼지도 못하고 1.4후퇴 때는 안 되겠다싶어서 공주에서 대구까지 순전히 발로 걸어서 피난을 갔다. 그 다음해 5월 20일 복교, 생사를 몰랐던 학우들이 꾸역꾸역 모여들었다. 살아있다는 사실 외엔 별로 달라진 것이 없는 얼굴들이었다.

정부수립과 함께 이 대학은 탄생되었다. 역사가 일천하고 전시 중이라 모든 것이 제자리를 잡지 못하는 혼란 속이었다. 물론 학내 써클 같은 것도 없었다. '시회(詩會)'가 유일한 오아시스였다. 이원구, 이재복 두 분을 지도교수로 모셨다. 모임은 국문과 학생이 주류였고, 20~30명 회원들이 토요일 강의실에 모여 자기 작품을 복사해서 배부하고 자작시 낭독, 그리고 합평회 순서로 진행되었다. 공주농고에 재직하던 장서언 시인과 김상억 선생이 단골 멤버였고, 이따금 김영두(철학) · 유희세(수학) 교수도 이 모임에 나와 격려해 주었다. 그리고 피난차 공주에 머물러 있던 정한모 교수, 동학사에 칩거하면서 동양고전 번역과 시작 활동을 하던 김구용 선생이 합세했다. 서울과 부산 오가는 길에 박목월, 서정주 시인이 '시회'에 들러 격려하며 강연을 해 주었다.

처음엔 서툴렀다. 회를 거듭하면서 한 번도 거르는 일 없이 그 열의가 대단했다. 강의실 강의보다 이 모임에 더 열성을 보였다.

> 1952년 5월 22일
>
> 공주 시내로 갔다. 김 선생이란 분과 인사를 하였다. (이 김 선생이 바로 시인 김상억 씨였다.) 곧 시회가 시작되었다. 대학생들의 자작시 발표가 있은 후 시에 대한 강연이 있었고, 좌담회 비슷한 합평이 끝날 때는 저물 무렵이었다. 시 애호가들과 함께 이원구 교수 댁에 저녁 식사 대접을 받았다. 돌아오는 길에 김상억 씨는

내일 자기 집에 와달라고 내게 말했다.

> 1952년 5월 23일
> (전략)
> 오후 4시 임강빈 형과 만나 김상억 씨 집으로 갔다. 푸른 산골 아래 아담한 초가였다. 뒷산엔 한 그루 노송이 섰고, 바깥엔 실개천이 흘렀다. 국수상이 나왔다. 그리고 김상억 씨의 시를 여러 편 구경하였다. 김 씨는 자고 가라며 우리를 따라나왔다. '술이나 한잔 합시다' 하며 뒷골목 으슥한 집으로 우리를 데리고 갔다. 밤이 너무 늦어서 가까운 봉황동(鳳凰洞) 중형 집에서 잤다. 나는 장차 어떻게 될 것인가. 머릿속에서 일선의 포 소리가 일어났다.
>
> —『구용일기(丘庸日記)』 중에서

당시의 분위기가 묻어나서 구용 일기를 인용했다. 내게는 이 '시회'가 시의 고향인 셈이다. 이곳을 거쳐 나간 학생이 지금 각처에서 현역 시인으로 활동하고 있다.

대학을 졸업했다. 말이 2년제지 전쟁으로 인한 휴교나, 입학은 6월이고 졸업은 3월이니 1년을 좀 넘게 공부한 셈이다. 제대로 대학다운 대학생활을 하지 못한 것은 아쉬움이 많고 내게는 불행이었다.

사범대학을 졸업하면 2정교사자격증이 나온다. 그러기 위해서는 교생실습이라는 과정을 이수해야 한다. 약식(略式)으로 2주간의 교생실습으로 때웠다. 공주사범학교 2학년 대상이었다. 학교가 전소(全燒)되어 일제 때 강제로 추방된 미국 선교사 집 몇 채를 임시로 수업하던 때였다. 교생실습엔 갑 · 을(甲 · 乙)종 수업이 있는데 을종은 교내용이고 갑종은 대외용이다. 그 수업을 내가 하게 되었다. 대학 강당에서 참관자 백여 명이 모인 가운데 하는 공개 수업이었다. 장황하게 늘어놓는 것은 내 가난한 젊은 시절의 초상을 보는 것 같아서다. 그날 졸업생 전체 사진 촬영이 있었다. 모두 정장 차림이었는데 딱 한 사람 상의(上衣)가 없었다. 변변한 옷이 없던 나는 그날의 연구 수업을 핑계로 그 친구의 웃옷을 빌려 입었기 때문이었다. 지금도 두고두고 그 친구에게 미안하다.

국어과 2급 교사자격증은 받았지만 발령이 언제 나올지 캄캄하였다. 때마침 공주군 이인면에 있는 이인공민학교에서 교사 채용이 있다는 전갈을 받았다. 몇이서 그 학교엘 갔다. 꼭 한 사람만 필요하다는 것이었다. 서로 말없이 얼굴만 쳐다보았다. 난감했다. 목마른 사람이 샘 판다고 내가 제의했다. 너희는 살기가 그래도 나보다는 나으니 나에게 그 자리를 양보해 줄 수 없느냐고 했다. 모두들 고개를 끄덕였다. 그래서 공민학교 선생이 되었다. 국어와 영어를 담당했다. 주당 24시간 강행군이었다. 그래도 피곤을 몰랐다. 때를 놓쳐 만학하는 학생들이라 향학열은 대단했다.

대학 졸업 후 6개월 만에 두 사람이 발령났다. 그 중 한 사람이 청양중학교 발령을 받은 것이다. 청양은 충남의 알프스라 불린다. 그만큼 산세가 좋고 물 또한 맑은 곳이다. 청양 땅에 둥지를 틀었다.

1955년 가을, 동료 교사 몇이서 시장 구경을 하고 있었다. 닷새장이 서는 곳이다. 닷새장은 하나의 축제였다. 많이들 모여들었다. 노점 서점 앞에 나는 멈추었다. '꽃필서점'이라는 서점이 있는데 대개가 중고생 대상이었다. 변변한 교양서적 하나 없는 시골이었다.

내 발을 멈추게 한 것은 눈에 들어온 〈현대문학〉이었다. 〈현대문학〉 10월호를 집어들고 목차부터 살피는데 이게 웬일인가, 내 시가 추천되어 있지 않은가. 순간 전류가 흘렀다. 분명 내 시 「항아리」가 박두진 선생 추천으로 되어있었다. 하숙집에 와서 읽고 또 읽었다. 어떻게 된 영문인지 실마리가 풀리지 않았다. 한동안 안개 속을 헤매다가 겨우 찾아낼 수 있었다. 연전에 김구용 선생이 시가 있으면 보여달라고 한 기억이 살아났다. 추천이란 말은 한마디도 없었다. 교사가 되어서 보람되고 기분 좋은 일은 '선생님' 하고 학생들이 불러주는 일이라고 한 선배 선생의 말이 생각났다. 가르치는 데 푹 빠져서 시를 보여달라고 했던 김구용 시인의 일을 까맣게 잊고 있었던 것이다.

나의 문학과 시장과는 깊은 인연이 있는 것 같다. 해방되어 공주 노점에서 〈문장(文章)〉지를 처음 만났고, 청양 장터에서 내 시가 추천된 〈현대문학〉을 만났으니 말이다.

1956년 1월호에 「코스모스」가 2회 추천을 받았다. 〈현대문학〉지는 국내 유일의 순문예지였다. 〈문예〉가 폐간된 후 문학 지망생의 선망의 대상이었다. 말하자면 등용문이었다. 언감생심 추천을 어찌 바랄 수 있겠는가. 도저히 믿어지지 않았다. 1956년 내 모교인 공주중학교로 자리를 옮겼다. 그 해 8월호에 「새」가 추천되어 3회 추천을 마쳤다.

개명 공주에서 첫 시인 탄생이라고 환호했다. 스승, 선후배, 그리고 친지들이 고궁(古宮)다방에서 축하회를 열어주었다. 내 생애 처음으로 꽃다발을 받았다. 집에 돌아와서 박두진 선생의 천려 후감을 차분히 다시 읽었다.

임강빈 씨, 시를 만드는 당신의 수법이 나무랄 데 없으리만치 깔끔하다면 당신은 안심하겠습니까. 인생과 자연을 바로 관조하고 그 안에 자기를 입상화(立像化)해 가려는 정확한 구성과 조촐한 당신의 시의 지향(志向)을 높이 삽니다.

앞으로 당신의 시에 보다 더 넓은 진폭과 사유의 깊이에 대한 노력을 기대할 수 있다면 저절로 당신이 빠지기 쉬운 시형의 고정성(固定性) 단순화(單純化)의 걱정까지도 사라질 수 있지 않을까 생각합니다.

나는 결단코 흔해빠진 시인은 되지 않으리라, 추천하여 주신 분의 이름을 더럽히는 일은 결코 없으리라, 다짐 또 다짐하였다.

- 2003년 입춘(立春)날에 임강빈

시비(詩碑)에 싣고 싶은 나의 시

낙숫물 소리

어려서
이사한 사글세집은
양철 지붕이었다.

개복숭아 꽃잎에
비가 젖고 있었다.
추녀 끝으로
서둘러 빗소리가 모여들었다.

뚝뚝
낙숫물 소리

그 소리 들으며
텅 빈 방에는
언제나 나 혼자였다.

허수아비

가파른 천둥지기에도
누렇게 벼는 익어가리
외롭다 말라
산골 햇볕은
얼마나 찬찬한가
작은창자 채우려
몰려온 참새떼
오히려 무료를 달래주고 있지 않느냐
하늘만 쳐다보다가
지금은 벼가 익고 있다
남루함이여
시름은 털어버려라
황금빛 저 익어가는 것
그것 바라보는 것만으로도
넉넉한 일 아닌가

시비(詩碑)에 싣고 싶은 나의 시(詩) 두 편과 그에 대한 선정 이유를 밝혀달라는 청탁을 받았다.

시인은 시만 쓰면 되는 것으로 알았는데 뜻밖의 주문을 받게 되면 괜히 심란해진다. 솔직한 고백이다.

그날 나는 쉘 실버스타인의 우화를 읽는 중이었다. 이가 빠진 동그라미가 잃어버린 조각을 찾아 먼 길을 떠난다는 이야기다. 비탈진 산길을 낑낑 오른다. 때로는 구덩이에 빠져 허우적거리기도 하고 코도 깨면서 데굴데굴 굴러가다가, 마침내 자기 분신을 찾게 된다. 행복을 찾은 것이다. 그러나 그것도 잠시, 찾았던 쪼가리를 살며시 내려놓고 다시 떠난다. 후회를 찾기 위해서다. 너무 빨리 달리게 된 동그라미/벌레를 만나도 멈출 수 없어 얘기도 못 하고/꽃을 만나도 향기조차 못 맡고/나비를 만났지만 무등도 못 태워 주었다. 행복의 본질을 간결하고도 자상하게 시사한, 아름다운 감동적인 작품이다. 지치고 고단할 때 나로 하여금 몇 번이고 다시 읽게 만든다.

각설하고 시비는 생전이 아니라 사후에 지인과 후학들의 손에 의하여 세워지는 것이 바람직하다. 무엇보다도 많은 사람의 참여로 말이다. 돈이 있다고 시비가 세워지는 것은 아니다. 시비는 가난하게 살다 간 시인에 대한 애정이요, 발자취쯤으로 알아왔다. 동네에는 정자나무가 있다. 동네 사람은 물론 길 가던 나그네가 잠시 땀을 식히는 휴식처이다. 정겨운 그런 곳에 세워지면 어떨까. 사통팔달 교통의 중심지는 피하는 게 좋다. 소음에서 해방되어야 한다. 새 소리가 들리는 공원이 적격이나 규제 때문에 쉽지는 않을 것이다.

「낙숫물 소리」, 소품이나 내가 아끼는 작품이다. 가난으로 해서 여러 번 이사를 했다. 양철 지붕의 집은 개복숭아꽃 색깔이 유난히 짙었다. 그렇게 짙은 꽃잎은 그 후에 본 적이 없다. 할머니의 정성도 없이 다섯 살의 내 아우가 숨을 거둔 곳이다. 가난과 외로움이 한꺼번에 엄습한 곳이다.

「허수아비」, 천둥지기 논이 누렇게 익는 것만으로도 배가 불렀다. 참새떼 쫓는다고 세운 허수아비도 남루하긴 마찬가지. 나는 선천적으로 외로움을 잘 탔다. 그러나 외롭다거나 고독이란 시어는 될 수 있는 한 피해 왔다. 고독을 어루만질 사람은 바로 나밖에 더 있겠는가.

만약 말인데 시비가 세워진다면 한눈팔지 않는 허수아비로 서리라.

- 2002년

『집 한 채』 이것저것

— 이 시집에 대하여

『집 한 채』는 『한 다리로 서 있는 새』 출간 이후 쓴 시들이다. 시집 이름으로 고심했다. 처음에는 『너무 서둘다』를 점찍었는데 너무 경박하다고 했다. 『집 한 채』가 안정감을 준다는 주변 사람들의 성화에 굴복한 셈이다.

집은 잠자고 기거하는 공간이다. 집의 개념이 언제부턴가 부의 척도로까지 변질되었다. 나의 집은 호화롭거나 으리으리한 집은 아니다. 뒷산을 배경으로 한 나지막한 집, 머리 숙여야 방에 들어갈 수 있는 허름한 집, 직선이 아니라 전체가 곡선으로 된 집이다. 이 집 한 채를 장만하기 위해 우리는 얼마나 희생하는가. 주택적금을 내야하고 호의호식을 멀리하고 허리띠를 졸라매어야 겨우 집 한 채가 가능한 것이다. 집은 서민의 꿈이다. 그 꿈을 위해 전력투구했다. 얼마나 눈물겨운 나날이었는가. 평생 사업으로 집 한 채가 내 손에 잡혔다. 산고 끝에 마련한 집이라 애착이 남다르다.

나는 체계적으로 문학 공부를 하지 못했다. 좋은 스승도 만나지 못했으며, 선후배도 만나지 못했다. 눈대중으로 귀동냥으로 어슴푸레 문학에 접근한 셈이다.

공주 동학사에 칩거 중인 김구용 선생을 만났다. 대학 재학 중 그 학교 유일한 서클인 〈시회(詩會)〉에 관여할 때였다. 구용 선생은 문학에 대한 식견이 풍성했다. 어느 날 우리는 호젓한 길을 걷고 있었다. 문학, 특히 시는 어렵다는 것, 단단한 각도 없이는 중도에서 포기하기 십상이라는 것, 그러면 공들인 시간이 아깝지 않겠느냐는 것, 필생(筆生)의 업으로 하겠다는 결의 없이는 지난하다는 말과 함께, 그래도 시를 계속 쓰겠느냐고 정면으로 물어왔다. 나는 확신도 없이 얼떨결에 해보겠다, 할 수 있다, 호기 있게 대답했다. 따지고 보면 구용 선생과의 약속은 지켜진 셈이다. 1956년 『현대문학』을 통해 시 추천 이후 이제껏 시의 길을 걷고 있지 않은가. 그러나 그것은 약속일 뿐 수확은 미미하다. 평년작에도 미달 수준이다. 50년 시력에 시집 열한 권이 전부다. 부끄러운 성적표다. 나에겐 재주가 없다. 사람은 한 가지씩은 재주가 있다는데 내게는 그것이 없다. 그래서 이 길을 계속 걷고 있는지도 모른다.

나는 선친으로부터 교주고슬(膠柱鼓瑟)이란 말을 자주 들으며 자랐다. 거문고의 줄을 괴는 기러기발을 아교로 고착시키고 거문고를 탄다는 뜻으로, 융통성 없음에 비유하는 말이다. 거문고 여섯 줄을 당겼다 풀었다 해서 음정을 조율해야 하는데 딱 한 군데로 고정시켰으니 말이다. 융통성 없는 내 성미를 이미 간파한 것이다. 나는 융통성이 없다. 이발도 한번 정한 동네 이발소만 찾는다. 다른 이발소에도 들러 장단점을 살필 법도 한데 귀찮다. 문학단체의 경우도 그렇다. 한 단체에 가입하면 그만이지 이 단체 저 단체 기웃거리는 사람을 보면 참 기이하다는 생각을 떨칠 수 없다.

매사에 변화를 주어서 새롭게 발전을 해야 하는 건데 고지식해서 그것이 잘 안 된다. 과감한 변화가 두려운 것이다. 시집도 천편일률이다. 이번 시집에서 변화가 있다면 소재의 다양성이다. 소재는 무궁무진하다. 그 무궁무진한 소재를 철철 넘치게 할 수는 없었다. 상상력부족이다. 젊은 시인의 상상력을 어찌 당하겠는가. 그야말로 후생가외다. 젊은 시인은 미래를 먹으며 살고 나처럼 늙은 시인은 과거를 먹으며 사는 것은 아닌가. 칼은 많이 쓸수록 녹슬지 않는데, 직관력도 많이 녹슬어 있다.

나는 요설보다는 짧은 시를 좋아한다. 20행 내외면 한 편의 시가 된다. 시가 길어지면 긴장감이 죽고 함축미를 찾아보기 힘들다. 시도 예술의 한 영역인 만큼 기교가 있어야 한다. 당시(唐詩)가 긴 세월 동안 독자에게 회자되고 사랑받는 것도 이런 이유가 아닐까.

시의 길은 험난하다. 시는 내게 외로운 동반자다. 1996년 교직에서 물러나 전업시인이 되었다. 11년 사이 『버들강아지』『비 오는 날의 향기』『쉽게 시(詩)가 쓰여진 날은 불안(不安)하다』『한 다리로 서 있는 새』, 그리고 『집 한 채』까지 다섯 권의 시집을 냈다. 거의 2년마다 출간한 셈이니 대단한 속도다. 그러나 시집은 양보다 질을 따진다. 『집 한 채』는 열한 번째 시집이다. 노욕이 발동한 것은 아닌가. 노추(老醜)를 드러낸 것 같아 쑥스럽다.

증자는 〈새는 죽을 때 그 울음이 슬프고, 사람이 죽을 때는 그 말이 착하다.〉고 했다. 나는 언제쯤 착해질 수 있을까.

- 2007

참고자료 3

제자 시인의 시집에 쓴 서문

서문(序文)

— 리헌석 시집 『갈채의 숲』에 붙여

시인 임강빈(任剛彬)

리헌석(李憲錫) 시인은 지금 대전에 살고 있다. 서로 만나는 기회는 뜸하지만 그가 〈시도(詩圖)〉 동인의 한 사람으로 짭짤한 작품활동을 하고 있음을 잘 알고 있다.

총 끝에
참새를 올려 놓았다
방아쇠를 당기면
저들의 체온은 어디로 갈까
어디로 사라질까

〈中略〉

총구(銃口)를 내리고
호흡을 풀고
신선한 날개를 파닥이는 放生을 본다
상기되어 타오르는
갈채(喝采)의 숲

위에 인용한 시는 이 시집 이름이기도 한 『갈채(喝采)의 숲』 일부이다. 그의 인간됨과 시의 분위기를 잘 드러낸 작품으로 보아 좋을 것이다.

우리가 어떤 사물에서 얻어진 생각, 사상이 그대로 시가 되는 것은 아닐 것이다. 육화(肉化)된 자기 언어로 환치(換置)하는 묘(妙)를 얻어 내야 한다. 이 시집에 더러 생각이나 사상의 모서리 같은 것이 눈에 띄기는 하지만, 그러나 그의 정련된 언어로 그것을 잘 감싸주고 있다.

시는 전부를 드러내지 않고 독자로 하여금 생각할 수 있는 여유를 남길 줄 알아야 한다. 그렇다고 모호해야 된다는 것은 아니다. 오히려 명징성(明澄性)이 뒤따라야 한다. 이런 면에서 리헌석의 시는 행간(行間) 속에 많은 의미를 깔아 놓을 줄 아는 기술을 갖고 있다.

그리고, 사물(事物)을 보는 눈이 매우 섬세하고 따스하다. 그의 직선적(直線的)인 눈은 의외로 시의 본질(本質)에 접근시키고 있음을 볼 수 있다.

『갈채의 숲』은 그의 처녀 시집이다. 시집을 낸다는 것은 이제까지의 자신을 정리하고 되돌아 보는 계기일 수 있다. 그리고 무언가 자기를 억누르고 있는 것으로부터의 해방감(解放感)도 맛볼 수 있을 것이다. 이 해방감은 시인 자신이 만끽할 수 있는 최대의 자유이며, 또 그것은 새로운 도약(跳躍)의 약속이어야 할 것이다.

아무쪼록 한눈팔지 말고 갈채 받는 시인으로 대성(大成)하기를 바란다.

1982. 11. 2

서(序)

— 황희순 시집 『나를 가둔 그리움』에 부쳐

내가 황(黃) 시인(詩人)을 알게 된 것은 그가 첫 시집을 낸 후부터이다. 대청댐으로 해서 수몰된 고향, 실향민이 겪는 애틋한 그리움, 그리고 아픔 등이 주조로 이루어졌던 것을 기억한다.

가끔 그는 작품을 내게 보여주었다. 그러던 어느 날, "아주 시인이 될 작정했나요?" 진농반반(眞弄半半)으로 던진 말에 섭섭해 할 줄 알았는데 통 내색을 하지 않는 것이었다. 오히려 내 쪽에서 미안하게 되었다. 시 추천 받기가 무섭게 시인 행세하는 요즘 판국에, 당당히 시인의 반열에 선 사람한테 했으니 말이다. 실은 작품은 뒷전에 두고 시인이라고 내세우는 사람, 중도에 하차하는 사람, 그런 類에 들지 말고 시를 평생의 업으로 진짜 시인이 되기를 바라는 마음에서였다. 시가 뭐길래 구름처럼 모여드는 것일까. 시가 문학의 고향임에는 틀림없다. 그러나 그 중심에서 밀려나 외곽지대로 물러서고 독자로부터 외면당하고 있는 데도 말이다.

시라고 뭐 대단한 것은 아니다. 시도 우리 삶의 한 표현 양식에 불과하다. 시가 어떤 功名 내세우는 수단도 아니요, 돈이 되는 것도 아니다.

연극하는 사람은 우선 탄탄한 기본기(基本技)가 되어 있어야 한다. 화가는 착실한 데생이 그 생명이다. 시인은 적어도 두 가지 요건이 있어야 한다. 하나는 맑은 감성(感性)이요, 다른 하나는 풍부한 상상력(想像力)의 폭이라 할 수 있다.

황(黃) 시인(詩人)은 이 두 가지 점을 갖추고 있다. 대청댐처럼 고갈되지 않는 시심을 소유하고 있다. 이 시인의 몸놀림은 서정성에 있다.

서정을 나약한 것으로 볼지 모르나 시의 본류는 이것이 아닐까.

가끔 그의 사무실에 들르면 준비해 두었던 시 몇 편을 내게 내민다. 사물을 보는 눈이 예리하고 그의 언어는 탄력적이다. 그리고 생에 대한 기미(機微)도 번쩍인다. 그의 시 언저리에는 잔잔한 외로움이 있다. 이 외로움이나 아픔이 황(黃) 시인(詩人)의 전 재산이 되어도 좋을 것이다. 그는 시 쓰는 즐거움을 확실히 알고 있다. 욕심도 없어 보인다. 무상의 보람으로 족한다. 한 편의 시가 완성되었다 싶으면 팔딱 뛰며 좋아한다. 어린애같이 순진스럽다.

두 번째 시집 『나를 가둔 그리움』의 출간을 축하한다.

황희순 시인.

겨우 시의 첫 단계에 들어섰다는 겸허, 그리고 자만을 경계하기를 부탁한다. 사물에 대한 치열한 인식의 깊이와 넓이를 더욱 넓혀나갈 때 진짜 좋은 시인으로 설 것이다.

때깔 좋은 사과는 진작 제 맛을 모른 채 남을 위해 익어간다 하지 않던가.

1996년 10월

서문(序文)

이제창의 시집 『들풀밭』에 붙여

바람처럼 왔다. 까마득하게 잊고 있었는데 홀연히 이재창 군이 나타난 것이다. 내가 중학교 훈장으로 있을 때 사제의 인연으로 처음 만났다. 책상 앞줄에 앉아있던 초롱한 눈매를 기억하고 있다. 이 군은 내 처가의 먼 일가로 그 집에 기숙하고 있었다. 가끔 점심 심부름 등으로 교무실 출입이 잦았고, 그로 인해 그의 이름이 유독 남아있는지도 모른다.

그 후 한 번도 만난 일이 없고, 풍문으로 어느 대학교 전자공학과를 졸업했다는 것을 알았다. 그래서 엔지니어의 길을 걷고 있으려니 했는데 짐작과는 달리 전매청에 몸담아 일했고, 신탄진을 비롯해서 수원창, 광주창에서 건축 설계로부터 준공 업무를 담담했다 한다. 여러 논문에 입상도 하고 상도 탔으며 그의 전문 분야인 전기응용이론에 관한 책을 펴내기도 했다는 것이다.

실로 47년 만의 상봉이다. 반가웠다. 앳된 소년기의 얼굴이 아닌 이순(耳順)의 나이로 나타난 것이다. 안경 쓴 것을 제외하고는 여전한 중학생의 모습 그대로였다.

짧은 시간에 많은 얘기를 나누었다. 갈 길이 바쁘다면서 서둘러 떠날 채비를 하면서 불쑥 두 권의 책을 내밀었다. 『배잠뱅이』란 인쇄본과 『들풀밭』이라는 A4 용지 220매 가량을 철한 것이었다.

대충 훑어보았다. 『배잠뱅이』는 시집이란 꼬리표는 붙어있지 않았으나 분명 시였다. 보통 시집 두 권에 해당하는 양이었다. 차라리 일기(日記)였다. 게으른 사람은 일기를 쓸 수 없다고 자주 내가 해온 말인데 시로 된 일기였다. 일기는 보통 산문으로 쓰는 것이다. 운문 형식을 빌려 썼다는 것이 다를 뿐, 작품마다 그날의 날짜가 적혀있었다.

"사람은 각각 한 가지 재능을 갖고 있다."란 말이 있지만 이재창 군이 이런 재능이 있으리라고는 뜻밖의 일이다.

그가 바람처럼 훌쩍 떠나간 후 일주일쯤 되어서 전화가 왔다. 『들풀밭』을 상재하려는데 책머리에 몇 자 적어달라는 부탁이었다. 망설였다. 옷깃을 스쳐도 인연이라는데 거절하기 어려웠다.

본격적으로 시작한 것은 1990년 후반기가 아닌가 한다. 정년 후 거추장스러운 옷을 벗고 자유로운 몸이 되어서라고 짐작이 간다.

고향에 대한 향수, 농촌 풍경, 사라져가는 것에 대한 애틋한 애정, 토속적인 것, 작은 것에 대한 사랑, 산행(山行)하면서 보고 느낀 것, 고담준론(高談峻論), 인간의 기미(機微)에 이르기까지 그 폭도 다양하다.

그는 『들풀밭』 첫 줄에 '쓰고 싶어서 씁니다.'라고 술회하고 있다. 이 얼마나 솔직한가. 큰 욕심 부리지 않고 물 흐르듯 쓰는 즐거움을 아는 사람이다.

글에는 두 가지 즐거움이 있다. 하나는 글 쓰는 즐거움이요, 또 하나는 글 읽는 즐거움이다. 그는 쓰는 즐거움 쪽에 서있다. 비록 출발은 늦었지만 대단한 다작(多作)이다.

그는 어디까지나 아마추어 시인이다. 애써 시인이란 반열에 끼기를 멀리하는 겸손한 사람이다. 함축이나 은유 등 기교에 아직은 서툴다. 상상력 훈련도 부족하다.

그러나 그는 시를 여기(餘技)쯤으로 보지 않는다. 정색하여 시를 쓴다. 무욕(無慾)의 시로 해서 오히려 신선하다. 시 쓰는 시늉으로 판치는 세상에 시 쓰는 즐거움으로 일관하고 있다는 것, 그것은 축복이다.

'청색은 쪽에서 나왔지만 쪽보다 더 푸르다[青出於藍 青於藍]'란 말이 생각난다.

더욱 정진하시기를 바란다.

참고자료 4

등단(登壇) 시기의 참고자료

1. [항아리] 현대문학 1회 추천(1955년 10월호)

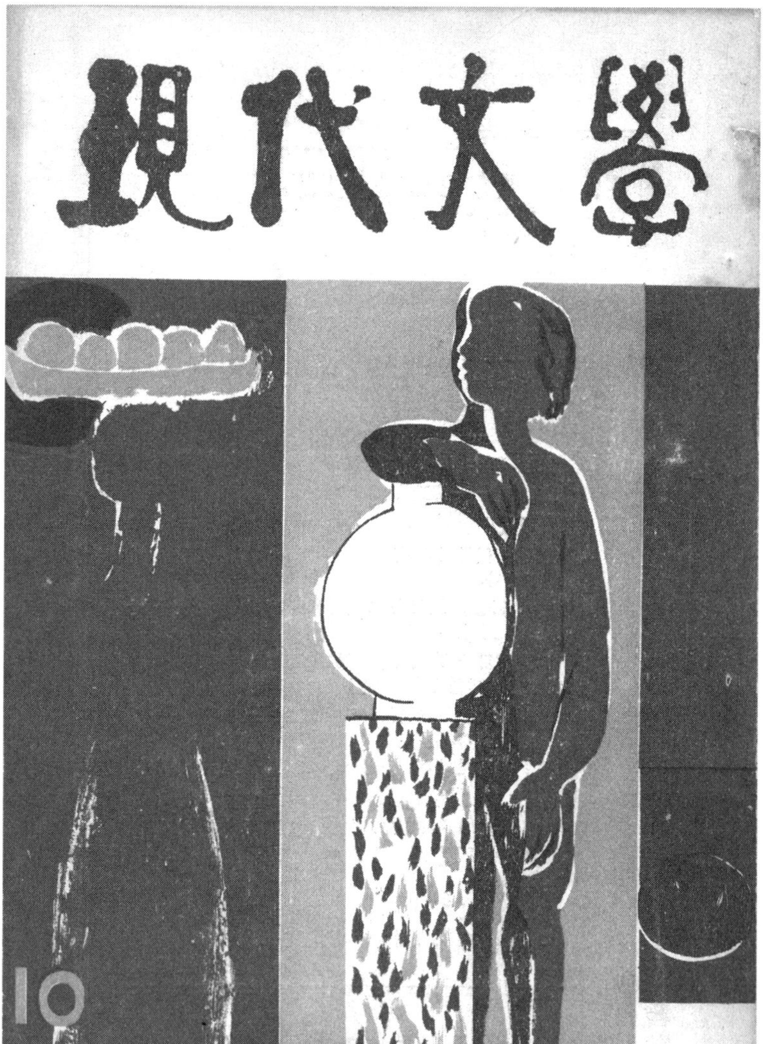

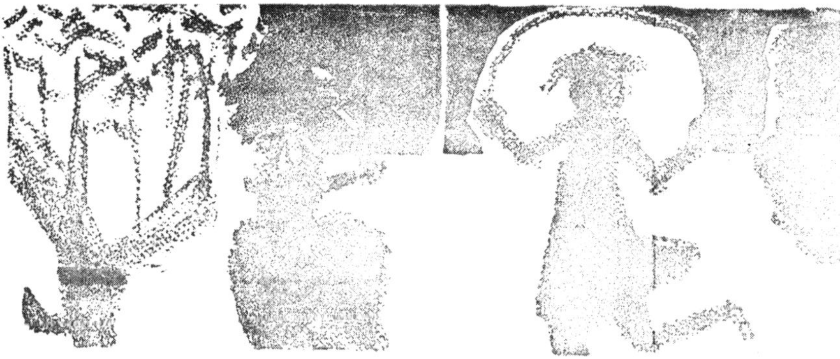

創作

詩

詩薦後感

任剛彬氏의「항아리」와 兪尙憶氏의「아침」과「별판」을 各各 첫回分으로 뽑고 黃錦燦氏의「접동새」를 나로서는 첫번 이나 推薦制規定에 準한 두번째의 것으로서 推薦하기로 했다。

任剛彬氏의「항아리」는 잘 째여 있는 小幅 繪畵를 보는것 같은 雅淡한 솜씨였다。이러한 繪畵的인 要素위에 가득 가득 길어 넣을 수 있는 詩의 感動과 그러한 愛情이 알 맞은 安定과 調和를 얻어 詩로써 成功 하고 있다。「아 나도 항아리 옆에 피어가는 노을이 되고 만다」로 沒入할줄 아는 作者의 높은 境地를 산다。

兪尙憶氏의「아침」과「별판」은 우리의 詩가 앞으로 그 새로운 開拓의 試圖를 이러한 領域으로도 가져 볼수 있을 가를 危懼할 만큼 너무 메타피지칼 한中에도 作者의 思索이 詩로서 出發해서 詩로서 끝아와 結實하려는 모습과 限界를 測定할 수 없는 어둠과 별판 속에서 그것을 쥐어잡아 自己가 드디고 설 발판을 마련 하려는 努力이 엿보여 앞으로의 作品을 期待하며 뽑았다。

黃錦燦氏의「접동새」

쓸쓸한것 無事한것, 별판에 혼자서서 이미 간 이나 혹은 올찌도 모를 누구인가를 막연하게 기대리고 회상하는 마음, 이러한 것은 우리가 언제나 느낄수 있는 詩의 心情이요 黃錦燦氏 獨特한 世界도 아닐 만큼 많은 詩人들이 이미 노래 해 온 것이지만「邂逅」나「待人詞」나「접동새」같은 一連의 作品들에서 다루어진 情緒가 例外 없이 이러한 無常이요 虛無요 흘러간것에 對한 어쩔수 없는 懷抱일 바에야 오히려 우리는 새로울 수도 넓을 수도 없는 이러한 人生事的이요 世上事的인 한 永遠한 主題로서의 詩의 負擔을 이 詩人에게만 特擔을 시켜야 할지도 모를 일이다。새삼스럽게 꾸미려들지도 그 以上 더 沈沒하려들지도 않는 수수하고 쓸쓸한 의젓한 품초림——이런것이 바로 이 詩人이 가진 바 天稟이요 우리가 앞으로 期待해야 할바인지도 모르겠다。

(朴斗鎭)

△推薦作品▽

항 아 리

任 剛 彬

큰것 작은것 수만 항아리 옆
민들레가 피었다。

솔 한 그루
굽어 보듯 서있는

그림 같은
愛情。

무엇이나
가득히 담아주고 싶도록

그토록 하늘 마다 향한
둥그런 門。

아 나도

항아리 옆에 피어가는
노을이 되고 마다。

1.1 詩薦後感(朴斗鎭 시인)

◁ 詩薦後感 ▷

任綱彬 씨의 「항아리」와 金尙憶 씨의 「아침」과 「벌판」을 각각 첫 回分으로 뽑고 黃金燦 씨의 「접동새」를 나로서는 첫 번이나 推薦制 規定에 準 한 두 번째의 것으로서 推薦하기로 했다.

任綱彬 씨의 「항아리」는 잘 째여 있는 小幅 繪畵를 보는 것 같은 雅淡한 솜씨였다. 이러한 繪畵的인 要素 위에 가득가득 길어 넣을 수 있는 시의 感動과 그러한 愛情이 알맞은 安定과 調和를 얻어 詩 로써 成功하고 있다. 〈아 나도 항아리 옆에 피어가는 노을이 되고 만다〉로 沒入할 줄 아는 作者의 높은 境地를 산다.

金尙憶 씨의 「아침」과 「벌판」은 우리의 詩가 앞으로 그 새로운 開拓의 試圖를 이러한 領域으로도 가져 볼 수 있을까를 危懼할 만큼 너무 메타피지칼한 中에도 作者의 思索이 詩로서 出發해서 詩로서 돌아와 結實하려는 모습과 限界를 測定할 수 없는 어둠과 벌판 속에서 그것을 휘어잡아 自己가 디디로 설 발판을 마련하려는 努力이 엿보여 앞으로의 作品을 期待하며 뽑았다.

黃金燦 씨의 「접동새」. 쓸쓸한 것, 무사한 것, 벌판에 혼자 서서 이미 간 이나 혹은 올지도 모를 누구인가를 막연하게 기다리고 회상하는 마음, 이러한 것으 우리가 언제나 느낄 수 있는 詩의 心情이요 黃金燦 씨 독특한 世界도 아닐 만큼 많은 시인들이 이미 노래해 온 것이지만 「邂逅」나 「待人詞」나 「접동새」 같은 一連의 作品들에서 다루어진 情緖가 例外 없이 이러한 無常이요 虛無요 흘러간 것에 대한 어쩔 수 없는 懷抱일 바에야 오히려 우리는 새로울 수도 낡을 수도 없는 이러한 人生事的이요 世上事的인 한 永遠한 主題로서의 詩의 負擔을 시켜야 할지도 모를 일이다. 새삼스럽게 꾸미려들지도 그 以上 더 沈沒하려들지

도 않는 수수하고 쓸쓸한 의젓한 읊조림 — 이런 것이 바로 이 詩人이 가진 바 天稟이요 우리가 앞으로 期待해야 할 바인지도 모르겠다.

朴斗鎭

1.2 작품 [항아리] 전문

◁ 推薦作品 ▷

항아리

任綱彬

큰 것 작은 것 숱한 항아리 옆
민들레가 피었다.

솔 한 그루
굽어보듯 서있는

그림 같은
愛情

무엇이나
가득히 담아주고 싶도록

그토록 하늘 바라 향한
둥그런 門.

아아
나도

항아리 옆에 피어가는
노을이 되고 만다.

2. [코스모스] 현대문학 2회 추천(1956년 1월호)

詩

◇詩薦後感◇

三回推薦을 完了 받는 분의 것으로 李石의 「落葉」 第二回째의 推薦으로 朴龍來의 「黃土길」과 任剛彬의 「코스모스」 이번이 첫 回의 것으로 李尙悟의 「산울림」을 뽑는다.

李石氏의 落葉은 已往의 二回를 柳致環氏가 薦해냈고 그의 詩에 對해서 이미 그분으로서 말한 바가 있으나 이 「落葉」에서도 알수 있는 바와 같이 그의詩는 벌써 한사람의 自立할만한 詩人으로서의 重量을 지니고 있다. 稚鈍한것 같은 대수롭지 않을것 같은 그의 表現의 밑바닥에는 넘볼수 없는 傳統的인 抒情의 水脈이 흐르며 있고 自然의 攝理를 諦露어 보는 그의 詩의 눈도 올바른 角度를 잡아 定立해있는것 같다. 써 精進을 부탁하며 내보내는 바이다.

朴龍來氏의 「黃土길」은 그동안 좀 더 나은 것이 오기를 기다려 保留해 두었었으나 새로 보내온 「눈」도 또 다시 고쳐보면 第二의 「黃土길」보다 오히려 이 먼젓것만 못하게 느껴졌다. 너무 지나치게 다듬은 흔적이 있어 앞뒤의 룬이 어긋난 感이 있으나 呼吸이 짧은 이분의 詩로서는 稀貴하리 만치 그 切實한 울림을 먼 時空에까지 넓혀 보려는 努力이 엿보여 薦에 넘기로 한것이다. 다음 三回째 薦에로 보내는 詩는 選者가 품고 있는 몇가지 危懼를 完全하게 拂拭하고도 남을만 큼 完璧한 作品을 보내와야할 것이다.

任剛彬氏의 「코스모스」, 어느 主題를 잡아서도 구김데 없이 조촐하게 다루어 낼수 있는 당신의 洗鍊된 美學은 그 大質的인듯한 詩魂의 燃燒를 맞아 더 알맞게 빛나는 것같다. 이미 와 있는 作品으로모 다음 推薦을 할 수 있겠으나 「山길」이나 「門」보다 좀더 힘들인 새 作品을 기다리고 싶다.

李尙悟氏의 「산울림」, 다른사람들은 慾心것 무턱대고 그 무엇에 다가대고 또 마구다지로 더립다 우디쳐가며 發惡的으로 살아 가려 들지 않으면 또 없는 것을 있는 것같이 선살을 부려 不安이요 絶望이요 또 絶叫하는 것으로서 沈淵을 디디고 선듯한 表情들을 하고 傲然해하는데 당신은 당신이 이미 지녔다 없어진 것들의 나직하고 적은 音響들을 되살려 내며 極히 謙虛하고 淡雅한 態度에서 스스로의 人生을 觀照하고 있는가 한다. 別달리 才致를 부려보려는것 같지 않은 表現의 솜씨가 좋았고 終聯의 무게는 詩全篇의 무게를 주면서 잘살리는 効果를 내었다. 다음 作品에 期待를 둔다.

朴斗鎭

△推薦作品▽

코스모스

任剛彬

하얀 窓 앞에
마구 괴어 오르는 것은
활 활
타오르는 불길이다。

바다 앞에
날리운 모닥 불 같은 것으로

스스로 戰慄로 이어온
사랑。

여기
아무도 蟠居 할수 없는
하나의 地域에서
가을의 音響을 거두는 것이다,

2.1 詩薦後感(朴斗鎭 시인)

◁ **詩薦後感** ▷

三回 推薦을 完了 받는 분의 것으로 李石의 「落葉」 제2회째의 推薦으로 朴龍來의 「황토길」과 任綱彬의 「코스모스」 이번이 첫 회의 것으로 李尙悟의 「산울림」을 뽑는다.

李石씨의 낙엽은 己往의 2회를 柳致環 씨가 薦 해냈고, 그의 詩에 대해서 이미 그분으로서 말한 바가 있으나 이 「落葉」에서도 알 수 있는 바와 같이 그의 詩는 벌써 한 사람의 自立할 만한 詩人으로서의 重量을 지니고 있다. 稚鈍한 것 같은 대수롭지 않을 것 같은 그의 表現의 밑바닥에는 넘볼 수 없는 傳統的인 抒情의 水脈이 흐르며 있고 自然의 攝理를 꿰뚫어 보는 그의 詩의 눈도 올바른 角度를 잡아 定立해 있는 것 같다. 써 精進을 부탁하며 내보내는 바이다.

朴龍來 씨의 「황토길」은 그동안 좀 더 나은 것이 오기를 기다려 保留해 두었었으나 새로 보내온 「눈」도 또 다시 고쳐보면 제2의 「황토길」보다 오히려 이 먼저 것만 못하게 느껴졌다. 너무 지나치게 다듬은 흔적이 있어 앞뒤의 톤이 어긋난 感이 있으나 呼吸이 짧은 이분의 詩로서는 稀貴하리만치 그 切實한 울림을 먼 時空에까지 넓혀 보려는 努力이 엿보여 薦에 넣기로 한 것이다. 다음 3회째 薦에로 보내는 詩는 選者가 품고 있는 몇 가지 危懼를 完全하게 拂拭하고도 남을 만큼 完璧한 作品을 보내와야 할 것이다.

任綱彬 씨의 「코스모스」, 어느 主題를 잡아서도 구긴 데 없이 조촐하게 다루어 낼 수 있는 당신의 洗鍊된 美學은 그 天質的인 듯한 詩魂의 燃燒를 맞아 더 알맞게 빛나는 것 같다. 이미 와 있는 作品으로도 다음 推薦을 할 수 있겠으나 「산길」이나 「門」보다 좀 더 힘들인 새 作品을 기다리고 싶다.

李尙悟 씨의「산울림」, 다른 사람들은 慾心것 무턱대고 그 무엇에 다가대고도 마구다지로 디립다 부디쳐가며 發惡的으로 살아가려 들지 않으면 또 없는 것을 있는 것같이, 엄살을 부려 不安이요 絶望이요 또 絶叫하는 것으로서 沈淵을 디디고 선듯한 表情들을 하고 傲然해하는 데 당신은 당신이 이미 지녔다 없어진 것들의 나직하고 적은 音響들을 되살려 내며 極히 謙虛하고 淡雅한 態度에서 스스로의 이니생을 觀照하고 있는가 한다. 別달리 才致를 부려보려는 것 같지 않은 表現의 솜씨가 좋았고 終聯의 무게는 詩全篇의 무게를 주면서 잘 살리는 效果를 내었다. 다음 作品에 期待를 둔다.

朴 斗 鎭

2.2 작품 [코스모스] 전문

◁ **推薦作品** ▷

코스모스

任綱彬

하얀 窓 앞에
마구 피어 오르는 것은

활 활
타오르는 불길이다.

바다 앞에
날리운 모닥불 같은 것으로

스스로 戰慄로 이어온
사랑.

여기
아무도 蟠居할 수 없는

하나의 地域에서
가을의 音響을 거두는 것이다.

3. [새] 현대문학 3회 추천완료(1956년 8월호)

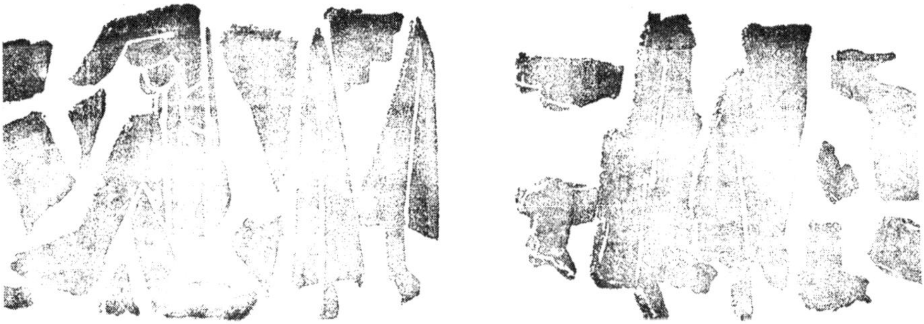

詩

◇詩薦後感◇

이번에 任剛彬、金尙憶 두 詩人을 내 보냅니다。愉快한 일이 아닐 수 없읍니다。어디엔가 묻혀서 오뭇하게 닦고 있던 給瓏한 詩心들、期待할만한 詩人들은 한 두 사람 몇달 만큼씩 이렇게 찾아 내는 일은 참말로 대견하고 자랑스러운 일이 아닐 수 없읍니다。

詩人! 얼마나 孤高하고 榮譽스러운 이름 입니까。詩人! 얼마나 혼해 빠지고 歇價 해 버린 이름 입니까。

詩人을 판다 낸다、詩人을 推薦해 낸다 하는 일은 아무리 생각해도 어렵기만 한 일이 아닐 수 없읍니다。五十年 或은 百年에 한 사람씩이나 있을 만큼 그렇게 詩人이란 것을 孤高하고 榮譽 스럽고 稀貴한 存在로만 본 마련이면、누구나 꼭 그러한 사람을 판다 내 놓노라는 自負를 갖기란 言敢生心 어려운 일입에 틀림 없을 것이요、거저 무데기로 우굴 우굴 이름만 붙쳐서 詩人이로라고 내 놓기 亦是 若干씩의 自尊이나 矜持나 責任感같은 것이 있어서 苦役 된 일이 아닐수 없었기 때문입니다。

嚴密하고 理想的인 意味에서 참말로 그 詩人들이 詩人다운 自尊과 榮譽를 爲해서라면 그들 詩人의 머리에 쓸 燦然한 黃金冠은 누구 다른 사람이 하는 風俗이나 禮儀의 節次로가 아니라 마땅히 詩人들 自身의 손으로 써 그 머리위에 씌워져야 할 노릇이 아니겠읍니까。

時代를 批判하고 時代를 證據하고 時代에 앞서서 걸어 가는 峻烈한 預言者 여야 한다는 意味에서 그 詩人이 쓰는 冠은 比할데 없이 貴한 것이요、詩人은 또한 가장 높은 美의 司祭인 동시에 그 美와 善에의 그지없는 殉敎者요 前進 또 前進할 수 있는 精神의 開拓者로서 人類가 依據하고 享有할수 있는 한 宇宙의 創造者로서 바로 神을 다음하는 最高의 創造者일수 있다는데에 그들이 쓰는 冠의 참 값이 있는 것입니다。

詩의 王國 詩의 共和國 詩의 世界聯邦의 不滅의 成員들은 한사람 한사람이 다 그 精神的 美的 領土의 統治者 들이요 獨立者 들이요 前進만을 아는 騎士들이어야 하며 또한 到底한 平民이기 우굴 우굴 하는 低劣한 俗衆이 아니며 帝王으로서의 孤高와 威嚴을 갖기 한 村夫나 樵童과 같은 純實과 謙虛를 갖지 않으면 안되는 것이 또한 詩人이어야 합니다。

詩人의 머리에 씌워 질 榮譽를고 빛나는 黃金冠은 실상은 저 옛날 나사렛 한 靑年이 죄로써 머리에 눌러 썼던 바로 그러한 가시 冠과 같아야 한다는 데서 머 그 不滅의 값은 지녀야 하는 것입니다。

詩人! 당신들은 堪當 하실수 있겠읍니까。이렇도록 지독한 이 詩人됨의 宿命들을 이렇도록 燦爛한 詩人됨의 榮譽들을。

×

任剛彬氏。詩를 만드는 당신의 手法이 거운 나무랄 곳이 없으리만큼 깔끔 하다면 당신은 安心 하시겠읍니까、人生과 自然을 바로 觀照하고 그안에 自己를 立像化대 가려는 正確한 構成과 조촐한 당신의 詩의 志向을 높이 삽니다。앞으로 당신의 詩에 보다더 넓은 振幅과 思惟의 깊이에 對한 大膽한 努力을 期待할 수 있다면 제절로 당신이 빠지기 쉬운 詩形의 固定性 單調化의 걱정까지도 쉽사리 사라 질수 있지 않을가 생각잡니다。精進 또 精進 大成이 있기를 빕니다

金尙憶氏。당신의 詩에 對한 나의 期待는 실상 처음 부터 빈 별의 바람이나 어둠도 쥐어잡으며 巖像이나 山脈을 向해서 뚜벅뚜벅 걸어가는 그 精神的姿勢와 開拓의 成果에 있었읍니다。

時象을 自己 안에 自己를 時象 안에 投影 시키는 技法도 서투르지 않아서 좋았읍니다。

당신의 詩世界의 愼重한 展開가 앞으로의 精進으로 더 그 領土를 擴張하고 深化하고 그리고 詩의 뿌로지손에 對한 反省을 疎忽히 말므로써 우리 詩에 크게 寄與하는 바가 있기를 빕니다。

朴斗鎭

◇推 薦◇

새

任 剛 彬

언제부터인가
새는
울고 있거나
아니면 懺悔하는 노래가 될것이다。
또는
인간의 慈悲와같은
그런 웃음이나마
喞喞 새겨 가는 것인가。

울고 있는 것인지
웃음 같은 것인지
스스로를 분간 못 지우는
새。
차라리 自由롭지 않아도
좋았을 날개를
또 한번 하늘 높이
펴 보는 것이다。

◇當選所感◇

詩業閑談

任剛彬

滋이 자라서 나를 원망 할런지 모른다。그 술한 가운데 하필 詩業이 뭐냐고。그리고 나의 詩業을 奢侈스러운 것이라 詰難 할런지도 모른다。滋이 자라기 전에 부지런히 工夫 해야 하겠다。

○

只在此山中
雲深不知處

그 童子는 詩의 天才는 못된다 하드라도 좀 아는 놈이다。

나의 詩도 此山中에서 구름에 덮어 있을것이다。우리는 어느、秩序 앞에 嚴肅한 옷깃을 여미는 수가 있다。구름은 秩序를 앞서서 어느 方向으로 흘러가는 것이다。그러면서 그것은 늘 虛無하다는 것이다。

○

村婦들이 우물 갓에 모여 뭐이 그런지 얘기 끝마다 웃어 대곤한다。

나도 이왕이면 웃고 살기를 願하는 者다。破顔大笑。그러나 눈물 다음에 오는 허전한 感도 크려니와 한 바탕 웃고난 다음의 寂寞感도 無視 못할 놈이다。

詩는 늘 웃음이나 울음 사이에서 彷徨하는 言語라 믿는다。

○

나이 대여섯에 能히 四書三經을 읽었다는 天才들의 얘기가 있지만 나는 겨우 여섯에 하나 부터 백까지 헤아릴수 있던 위인이다。

先生님 앞에서 아흔 아홉 까지 機械 돌듯 외우고 나서 마지막 백을 몰라 쉰 或은 여든 하고 짚어 가며 唐惶했던 날이 가끔 생각 난다。

어짜면 나의 孤獨도 그 후부터 싹텄는지 모른다。孤獨이란 것도 무엇과 對決하려는 것ㅡ、차라리、「백」이라는 數學을 모르고 살았으면 지금 보다는 自由로웠을 것이다。

○

꽃은 들을려 하면 우리에게 말하여 준다ㅡ。記憶에 남은 말이다。한개 草木이라 할지라도 그것은 恩惠로운 것이다。

나는 感謝를 올려야 하겠다。

本籍、忠南公州
現在公州中學校敎師

3.1 詩薦後感(朴斗鎭 시인)

◁ **詩薦後感** ▷

이 달에 任綱彬 金尙憶 두 시인을 내 보냅니다. 유쾌한 일이 아닐 수 없습니다. 어디엔가 묻혀서 오롯하게 닦고 있던 영롱한 시심들, 기대할 만한 시인들을 한두 사람 몇 달만큼씩 이렇게 찾아내는 일은 참말로 대견하고 자랑스러운 일이 아닐 수 없습니다.

시인! 얼마나 孤高하고 榮譽스러운 이름입니까. 시인! 얼마나 흔해빠지고 歇價 해버린 이름입니까. 시인을 골라낸다. 시인을 추천해낸다 하는 일은 아무리 생각해도 어렵기만한 일이 아닐 수 없습니다. 50년 혹은 백년에 한 사람씩이나 있을 만큼 그렇게 시인이란 것을 고고하고 영예스럽고, 희귀한 존재로만 볼 마련이면, 누구나 꼭 그러한 사람을 골라 내놓노라는 자부를 갖기란 言敢生心 어려운 일임에 틀림없을 것이요, 거저 무더기로 우굴우굴 이름만 붙여서 詩人이로라고 내놓기 亦是 약간씩의 自尊이나 矜持나 책임감 같은 것이 있어서 苦役된 일이 아닐 수 없었기 때문입니다.

嚴密하고 理想的인 意味에서 참말로 그 시인들이 시인다운 自尊과 榮譽를 위해서라면 그들 시인의 머리에 쓸 燦然한 黃金冠은 누구 다른 사람이 하는 풍속이나 예의의 절차로가 아니라, 마땅히 시인들 사진의 손으로써 그 머리 위에 띄워져야 할 노릇이 아니겠습니까.

시대를 비판하고 시대를 증거하고 시대에 앞서서 걸어가는 峻烈한 豫言者여야 한다는 의미에서 그 시인이 쓰는 冠은 비할 데 없이 귀한 것이요, 시인은 또한 가장 높은 美의 司祭인 동시에 그 美와 義에의 그지없는 殉教者요, 전진 또 전진할 수 있는 精神의 開拓者로서 인류가 依據하고 享有할 수 있는 한 宇宙의 創造者로서 바로 神을 다음하는 最高의 創造者일 수 있다는 데에 그들이 쓰는 冠의 참 값이 있는 것입니다.

詩의 王國, 특히 詩의 共和國, 詩의 世界聯邦의 不滅의 成員들은 한 사람 한 사람이 다 그 精神的 美的 領土의 統治者들이요 獨立者들이요 전진만을 아는 騎士들이어야 하며, 또한 到底한 平民이되 우굴우굴하는 低劣한 俗衆이 아니며, 帝王으로서의 孤高와 尊嚴을 갖되 한 村夫나 樵童과 같은 純實과 謙虛를 갖지 않으면 안되는 것이 또한 詩人이어야 합니다.

詩人의 머리에 씌워질 榮譽롭고 빛나는 黃金冠은 실상은 저 옛날 나사렛 한 靑年이 피로써 머리에 눌러 썼던 바로 그러한 가시 冠과 같아야 한다는 데서 더 그 不滅의 값을 지녀야 하는 것입니다.

詩人! 당신들은 堪當하실 수 있겠습니까. 이렇도록 지독한 이 詩人됨의 宿命들을, 이렇도록 燦爛한 詩人됨의 榮譽들을.

×

任綱彬 씨. 詩를 만드는 당신의 手法이 거둔 나무랄 곳이 없으리만큼 깔끔하다면 당신은 安心하시겠습니까. 人生과 自然을 바로 觀照하고 그 안에 自己를 立像化해가려는 正確한 構成과 조촐한 당신의 詩의 志向을 높이 삽니다. 앞으로 당신의 詩에 보다 더 넓은 振幅과 思惟의 깊이에 대한 大膽한 努力을 期待할 수 있다면 저절로 당신이 빠지기 쉬운 詩形의 固定性 單調化의 걱정까지도 쉽사리 사라질 수 있지 않을까 생각합니다. 精進 또 精進 大成이 있기를 빕니다.

金尙憶 씨 당신의 詩에 대한 나의 期待는 실상 처음부터 빈 벌의 바람이나 어둠을 휘어잡으며 廢像이나 山脈을 向해서 뚜벅뚜벅 걸어가는 그 精神的 姿勢와 開拓의 成果에 있었습니다.

時象을 자기 안에 자기를 時象 안에 投影시키는 技法도 서투르지 않아서 좋았습니다.

당신의 詩世界의 愼重한 展開가 앞으로의 精進으로 더 그 領土를 擴張하고 深化하고 그리고 詩의 콤포지숀에 대한 反省을 疎忽히 말므로써 우리 詩에 크게 寄與하는 바가 있기를 빕니다.

朴斗鎭

3.2 작품 [새] 전문

◁ **推薦** ▷

새

任綱彬

언제부터인가
새는

울고 있거나
하니면 懺悔하는 노래가 될 것이다.

또는
인간의 慈悲와 같은

그런 웃음이나마
직직 새겨 가는 것인가.

울고 있는 것인지
喞喞 새겨 가는 것인가.

울고 있는 것인지
웃음 같은 것인지

스스로를 못 지우는
새.

차라리 自由롭지 않아도
좋았을 날개를

또 한번 하늘 높이
펴 보는 것이다.

3.3 當選所感 — 詩業閑談 任綱彬

淑이 자라서 나를 원망할는지 모른다. 그 숱한 가운데 하필 詩業이 뭐냐고. 그리고 나의 詩業을 奢侈스러운 것이라 詰難할는지도 모른다. 淑이 자라기 전에 부지런히 工夫해야 하겠다.

○

只在此山中
雲深不知處
그 童子는 詩의 天才는 못 된다 하더라도 좀 아는 놈이다.

나의 詩도 此山中에서 구름에 덮여 있을 것이다. 우리는 어느 秩序 앞에 嚴肅한 옷깃을 여미는 수가 있다. 구름은 秩序를 앞서서 어느 方向으로 흘러가는 것이다. 그러면서 그것은 늘 虛無하다는 것이다.

○

村婦들이 우물가에 모여 뭣이 그런지 얘기 끝마다 웃어대곤 한다.

나도 이왕이면 웃고 살기를 願하는 者다. 破顔大笑. 그러나 눈물 다음에 오는 허전한 感도 크려니와 한바탕 웃고 난 다음의 寂寞感도 無視 못할 놈이다.

詩는 늘 웃음이나 울음 사이에서 彷徨하는 言語라 믿는다.

○

나이 대여섯에 能히 四書三經을 읽었다는 天才들의 얘기가 있지만 나는 겨우 여섯에 하나부터 백까지 헤아릴 수 있던 위인이다.

先生님 앞에서 아흔아홉까지 機械 돌 듯 외우고 나서 마지막 백을 몰라 쉰 或은 여든 하고 짚어 가며 唐惶했던 날이 가끔 생각난다.

어쩌면 나의 孤獨도 그 후부터 싹텄는지 모른다. 孤獨이란 것도 무엇과 對決하려는 것, 차라리, '백'이라는 數學을 모르고 살았으면 지금보다는 自由로웠을 것이다.

○

꽃은 들으려하면 우리에게 말하여 준다. 記憶에 남은 말이다.

한 개 草木이라 할지라도 그것은 恩惠로운 것이다.

나는 感謝를 올려야 하겠다.

本籍, 忠南 公州. 現在 公州中學校 教師

참고자료 5

채우기와 비우기

『채우기와 비우기』

— 우봉 임강빈 선생 정년퇴임 기념문집, 1996, 오늘의문학사

1. 정년 기념 수필

강동현/ 아름다운 시가 되어 203

김용우/ 임강빈 시인 204

김제영/ 대로 이어지는 선비의 기품 207

도한호/ 관조의 시학 212

나순일/ 끝없는 사랑으로 215

배인환/ 마리안느 시낭송회 217

유병학/ 선생님, 시인 선생님 222

유창근/ 사랑과 고독의 분신들 225

이문구/ 문단의 外燈 233

이윤숙/ 잊혀지지 않는 분 239

이종수/ 인간 임강빈, 군소리 없는 시인 241

이지윤/ 임강빈 시인과의 에피소드 244

이태형/ 시인과 장학사 246

임성숙/ 그는 시인다운 시인 248

조재훈/ 餘白의 香氣 251

최원규/ 임강빈 선생과 나 254

홍재헌/ 가슴이 따뜻한 시인, 교육자 257

2. 시집에 따른 평론

홍희표/ 삶의 섭섭함과 시의 넉넉함 288

리헌석/ 無慾의 선비 의식 293

3. 평론 – 임강빈론(시집 외)

김선미/ 맑고 투명한 서정시인 任綱彬 327

김재근/ 전통적 서정시인 332

나태주/ 충청도 선비시인 임강빈 338

서정학/ 일상과 자연의 대립 혹은 화해 344

손종호/ 무욕과 허정의 낮은 목소리 359

양애경/ 비우기와 채우기 364

유호진/ 자잘한 일상사 '짧은 큰 울림' 376

윤석산/ 잃어버린 동양적 자연주의의 문학사적 위치 381

李憲錫/ 순수서정의 등록 392

조남익/ 임강빈 론 407

최문휘/ 화선지로 청실을 접는 士類의 유산 418

하현식/ 자연과 존재의식 427

◇ 이 책의 앞부분에는 축하 그림, 서예, 축시 등이 수록되어 있지만, 이 글들의 목록은 생략했음.

참고자료 6

임강빈의 시와 삶

『임강빈의 시와 삶』

2003, 오늘의문학사

1. 평설 – 시를 중심으로

2. 대담 – 삶을 중심으로

* 시집 해설 외의 글은 필자의 허락을 구하기 어려워 출처와 제목만 소개하였음. '채우기와 비우기'는 절판이고, '임강빈의 시와 삶'은 구입할 수 있음.

참고자료 7

임강빈 시인에 대한 편저자의 산문

순수서정(純粹抒情)의 등촉(燈燭)[12]

— 임강빈(任剛彬) 시인론(詩人論) —

문학평론가 리헌석

〈시인이 자신의 위치를 점검할 때, 또한 그것을 시로써 승화할 때, 그 속에는 시인의 진정한 우주가 각인되게 마련이다.〉

1. 프롤로그

현대시를 난해하다고 하고, 질보다는 소리를 높이거나 색깔이 짙다고도 하며, 필요 없는 파격이 과다하게 사용되고 있다는 지적은 나름대로 납득할 만한 주장이다. 부인할 수 없는 문학 풍토의 단면을 볼 때, 이러한 시대에 필요한 것은 수정같이 맑으며, 계곡물처럼 청아한 울림으로 찌들고 거칠어진 독자들의 영혼과 심금을 순화시킬 수 있는 문학이며, 동시에 구도자적 자세로 꿋꿋하고 묵묵히 자신을 확립하는 시인이다.

이러한 전제에 합당한 시인이 임강빈 시인인데, 그는 자신의 원초적 시관인 순수서정을 변함없이 노래함으로써 단아한 선비의 기개를 보여주고 있으며, 세상의 영욕에 초연한 군자의 내면을 형상화하고 있다.

임강빈 시인은 1931년 2월 22일 충남 공주에서 출생하여 1950년 공주사범대학 국어국문학과에 입학하면서 문학 활동을 시작했다. 그러나 본격적인 문학 활동은 1956년 현대문학에 「항아리」, 「코스모스」, 「새」가 추천(박두진 추천)되면서부터였으며, 그 후 제 1시집 『당신의

---

12) 임강빈 시인의 정년퇴임 기념문집 『채우기와 비우기』에 수록한 작품을 본서 발간에 맞추어 약간 수정을 하였음.

손』(1969)을 비롯하여, 제4시집 『등나무 아래서』(1985)를 발간하여 서정시의 진수를 보여 주고 있다. 문단생활 30년 동안에 4권의 시집에 실린 작품의 편수는 도합 222편이므로 1년에 창작한 작품은 평균 7편 내외의 과작인 셈이다. 이에도 불구하고 그의 시적 에스프리는 한국시단의 독특한 위치를 점하고 있다.

2. 동양적 관조와 담결성(淡潔性)

임강빈 시인의 시 세계는 동양적 관조에서 출발한다. 시에 있어서 사상이나 시적 주제가 강조되고 있는 현실에도 묵묵히 개인적 서정을, 간결하면서도 여백의 미를 중요시 여기는 깔끔한 서정을 담아내고 있다. 현대시가 형식적 구조와 언어의 변화를 추구하고 있음에도 임강빈 시인은 자연스럽게 자신의 순수한 서정을 노래하고 있다.

눈보라 속
무수한 내가 있었다

어디서나
눈은 쌓이고 있었다

쌓이지 않는
강물이 소리내며 있었다

길 따라
喪輿가 바삐 가고 있었다

발자국이

이내 지워지고 있었다

눈보라 속
무수한 내가 있었다

미이라처럼
강물은 누워 있었다

—「某日」 전문

이 작품은 여느 겨울날에 흔히 볼 수 있는 정경을 객관적으로 묘사했다. 눈보라가 흩날리고, 시적 주체가 흩날리는 눈송이들에 하나하나 이입되고, 그 눈이 쌓이고, 그 가운데 상여가 가고, 그러한 내용들의 서경 묘사는 단순하면서도 행간에 수많은 언어와 감정이 생략되어 있음을 느끼게 한다.

이 시가 보여주는 특이한 사실의 하나는 시인의 감정이 냉정하리만치 관조적이란 점이다. 눈이 오고 상여가 가고 있는데도, 감정의 미동도 보여주지 않고 있다. 그러함에도 불구하고 언어의 반대쪽에 있는 시인의 진솔한 감정을 감득할 수 있으니 그의 시가 보여주는 놀라움이다. 그가 보여주는 시의 세계는 바로 이와 같다. 즉 조그만 사물에 대하여 단순한 구조로 간결하게 묘사하지만, 그 속에는 삶의 깊은 조명이 있고 정서의 끈끈함이 있는 것이다.

이 시를 구체적으로 분석할 때 이 시의 소재는 눈보라, 강물, 상여의 셋이다. 물론 시인도 들어 있으며 부분적으로 발자국, 미이라도 나타나지만 이들은 보조적 소재일 뿐이다. 그렇다면 눈보라와 강물과 상여는 어떠한 관계일까? 서두의 눈보라는 겨울의 대표적 상징으로 시련과 죽음의 이미지를 내포한다. 여기에 상여가 등장하는데, 이는 동질의 언어를 동질의 질감으로 표현하고 있는, 좋은 본보기를 보여주는 것이다. 죽음에 대하여 시인은 직접 말하지는 않고 있다. 다만 〈강물이 소리 내며 있었다〉에서 그와 같은 상황을 상승적으로 제시하고 있을 뿐이다. 그러나 임강빈 시인은 죽음에 대하여 특이한 관점을 보여 주는데 요란한 슬픔이나 목메인 안타까움을 설정하기보다는 〈발자국이/이내 지워지고 있었다〉로 담담하게 표현함으로써 인간도 결국은 자연의 일부라는 점을 상기시키고 있다.

이와 같이 인간의 삶에 대한 조명을 담담하게 표현한 시가 다음의 작품이다.

당신을 만나고 있을 때
그러고 싶을 때

미리 마련해야 할
조용히 作別만으로
끝나는 눈짓

당신을 부르고 있을 때
그러고 싶을 때

흔들리는
그런 시늉만으로
족한
한 그루 나무

당신과 이야기를 나눌 때
그러고 싶을 때

江을 끼고
銀보다 반짝이는
강모래알
당신을 잊고 있을 때
그러고 싶을 때

오솔길
한자락
트인
서러운 하늘 빛

—「戀歌」 전문

이 작품은 인간세상에서 가장 중요한 만남과 헤어짐의 정서를 담결한 수묵화로 제시하고 있다. 이 시에서 '만날 때' '부르고 있을 때' '이야기를 나눌 때' '잊고 있을 때' '잊고 있을 때' 등과 반복되는 '그러고 있을 때'라는 행을 동일 또는 수정 반복을 하고 있는데, 이늠 매우 중요한 형태이다. 이러한 반복형태를 취하는 시인이 의도적으로 반복법의 시적 효과를 노렸다는 것이다.

M. Boulton이 서설한 반복법의 효과는 다음과 같다.

첫째, 단어반복의 경우, 반복된 단어를 강조해 준다.

둘째, 정서의 고조화를 이루어 그 절정으로 이끌어 간다.

셋째, 같은 단어를 다른 의미로 반복시키는 경우, 새로운 경이감을 불러일으킨다.

넷째, 단어나 구절의 형태를 약간 변형시켜 반복하는 경우, 단조로움을 탈피함으로써 내용의 수식도를 높인다.

다섯째, 구문의 반복일 경우, 민요화 같은 효과를 낸다.(김대행, 한국시가구조연구, 191쪽 참조)

이러한 반복법의 효과를 노리면서 임강빈 시인이 「戀歌」에서 독자들에게 제시하고자 했던 것은 시인 자신의 섬세한 심적 울림이다. 이는 네 단계로 구성되었는데, 계속하여 반복된 '그러고 싶을 때'에 더 강한 의미를 부여한다고 가정한다면, 앞의 전제는 하나의 희망이 됨으로써 실제 현상은 부정된다. 그렇다면 이 시는 모두가 시인의 마음속에서만 이러어진 심리 묘사임을 분명하게 파악할 수 있다.

시적 객체인 '당신'을 만나고 싶을 때, '작별'을 미리 생각하고 눈짓 하나로 표현한 시적 주체는 섬세하고 여리디여린 성격의 소유자임을 암시하고 있다. 또한 '당신'을 부르고 싶을 때도 직접 부르지 못하고 시적 주체는 미풍에 흔들이는 한 그루의 나무로 환치된다. 또한 이야기를 나누고 싶을 때도 강물이 부여하는 소리로써 만족하는 '모래알'이며, 잊고 싶을 때도 오솔길에 트이는 '서러운 하늘빛' 하나로 자족하는 시심이다.

이와 같이 임강빈 시인은 자신의 심적 변화의 실체를 자연 속의 대상물에 의탁함으로써 삶의 순수성과 결벽성을 완곡하게 보여주고 있다.

3. 선비의 시와 무욕의 시심

무욕의 시심, 이는 시를 수단으로써가 아닌 목적으로 인식하고 있는 시인의 진솔한 내면이다. 욕심 없는 시인의 지향을 곡진하게 드러낸 시가 다음의 작품이다.

> 한번은
> 논바닥에
> 고인 물일레

거두어 간
밑둥에
넘치는 물일레

서릿바람
그 안에도
얼지 않는 구름

진정
서러운 것 없이
다시 녹는 물일레

한번은
논바닥에
혼자 있는 물일레

—「無題」 전문

시인이 자신의 위치를 점검할 때, 또한 그것을 시로써 승화할 때, 그 속에는 시인의 진정한 우주가 각인되게 마련이다. 임강빈 시인은 이 작품에서 자신을, 벼를 거두어 가고 남은 논바닥에 고여 있는 물로 형상화하고 있다. 초봄의 볍씨 눈을 틔우는 못자리의 물도 아니요, 여름철, 벼가 자랄 때 자양분으로서의 역할을 하는 물도 아니요, 가을에 알곡이 영글 때에 필요한 물도 아니다. 그는 논의 벼를 모두 거두어 가고 남은 초겨울의 황량한 상황에서의 물이다.

그러나 그는 이러한 상황에서도 좌절하거나 슬퍼하지 않는 단단함을 보여 주고 있다. 모두 거두어 가고 남은 논바닥에 혼자 있으면서도 서러운 것이 없는 자신의 고즈넉한 심정을 보여주고 있다. 즉 외로움 속에서도 꿋꿋한 선비의 기질을 간직한다. 서릿바람이 불어도 얼지 않는 구름은 바로 시인 자신이기 때문이다.

또한 이 작품에서 반복되고 있는 '~일레'는 '~이겠데'의 뜻으로, 시인 내면의 형상화이면서도, 관찰자적 시점을 통하여 관조적 시점을 보여 주고 있다. 이렇듯 관조적이며 무욕의 시심을 보여 주던 임강빈 시인에게도 갈등의 심리가 '바람'으로 나타난다.

> 바람 앞에 서고 싶은 날이 있다.
> 서럽던 일 모두 데리고
> 바람 앞에 있고 싶은 날이 있다
> 산다는 것
> 사랑한다는 것은 뭐냐
> 가난이란 뭐냐
> 깨끗하다는 것은 또 뭐냐
> 나이 들수록
> 감당하기 힘겹다.
> 모두 날리고 싶은 날이 있다.
> 바람 앞에
> 건강이나 되찾고 싶은
> 그런 간절한 날이 있다.
>
> —「바람 詩抄 · 14」 全文

고전적 선비관에 입각하여 단아하고 청빈하게 삶을 영위하던 시인에게도 회의적인 순간은 있게 마련이다. 그리하여 현존하는 인식의 굴레에서 벗어나고자 하는 일탈의 시심이 발현된다. 세상의 영욕에 초연하고자 하면 할수록 반대급부로 따르는 현실적 절망, 그리고 정신적 고통, 이에 대한 해방감을 시인은 은연중에 생기게 마련이다.

이러한 경우의 심리적 갈등을 임강빈 시인은 자조적이면서 안타깝게 토로한다. 전체 13행의 중심행은 〈깨끗하다는 것은 또 뭐냐〉고 준

열히 자문하면서, 그 때문에 씌워진 굴레를 바람에 날리고 싶다는 간절한 소망이 안타까운 분위기 속에 용해되어 있다. 견지해 오던 선비의식에서 이탈하고도 싶은 자의식의 갈등에 제동을 거는 더 강한 의식이 내재하고 있으니, 바로 지사적 의기이다.

꺾이지 마라
늘어진 가지야
全琫準의
혁명처럼 꺾이지 마라.
춥고 어두운 겨울을
견딘 버들아.
봄추위가
아직은 골목에 남아 있지만
맨 먼저 눈뜨거라
춤추거라.
뿌리 박은 나의 땅
늘어진 가지야
바람 따라 서러운 버들아
진정 꺾이지 않는
힘을 보이라.

—「버들」 全文

다의적 해석을 가능하게 하는 작품이다. 일차적 전달 의미는 어둡고 추운 겨울을 견딘 버들의 가지에게 꺾이지 말라는 간절한 주문을 하는 것이다. 그러나 이 작품은 버들이 그 자체에 한하는 것이 아니라 또 다른 실체를 상징하고 있다. 이는 많은 갈래로 예견되나, 몇으로 나누면 다음의 설정이 가능하다.

첫째, 버들을 시인 자신의 내면적 표상으로 인식하는 것이다. 「바람

詩抄」에서 보여준 갈등에 대한 반작용적 의기라고도 볼 수 있다.

둘째, 충청인에 대한 시인의 소박한 희망이다. 〈천안 삼거리 흐흥, 능수야 버들은 흐흥〉 하는 민요에서처럼 버들은 충청인의 기질적 상징일 수도 있다.

셋째, 현실에 대한 관심의 표명이다. 특히 '전봉준의 혁명'이라는 시어에서 정치적, 경제적 또는 사회적 갈등이 노정되는 시대에 민중의 끝없는 시련과 고난을 '겨울'은 내포할 수도 있다.

이러한 경우로 분석되는 이 작품은 임강빈 시인의 지사적 면모가 진솔되고 절절하게 표현되고 있음을 알 수 있다. 특히〈뿌리박은 나의 땅/늘어진 가지야/바람 따라 서러운 버들아/진정 꺾이지 않는/힘을 보이라〉는 소망과 당부, 그리고 격려를 담고 있다. 이러한 의식은 바로 선비정신에서 기인된 올곧은 의기(義氣)의 소산이다.

4. 순수서정과 달관적 시심

임강빈 시인의 작품에는 갈등의 시나 지사적 의기의 시도 있으나, 그의 시적 본령은 잔잔하게 일으키는 수면의 파랑과도 같은 다양성을 지닌다. 작은 파문이 점차로 상승작용을 통하여 폭넓은 공감대를 형성하게 되고, 그 속에서 삶의 진실을 찾게 되는 마력이 있다.

> 쥐어도 쥐어도
> 모래알은 부서진다.
>
> 부서진 모래알로
> 집을 짓는다.
>
> 강물에 씻기어도

대궐을 짓는다.

하얀 물새가
놀고 있었다.

고무신 한짝 잃고
서럽던 그날

밤에는 모래알이
총총 별이 되었다.

—「모래알」 全文

이 작품에서 직감적으로 느낄 수 있는 것은 어렸을 때의 향수이거나 동심으로의 환원이다. 시인 역시 이러한 의도로 순수하게 창작했을는지도 모른다. 그러나 다시 한 번 음미할 때 이 작품은 그 자체에 머무르지 않고 인생의 한 단면을 보여주고 있다.

Shelly가 말한 바 "詩는 영원한 진실 속에 표현된 生의 이미지"라는 시적 정의를 다시금 연상하게 하는 작품이다. 〈쥐어도 쥐어도/ 모래알은 부서진다〉에서 인간의 집요한 추구 역시 부질없는 일이라는 의미 파악이 가능하다. 또한 〈부서진 모래알로/ 집을 짓는다〉는 벽돌처럼 공고하게 쌓을 수는 없지만, 그러나, 행위를 지속할 수밖에 없는 인생 역정과 연계된다. 〈강물에 씻기어도/ 대궐을 짓는다〉에서는 실패에도 좌절하지 않고, 꿈을 잃지 않는 삶의 일면을 보여주는 것이다. '하얀 물새'는 추억 속의 유년상이며, 〈고무신 한 짝 잃고/ 서럽던 그날〉은 삶의 중요한 상실을 의미하고 있다. 그리고 〈밤에는 모래알이/ 총총 별이 되었다.〉는 서러움을 극복하여 아름다운 꿈을 간직할 수 있는 소망의 형상화이며, 동시에 과거는 아름다웠다는 회고적 의미와 결부될 수 있다. 순수 서정을 노래하는 작품에 무거운 해석일 수도 있으나, 시적 상상력을 동원하여 해석하면 가능한 일이다.

임강빈 시인의 「나비 한 마리」라는 작품에서도 나오는 바 〈훨훨/ 나비 한 마리/ 긴긴 여름 해 다보내고/ 아직/ 앉을 자리 못 찾아/ 노을 속/ 시간을 서성거리고 있다〉는, 인생의 완숙함을 나타내는 노경의 일이며, 과거의 회상과 연계된 작업으로 보이기 때문이다. 임강빈 시인은 인생의 연륜을 더 해감에 따라 회고적 내용과 함께 자족, 달관의 시심이 빈도를 높이고 있다.

삭정이
마른 가지만으로
집이 되어 저렇게 시원하다.

세상에 태어나
내가 한 일
부끄러울 때가 있다.

비워 둔
까치둥지를 바라보며
더욱 그러하다.

달빛에
올려놓은 나뭇가지
동양화 한 폭으로
땅에 와 눕는데

내려올 줄 모르는
까치집 하나

그 안을 달빛이
가득 채우고 있다.

—「까치집」全文

이 작품에서, 서정적 주체인 '나'와 객체인 '까치집'과는 동일선상에 위치하고 있다. 시원한 까치집은 임강빈 시인의 결벽증과 같은 순수성을 대변하는 것이다. 인생역정에서 욕심을 버리고 깨끗하고 지조 있게 살아온 시인의 자각이 섬세한 감각으로 표출되어 있다. 즉, 동일시된 까치집과 시인이지만, 까치집을 보면, 시인은 삶의 과정에서 조금의 욕심을 부렸다는 자책이 부끄럽다고 토로하기에 이른다. 그러면서도 시인은 부끄러운 자신에 집착하지 않는다. 지조와 선비 의식으로 살아온 날들이 까치집의 시원함과 동일선상에 위치하기 때문이다.

비워둔 마음, 욕심 없는 심리현상이 「손을 비비며」에도 나타난다. 〈손이 커야 된다던데/ 부끄럽다/ 내 야윈 손〉과 〈바람 부는 날/ 한 치 더 작아 보이는/ 나의 손〉과 〈일년초/ 마른 꽃대궁에게/ 손을 내민다〉의 손을 〈참 내가/ 부끄럽다〉고 고백하였지만 임강빈 시인이 진실로 부끄럽다는 것은 아니다. 〈마른 꽃대궁〉에 작고 섬세한 손으로 활력을 불어넣고 생명의 신비를 접합하는 것이 시인의 본분이라는 자각을 확연히 보여주는, 섬세하고 따듯한 내면의 반향(反響)이다.

5. 갈등과 해탈에의 지향

임강빈 시인의 시적 형상화가 동양적 관조의 세계나 선비 의식 등을 보여 주는 것이 작품의 주조를 이루는 것은 사실이나, 그에 못지않게 자유와 해탈을 향한 의지적 표현도 심도 깊은 감동을 주는 절창이다.

목청 있어도
울지 못하는 노래

날개 있어도
날지 못하는 날개

분노를
삼켜버린 거위의 목청

슬픔으로
막힌 거위의 목청

울고 싶지만
울음이 되지 않는다

날고 싶지만
날개가 되지 않는다

달밤이 좋아
다시 가다듬은 목청

그래도 탁 트이지 않는
거위의 노래

—「거위의 노래」 全文

선동적인 시어의 나열이 아님에도 불구하고, 이상 세계로의 비상 의지가 절절하게 표출되어 있다. 〈목청 있어도/ 울지 못하는 노래〉나 〈날개 있어도/ 날지 못하는 날개〉는 진정 안타까운 실체의 심리적 표출이다. '분노'와 '슬픔'에 인하여 〈울고 싶지만/ 울음이 되지 않는다〉와 〈날고 싶지만/ 날개가 되지 않는다〉는 좌절의식은 이를 극복하기 위한 전제로 기능한다.

그러기에 시인은 그 좌절을 딛고 〈다시 가다듬는 목청〉으로 다시 일어서고자 한다. 직설적으로 말초신경을 자극하는 시에 비하여 품격이 다른 안타까움, 아픔, 좌절, 재시도 등을 보여 주는 것은 아마도 임강빈 시인 특유의 상징성에 의한 효과일 터이다. 이처럼 강한 의지가 표출된 작품이 다음의 시이다.

> 까마귀떼 앉는 곳에 너도 앉아라
> 까마귀떼 날으는 곳에 또한 날아라
> 눈빛보다 하얀 너의 날개
> 한결 돋보이게 백로야 함께 있어라
>
> —「斷想集 · 4」 全文

면면히 이어온 전통적 정서에 역설적이면서도 시인의 강한 의지가 내포되어 있다. '근묵자흑'과 "까마귀 자자진 골에 백로야 앉지 마라"고 노래했던 선현들의 권선의식에 정면으로 대치되어 있는 이 시는 세상의 절절한 아픔의 홍수 속에서 이를 극복하고자 한 독창적 의식의 소산이다. 이러한 의지에서 비롯된 해탈의지를 담고 있으면서 새로운 면모를 보이는 작품이 「침묵에서」이다. 〈침묵에서 일어서는/흙덩이는 건강하다/어둠에서 일어서는/침묵은 힘이 있다〉고 노래한 이 부분에서도 임강빈 시인의 자유와 해탈에 대한 간절한 지향이 내포되어 있다.

6. 에필로그

임강빈 시인의 4권 시집의 작품을 대상으로 하여, 몇몇 작품을 분석한 바를 간략하게 정리하면 다음과 같다.

첫째, 동양적 관조의 세계를 투명하게 노래하고 있다.

둘째, 선비 의식에 의한 지조와 무욕의 시심을 시적 원형질로 삼고 있다.

셋째, 순수 서정에 바탕한 시 창작을 하고 있으며, 작품 속에는 결곡한 삶이 상징적으로 형상화되어 있다.

넷째, 자유와 해탈을 향한 지향을 오롯하게 표현하여, 절절한 감동을 생성하고 있다.

이상 정리한 바를 다시 요약하면 다음과 같다.

임강빈 시인은 그의 작품에서 긍정적 인생관을 제시하여 거칠고 강박한 현실에 감로수의 역할을 감당하고 있다. 맑고 청아한 그의 노래가 때로는 안타까움, 슬픔, 괴로움의 정서를 내포하고 있다. 그러면서도 그는 작은 사물에 시인의 애정을 이입시켜 크고 싱싱한 생명력으로 소생시키는데, 이는 임강빈 시인의 가장 중요한 시적 특질이다.

임강빈 시인의 시는 어둡고 부정적이며 또한 원색적 기류가 난무하는 한국의 문화 풍토에, 순수 서정의 표출로 인한 한 줄기 신선한 빛의 역할을 담당했다는 데서 그의 문학적 성과를 높게 가름할 수 있다. 이는 한국 현대 시문학에서 시인의 확고한 위치를 평가하게 한다.

— 1996년 『채우기와 비우기』에 수록한 글

순수 서정시에 담긴 증언과 의식[13)]

— 등단 60주년을 맞은 임강빈 시인의 작품을 중심으로 —

문학평론가 리 헌 석

세월이 참 빠릅니다. 3.1절을 맞는가 했는데, 4.19도 봄바람처럼 지났습니다. 5.18을 생각하는가 했는데, 6.6 현충일과 6.25 동란이 머지않습니다. 시대적 아픔을 노래하는 참여시인 뿐만 아니라, 자연과 인생을 거울삼아 순수시를 빚는 서정시인들의 마음에도 겨레사랑은 늘 작품의 중심에 있어 왔습니다. 등단 갑년(甲年, 60주년)을 맞은 임강빈 시인의 여리고 고운 서정시에서도 꿋꿋한 정신을 감상할 수 있습니다.

예술적 창조와 미적 관조의 바탕이 되는 순수의식, 즉 마음을 깨끗이 비워버린 순수의식이 허(虛)하고 정(靜)한 상태를 허정(虛靜)이라 하고, 이 허정에 이르는 방법을 심재(心齋)라 하는데, 이 심재란 마음을 텅 비게 하는 것입니다. 마음을 텅 비우는 일은 근원적인 순수의식에 도달하는 길이기도 합니다. 무욕 또는 허정의 시심을 드러내고 있는 작품은 선시(禪詩), 한시(漢詩), 시조(時調) 등에서도 산견됩니다.

임강빈 시인의 작품을 분석한 결과 허정의 경지에 이르고자 하는 심재의 과정이 확인됩니다. 시인은 '비우고자 함'이나 '비운 상태'를 나타내는 '무욕의 시심'을 시종 견지하고 있습니다. 그러함에도 올곧은 정

13) 『문학사랑』 2016년 여름호 '권두언'.

신을 추구하는 작품에서는 '얽매이지 않는 자유'를 선보입니다. 특히 항일정신을 오늘에 되살리는 작품 창작은 굉음과 같은 울림을 생성합니다. 이는 일제 강점기에 태어나고 성장한 시인의 무의식에 연면하게 녹아 있는 한국적 정서로 기인한 것 같습니다.

순백의 꽃 이파리를
살포시 가지 위에 얹어 놓는다.

장날이면
사방에서 사람들이 모여들었다.
흰옷을 사랑하는 백성
일본 순사들이 숨어 있다가
흰 것이 눈에 뜨이기만 하면
검정 물감으로 그어댔다.
고샅으로 피해 다니고, 또 쫓고
조선의 마음을
뭉개버리려는 얄팍한 수법.

환한 백목련을 보면
그 광경이 선히 살아난다.

임강빈 시인의 시 「백목련」 입니다. '흰 꽃'과 '흰 옷'의 색채적 동질성을 통해 목련과 우리 겨레의 이미지를 결합한 작품입니다. 평생 순수 서정시를 지향해온 시인의 작품 중에서 목적의식을 살짝 얹은 작품입니다. 특히 서두 2행 '전경화(前景化)'에 의해 상황을 제시한 다음, 중심을 이루는 9행에서 일본의 강압적 폭거를 증언합니다. 이어 결미 2행의 현재형 종결어미로 회상적 정서를 확인하게 합니다. '살아난다'에서 일본의 폭압을 잊지 않고 있다는 내면을 담아냅니다. 또한 현재

형의 수미상관(首尾相關) 배치를 통해 분명한 의지를 투영하는데 성공합니다.

시집 『버리는 날의 반복』 1부 네 번째 수록된 「백목련」은 앞과 뒤에 여러 행이 더 있습니다. 혹여 선생님께서 소천하신 후, 어떤 인연으로 고향인 충남 공주에 시비(詩碑)를 세운다면 이 작품이 좋겠다고 하시면서, 앞뒤를 잘라낸 부분입니다. 원작을 소개하면 다음과 같습니다.

〈엄지만한 망울이/ 금새 터질 듯하다가/ 골목 담장 안이거나/ 아파트 단지 앞뜰에/ 순백의 꽃이파리를/ 살포시 가지 위에 얹어 놓는다./ 이른 봄 침묵 속에/ 이렇게 백목련은 핀다.〉〈장날이면/ 사방에서 사람들이 모여들었다./ 흰옷을 사랑하는 백성/ 일본 순사들이 숨어 있다가/ 흰 것이 눈에 뜨이기만 하면/ 검정 물감으로 그어댔다./ 고샅으로 피해다니고 또 쫓고/ 조선의 마음을/ 뭉개버리려는 얄팍한 수법.〉〈환한 백목련을 보면/ 그 광경이 선히 살아난다./ 조용히 다스리는 꽃/ 세상을 밝히는/ 달빛 같은 꽃./ 겨우내 얼어붙었던 마음/ 구겨진 것들을 위해/ 이렇게 하얀 꽃으로 있고 싶어한다.〉

자상하게 서술까지 기록한 작품을 간략하게 정리하여 주제가 뚜렷한 작품으로 환골탈태하셨습니다. 선생님 생각에는 〈엄지만한 망울이/ 금새 터질 듯하다가/ 골목 담장 안이거나/ 아파트 단지 앞뜰에〉〈이른 봄 침묵 속에/ 이렇게 백목련은 핀다.〉〈조용히 다스리는 꽃/ 세상을 밝히는/ 달빛 같은 꽃./ 겨우내 얼어붙었던 마음/ 구겨진 것들을 위해/ 이렇게 하얀 꽃으로 있고 싶어한다.〉를 삭제하는 것이 주제를 살리고, 간략하여 시비에 새기기 좋으이라고 하셔서 다음 작품과 함께 『문학사랑』 2016년 여름호 권두언에 소개하게 되었습니다.

꺾이지 마라
늘어진 가지야.
전봉준의
혁명처럼 꺾이지 마라.
춥고 어두운 겨울을
견딘 버들아.
봄추위가
아직은 골목에 남아 있지만
맨 먼저 눈 뜨거라
춤 추거라.
뿌리박은 나의 땅
늘어진 가지야
바람 따라 서러운 버들아
진정 꺾이지 않는
힘을 보여라.

임강빈 시인의 시집『매듭을 풀며』에 수록된 시「버들」의 전문입니다. 이 작품은 다의적 해석을 가능하게 합니다. 일차적 의미는 어둡고 추운 겨울을 견딘 버들가지에게 꺾이지 말라는 간절한 주문입니다.

그러나 이 작품은 '버들'이 언표화(言表化)된 그 자체에 머무는 것이 아니라 다층적 확산적 의미를 내포합니다. 첫째는 버들을 시인 자신의 내면적 표상으로 인식하는 것입니다. 시인의「바람 詩抄」연작시에서 보여주는 심리적 명암을 버들에 전이시킨 것으로 볼 수 있습니다. 둘째는 현실에 대한 관심의 표명입니다. 특히 '전봉준의 혁명처럼' 꺾이지 말라는 주문은 정치적 · 경제적 · 사회적 · 예술적 갈등이 노정되는 시대에 끝없는 시련과 고난을 '겨울'로 포괄하는 것입니다. 셋째는 민족에 대한 간절한 소망입니다. '뿌리박은 나의 땅'에서 맨 먼저 눈을 뜨라는 것, 진정 꺾이지 않는 힘을 보이라는 것은 이육사의 시 「광야」에 나오는 '초인(超人)'과 같은 상징적 이미지를 담고 있습니다.

임강빈 시인은 1931년 2월 22일 충남 공주에서 태어나 성장한 후 공주사범대학을 졸업하고 평생 교육자의 길을 걸은 후 정년퇴임하고 시 창작에 전념하는 분입니다. 1956년 ≪현대문학≫에 시 「코스모스」「항아리」「새」가 박두진 시인의 3회 추천 완료로 등단하여, 2016년 현재 등단 60주년을 맞은 원로 시인입니다. 시인은 시로만 노래한다는 주관에 따라 '산문을 쓰지 않는 시인'으로도 널리 알려진 분입니다.

순수 서정시에 절실한 의식을 투영한 작품을 감상하며, 물질만능주의와 개인주의가 팽배한 오늘날을 조감하며 겨레 의식이 소생하기를 소망합니다. 어떤 시련과 강압에도 무너지지 않는 우리의 외유내강(外柔內剛)이 그리운 시절입니다.

— 2016년 6월 1일 『문학사랑』 여름호 권두언

충청 시문학계의 마지막 선비

— 우봉 임강빈 시인의 소천 1주기를 맞으며 —

문학평론가 리 헌 석

시인 고 임강빈 선생은 1931년 2월 22일 충남 공주시 반포면에서 태어나 성장한다. 반포초등학교, 공주중(고등)학교, 공주사범대학을 졸업한 후, 1952년부터 44년 교육자의 길을 걸은 후 1996년 정년퇴임한 분이다. 1956년 ≪현대문학≫에 시 「코스모스」「항아리」「새」가 박두진 시인의 3회 추천 완료로 등단하여, 2016년 소천하실 때까지 등단 60주년을 맞은 원로 시인이다. 시인은 〈시로만 말한다〉는 주관에 따라 '산문을 쓰지 않는 시인'으로도 널리 알려져 있다.

시인은 60년 동안 시집 『당신의 손』(1969), 『동목』(1973), 『매듭을 풀며』(1979), 『등나무 아래에서』(1985), 『조금은 쓸쓸하고 싶다』(1989) 『버리고 싶은 날의 반복』(1993), 『버들강아지』(1997), 『버리는 날의 향기』(2000), 『쉽게 시가 쓰여진 날은 불안하다』(2002), 『한 다리로 서 있는 새』(2004), 『집 한 채』(2007), 『이삭줍기』(2010), 『바람, 만지작거리다』(2016)를 발간하였고, 시선집 『초록빛에 기대어』(1995), 『속 초록빛에 기대어』(2015)를 발간하였으며, 6인 시집으로 『청와집』이 있다.

놀라운 일은 소천하기 전에 발간한 마지막 시집 『바람, 만지작거리다』(2016)의 아주 짧은 서문에서 선생의 소천을 예감하였다는 점이다.

〈앞으로 시가 몇 편 나올지 모르지만, 그러나 시집은 이번이 마지막일 것이다. 문단에 몸을 담근 지 회갑의 나이가 되었지만 널리 회자되는 시, 번번한 애송시 하나 없다. 허무하다는 말은 바로 이런 때 쓰는 것이리라. 누구를 탓하랴, 자업자득이다.〉(전문) 더 놀라운 일은 서문과 같은 내용의 시를 마지막 시집에 수록했다는 점이다.

떠나야지
혼자 떠나야지

산천초목
그대로 두고 떠나야지

봄, 여름, 가을
꽃은 아름다웠다

겨울의 적막도 눈꽃도
매혹적이었다

질풍 같은 시간
이제야 실감난다

사는 동안
고마웠노라 인사를 하자

떠나야지
가볍게 떠나야지

그래도 눈물이 난다

눈물 난다

— 임강빈 시 「작별」 전문

우봉 선생의 시 「작별」이다. 이 시집은 소천하기 두 달 전에 발간되었고, 그 사이에 금산군 제원면으로 모시고 가서 메기탕을 맛있게 드셨으니 몸 상태와는 무관한 일이다. 그리고 이 작품은 시집 발간 1~6년 사이에 창작한 것으로 보아 어느 때인가 맞아야 할 임종을 스스로 예견한 듯하다. 선생은 〈봄, 여름, 가을/ 꽃은 아름다웠다// 겨울의 적막도 눈꽃도/ 매혹적이었다〉고 돌아본다. 그러나 가족, 친지, 문우들에게 〈사는 동안/ 고마웠노라〉 인사를 하기로 하면서 눈물을 흘린다. 이 시를 읽으면서 먹먹한 가슴으로 선생이 가신 하늘을 우러렀다.

선생은 작품 속에 '여백의 미'를 추구하는 순서 서정시를 지은 분이라고 평한다. 일부에서는 시인의 의지와 지향이 일제 강점기와 해방 공간, 그리고 현대 사회의 갈등에 초연한 것은 소극적 자세라고 평한다. 그러나 그것은 허정의 경지를 지향하는 선생의 문학적 특질일 터이다. 세속의 영욕에서 벗어나는 일이 어찌 수월할 것이랴. 그렇지만 선생은 〈들녘을 걸으며/ 연습을 한다// 하나 둘 욕심을/ 버리는 연습을 한다〉고 작품 「들녘에서」를 통해 스스로 자신을 돌아보며 수없이 연찬하고 있음을 작품에 담아내어 보인다. 그렇지만 일제 강점기를 비유적으로 증거하는 작품은 놀랄 만큼 지사적 면모를 보인다.

순백의 꽃 이파리를
살포시 가지 위에 얹어 놓는다.

장날이면
사방에서 사람들이 모여들었다.

흰옷을 사랑하는 백성
일본 순사들이 숨어 있다가
흰 것이 눈에 뜨이기만 하면
검정 물감으로 그어댔다.
고샅으로 피해 다니고, 또 쫓고
조선의 마음을
뭉개버리려는 얄팍한 수법.

환한 백목련을 보면
그 광경이 선히 살아난다.

— 임강빈 시 「백목련」 전문

〈순백의 꽃 이파리를/살포시 가지 위에 얹어 놓는다.〉는 목련나루 가지에 꽃이 피어났다는 것에 다름 아니다. 그러나 이는 백목련 자체에 머무는 것이 아니라 흰 옷을 입었던 '우리 겨레'로 은유되고 있다. 선생이 성장하던 일제 강점기. 공주 장날이면 사방에서 흰 옷을 입은 겨레들이 모여들었다. 그 흰 옷을 입지 못하게 하려고, 일본 순사들이 검정 물감을 그어댔다. 이는 〈조선의 마음을/ 뭉개버리려는〉 일본인들의 〈얄팍한 수법〉이라고 선생은 증언하고 있다. 이 작품이 증언에 머물지 않고 문학적 예술성을 획득하는 것은 〈환한 백목련을 보면/ 그 광경이 선히 살아난다.〉는 결미의 형상화이다. 즉 해방된 지 70년이 넘어도 순백의 백목련을 보면, 일본 순사들에게 당하던 겨레의 모습이 떠오르는 것이다. 이런 작품은 증언과 고급한 형상화의 표본이 될 터이다. 또한 선생은 외유내강의 시혼을 작품에 투영하고 있다.

꺾이지 마라
늘어진 가지야.
전봉준의

혁명처럼 꺾이지 마라.
춥고 어두운 겨울을
견딘 버들아.
봄추위가
아직은 골목에 남아 있지만
맨 먼저 눈 뜨거라,
춤 추거라.
뿌리박은 나의 땅
늘어진 가지야
바람 따라 서러운 버들아
진정 꺾이지 않는
힘을 보여라.

—임강빈 시 「버들」 전문

이 작품은 다의적 해석을 가능하게 하고 있다. 일차적 의미는 어둡고 추운 겨울을 견딘 버들의 가지에게 꺾이지 말라는 간절한 주문이다. 그러나 이 작품은 '버들'이 언표화된 그 자체에 머무는 것이 아니라 다층적이며 확산적 의미를 띤다. 첫째는 버들을 시인 자신의 내면적 표상으로 인식하는 것이다. 「바람 詩抄」 연작시에서 보여주는 심리적 명암을 버들에 전이시킨 것으로 볼 수 있다. 둘째는 현실에 대한 관심의 표명이다. 특히 '전봉준의 혁명처럼' 꺾이지 말라는 주문은 정치적 · 경제적 · 사회적 · 예술적 갈등이 노정되는 시대에 끝없는 시련과 고난을 '겨울'로 내포하는 것으로 볼 수 있다. 셋째는 민족에 대한 간절한 소망이다. '뿌리박은 나의 땅'에서 맨 먼저 눈을 뜨라는 것, 진정 꺾이지 않는 힘을 보이라는 것은 이육사의 시 「광야」에 나오는 '초인'과 같은 이미지를 상징적으로 보여 준다. 이와 같은 관점에서 보면, 이 작품은 내면적 갈등과 현실의 부정적 상황을 극복하고자 하는 심회를 진솔하고 간절하게 표현하고 있음을 확인하게 한다.

이와 같은 면모를 보여주는 또 다른 작품을 살펴보기로 한다. 〈가지에서/ 가지로 옮겨 앉은 새도 있고/ 다른 나무로/ 아주 바꿔 앉은 새도 있었다./ 끝내는/ 먼 하늘로 가버렸지만/ 그 많은 새 가운데/ 입을 꼭 다문/ 산새 한 마리/ 나를 지켜보고 있었다.〉 이 작품에서는 주체와 대상의 관계를 상대적인 것으로 설정하고 있지만, 주의 깊게 살펴보면 둘의 관계는 동일체가 분명하다. 많은 산새 가운데, 입을 꼭 다물고 있는 산새 한 마리는 바로 '지조 있는 인간'을 상징한다. 앉았던 가지에서 다른 가지로 옮겨 앉거나, 앉았던 나무에서 다른 나무로 옮겨 앉는 새들은 변절을 일삼는 무리들에 대한 준엄한 상징이다. 영욕이 점철된 인간사의 단면을 명징하게 보이는 이 작품은 세상의 야합 · 변절 · 배신의 포화 상태에서도 지조 있는 인간이 되고자 하는 자성적 염원에 다름 아니다. 이와 같은 의지적 외침이 작품으로 승화되어 나타나기도 한다.

·

그러나 이러한 작품들과 달리, 사물에 대한 조용한 응시, 자연에 대한 달관적 관조, 비움과 채움의 경계에서 허정의 시심을 견지하는 자세가 시혼의 중심을 이룬다. 말하자면 우봉 임강빈 선생은 욕심을 비우고 살아가는 자세를 견지한다. 그러나 인품이 훌륭하고 작품이 뛰어나면, 자신이 나서지 않아도 상찬 받게 되어 있다. 전국에서도 손꼽히는 시인으로 선정되어도 늘 옷깃을 여미는 자세를 견지하였다. 어떤 직책도 맡지 않으려고 하였지만, 한국문인협회 충남지부 회장을 역임하였다. 상을 탐하지 않았지만, 자신도 모르는 사이에 수상자로 선정되는 경우도 있었다.

환언하면, 임강빈 시인은 수준 높은 작품 창작을 인정받아 1966년 충청남도문화상(문학부문), 1989년 제6회 요산문학상, 1994년 제9회 공산교육상(예술부문), 1996년 제1회 대전시인상, 1998년 제13회 상화시인상, 2002년 제1회 정훈문학상 등 대한민국 유수의 문학상을 받으며 한국 시문학 발전에 기여한 분이다. '요산문학상'은 소설 「사하촌」으로 유명한 김정한 선생을 기리기 위해 부산에서 제정하였는데, 운영위원들과 심사위원이 선정하여 통보하는 상이다. 대구에서 시상하는 '상화시인상' 역시 응모하여 받는 상이 아니다. 또한 대전에서 시상하는 '정훈문학상' 역시 자신의 응모 여부와 무관한 상이다.

세상의 욕심을 버리고자, 허정의 경지에 들어서고자 한 우봉 임강빈 시인은 이제 모든 업에서 자유로워졌다. 〈아버지는 집 대신/ 달랑 문패 하나 주셨다〉〈모처럼 아파트로 입주/ 아라비아 숫자가 문패를 대신했다〉〈이제는 필요 없게 된 문패/ 책장 깊숙이 꽂아두었다가/ 그립다 하면/ 그것을 꺼내 안았다〉고 지은 「문패」도 소용없는 세상에서 가볍게 사실 것만 같다. 소천한 그 세상에는 '문패'도 번지 수도 없을 것이매, 존경하는 우봉 임강빈 선생께서는 자유로운 영혼으로 환하게 웃으실 것만 같다.

— 2017년 7월호 『충청예술문화』 집중조명

시작은 가슴 설레는 꿈의 길

— 말씀으로 베풀어주신 임강빈 스승님께 —

문학평론가 리 헌 석

1.

"그래. 이제 마음을 굳혔는가?"

"네."

"힘든 일을 결정한 것 같은데. 어떻게 도와야 하나!"

1993년 가을에 계간 『문학사랑』(당시 『오늘의문학』)을 창간하려는 필자에게 60대 초반의 은사이신 임강빈 시인께서 걱정하신 말씀입니다. 안정적인 고등학교 교사직을 내놓고, 문학잡지 발간이라는 가시밭길을 걷겠다는 제자가 참으로 걱정되셨나 봅니다.

며칠 후 은사님께서 『현대문학』 등단 후배 박명용 시인과 같이 오셨습니다. 동아일보 기자였던 박 시인의 맏딸 선영이를 담임한 바 있어 가슴을 열고 대화하였습니다. 두 분의 주선으로 당시 문단의 고명한 선배님들을 고문과 편집위원으로 모셨습니다.

* 고문으로 김양수 한국문학평론가 협회 회장, 박재삼 시인, 신동집 시인, 이우재 시인, 임강빈 시인, 임영창 한국불교문인협회 회장을 모셨습니다.

* 편집위원으로, 소설 - 김명주 이재인 이진우 지요하, 수필 - 이철호 조종국, 시 - 김동수 김명배 나태주 문충성 박명용 송수권 이광석 이복웅 이성선 조남익 채규판 허형만 홍희표, 시조 - 이도현 이은방 전태익, 아동문학 - 강복환 전영관 정만영, 문학평론 - 김대행 신경득 정영자 선생님을 모셨습니다.

창간하는 잡지사에서 좋은 원고를 수합하는 것이 얼마나 어려운 일인가 잘 알고 있었는데, 그 어려움을 어른들의 격려와 주선으로 해냈으니, 생각해 보면 감사할 뿐입니다. 2016년 겨울호에 이르기까지 결호(缺號) 없이, 400쪽 내외로 일관하며, 날짜도 어기지 않고 발행하고 있습니다.

2.

"출판사를 겸한다고?"

"네."

"내 시집부터 만들지. 내 시집 500권을, 내가 아는 문인들에게. 내가 우송료를 들여 발송하면, 오늘의문학사가 좀 알려질 테지."

한국문인협회 충남지회장을 역임하셨고, 당시 중학교 교장이시던 은사님께서 하신 말씀입니다. 학교에서 월급을 받던 사람이 사업을 하면 망한다고 주위 분들 모두 말리는 상황, 그러나 은사님께서는 말리지 않으셨습니다. 처음에는 "다시 생각해봐." 재고를 당부하셨지만, 의지를 확인하신 후부터는, 못난 제자 도우실 일만을 염두에 두셨으니, 생각하면 그 은혜에 가슴 먹먹할 뿐입니다.

예나 지금이나 문학잡지 발행은 마이너스(—) 행진을 합니다. 그런 이유로 여타의 잡지에서는 등단 문인에게 해당 잡지를 50권, 혹은 100권, 일부는 200권씩 할당하는 현실이었습니다. 이 같은 관행에서 벗어나 깨끗한 잡지를 발간하고자 하였으며, 오로지 문학발전만을 위해 성심을 다하는 제자가 미더웠었다는 후문(後聞)이었습니다.

마이너스(—) 운영의 『문학사랑』을 발행하기 위한 방안으로 도서출판을 겸해야 했습니다. 그래서 태어난 출판사가 [오늘의문학사]입니다. 임강빈 은사님께서 〈오늘의문학 시선집 1번〉을 맡아주시고, 전태익 편집위원(시조시인)께서 3번, 박재삼 고문(시인)께서 4번으로 시집을 발간해 주셨습니다. 당시를 돌아보면 손 모아 감읍할 뿐입니다. 그래서 [오늘의문학사]에서는 1년에 1,000만원 ~ 2,000만원을 사단법인 문학사랑협의회에 협찬하고 있습니다.

3.

"문학도서관을 하겠다고?"

"네."

"투자만 하고, 나오는 건 없을 터인데. 어찌 운영하려고?"

일이 있을 때마다 임강빈 은사님을 찾아뵈었습니다. 주위의 문인들은 우리 은사님을 충청도의 마지막 선비 시인, 무욕의 시인, 무색무취의 시인이라고 하였습니다. 하지만 중학교 1학년 때 담임선생님이셨던 은사님을 가장 존경하던 터라, 무조건 은사님의 말씀에 귀를 기울였습니다.

은사님께서는 기왕지사 시작하려면 돈을 더 벌어서 '문학관' 혹은 '박물관' 수준으로 개관하라고 하셨습니다. 시비공원(문학공원, 예술비공원)을 하고 싶다는 말씀을 드려도 "그래. 할 수 있는 데까지 해봐." 손을 잡아주셨습니다. 큰 소리 한 번 치시는 모습을 보지 못했지만, 잡아 주시는 손은 따뜻했습니다.

은사님께서 2016년 7월 16일에 소천하셨습니다. 소천하기 20일 전쯤 6월 27일에 안영진 최재학 선생님을 함께 모시고, 쇠약해지신 은사님께 메기매운탕을 대접해 드렸는데, 마지막으로 모신 자리가 되었습니다. 11월에 선생님의 시비를 충남 공주시에 세워도 좋다는 말씀을 하신 지 20여 일만에 소천하셨습니다. 평소에 "시비는 죽은 다음에 세워야지 옳아." 하시던 말씀이 귀에 남아 뱅뱅 돕니다.

식사를 모신 며칠 후, 은사님께서는 시집, 시선집, 동인지 『청와집』을 가져오셨습니다. "한 권 남은 것도 가져왔지. 우리 집에 없는 시집도 있으니 잘 보관하고. 문학도서관이나 문학관을 만들거든 그 곳에 두고." 겸연쩍은 듯이 웃으시던 은사님의 존안이 새삼 그립습니다.

4.

"[문학사랑 문학관]을 하겠다고?"

"네."

"시작할 수는 있겠지만, 운영이 문제일 터인데. 내가 도와줄 수도 없고."

하늘에 계신 은사님께서는 아마도 이렇게 말씀하실 것 같습니다. 생시라면 어떻게 해서든지 가난한 제자를 도우려고 하셨을 것 같습니다. 2016년 4월에 시집 원고를 들고 오셔서 "〈오늘의문학 시인선 1번〉으로 내 시집을 내었으니, 이제 내 〈마지막 시집〉도 이회장이 만들어 봐." 왠지 쓸쓸해 보이는 표정이 가슴 아팠습니다. 마지막 시집 『바람, 만지작거리다』 서문에 〈앞으로 시가 몇 편 나올지 모르지만, 그러나 시집은 이번이 마지막일 것이다.〉라는 말씀에 목이 메일 뿐입니다.

[문학사랑 문학관]을 건립하겠다고 대내외에 밝혔습니다만, 은사님께서 계시지 않아 두렵습니다. 잔잔하게 미소를 지으며 바라만 보셔도 힘이 솟았는데, 이제 저 스스로 서야 하나 봅니다. 그렇지만, 주위에서 도와주시는 여러 문인 가족들이 계시기 때문에 은사님이 보고 계실 때처럼 열(熱)과 성(誠)을 다하겠습니다.

은사님, 은사님께서 같이 계시지 않아도 제 마음에는 늘 은사님이 함께 계십니다. '문학관'을 건립하겠습니다. 선생님을 모시듯, 선생님의 저서를 홀 가운데에 제일 먼저 모시겠습니다. 그리고 머지않은 날 찾아뵙고, 이승에서 가끔 모시던 것처럼 잘 모시고 싶습니다.

— 2016년 12월 1일 『문학사랑』 겨울호 권두언

우봉 임강빈 시인 연보

1931년 2월 22일 공주군 반포면 봉암리에서 부(父) 임영순(任瑛淳), 모(母) 정순모(鄭順謨) 사이에 장남으로 출생.

1936년 8월 13일 어머니 별세.

- 밖에서 소꿉질하다가 붙잡혀 상복을 입히려고 하는데 성긴 삼베가 무서워 울다가 밤과 대추 유혹에 빠짐. 공주에서 35리인 계룡면 하대리까지 트럭으로 운구, 거기서 다시 상여로 묘소까지 운구, 어린 상주는 장정 등에 업혀 산에 오름. 무남독녀인 딸을 앞세운 외할머니 원에 따라 빤히 바라보이는 앞산에 산소를 씀.

1945년 8월 15일 중학교 2년 여름방학 때 외가에서 일본 패망 소식을 들음.

1950년 4월 27일 공주중학교 졸업(현재의 공주중, 공주고 6년)

- 6월 1일 공주사범대학 국어국문학과 입학.
- 6월 25일 6 · 25사변으로 휴교.

1951년 5월 20일 공주사범대학에 복교, 이재복, 이원구 교수 지도로 학내 유일한 서클인 〈시회(詩會)〉 창립, 이 〈시회(詩會)〉를 통해 김구용, 정한모, 장서언, 김상억 시인 등과 만남. 서울과 부산을 오가는 길에 학교에 들른 박목월, 서정주 시인들의 강연과 격려를 들음.

1952년 3월 31일 공주사범대학 졸업.

- 9월 4일 청양중학교 교사 발령.

1956년 3월 1일 공주중학교 교사.

10월 1일 박두진 선생의 추천으로 『현대문학』지에 등단.

- 추천 작품 「항아리」, 「코스모스」, 「새」 등 3회 추천완료.
- 공주에서 첫 시인 탄생했다며 환호. 고궁다방에서 스승과 선후배, 친지들로부터 축하를 받음. 생애 처음 꽃다발을 받음.

1957년 3월 1일 이후, 대전신흥중학교, 공주영명중학교, 대전 대성중고등학교 교사로 재직.

1966년 10월 5일 충남남도 문화상(문학부문) 수상

1969년 7월 20일 첫 시집 『당신의 손』(현대문화사) 출간. 시 추천을 받은 지 13년 만의 출간, 당시 정보원의 감시를 받아 오던 박두진 선생을 은밀히 만나 서문을 받음. 김구용 선생의 제자(題字)와 발문을 받음.

1971년 7월 26일 충남 추부중학교 교사.

1971년 10월 20일 한국시인협회 간행 현대시인선집 『청와집(靑蛙集)』(한성기, 박용래, 임강빈, 최원규, 조남익, 홍희표 공저) 발간.

1973년 5월 10일 두 번째 시집 『동목』(농경출판사) 출간.

1974년 3월 1일 대전 충남중학교 교사.

1977년 10월 25일 충남교육연구원 연구사.

1977년 ~ 1978년 충남문인협회 회장(한국문인협회 충남지회)

1979년 3월 1일 대전 진잠중학교 교감.

1979년 7월 15일 세 번째 시집 『매듭을 풀며』(심상사) 출간.

1983년 9월 1일 대전시교육청 장학사.

1984년 10월 27일 고(故) 박용래 시비 건립 추진위원장으로 시비 건립(글 임강빈, 글씨 김구용, 구성 최종태).

1985년 3월 31일 대전 용전중학교 교감.

1985년 12월 15일 네 번째 시집 『등나무 아래에서』(문학세계사) 출간.

1988년 3월 1일 대전 도마중학교 교감.

1988년 4월 28일 부친 별세

- 평생을 서도(書道)에 전념하시던 부친(父親, 서예가 만당 임영순) 별세. 생전(生前)에 서울과 대전 등지에서 여러 차례 전시회를 가짐.
- 서예가 만당(晩堂) 임영순(任暎淳) - 1973년 2월 대전을 중심으로 활동하던 서예가들과 함께 양성서도회(養性書道會) 창립회원, 1973년부터 1983년까지는 부회장, 1984년부터 1987년까지 회장 역임. 양성서도회는 현재까지 존속하며 매년 서전을 개최하고 있음. 김동민 시조시인과 이찬로 시인이 2018년 현재 회원으로 활동하고 있음.

1989년 9월 15일 다섯 번째 시집 『조금은 쓸쓸하고 싶다』(창작과 비평) 출간.

1989년 11월 16일 요산문학상(부산, 김정한 작가 기림) 수상.

1992년 6월 10일 대전 가수원중학교 교장.

1993년 9월 1일 대전 용전중학교 교장.

1993년 10월 25일 여섯 번째 시집 『버리는 날의 반복』(오늘의문학사) 출간.

1994년 11월 17일 공산교육상(예술부문, 대전 MBC 주관) 수상.

1995년 11월 20일 시선집 『초록빛에 기대어』(오늘의문학사) 출간.

1996년 2월 23일 대전 용전중학교 교장으로 정년퇴임.

- 국어과 2급 교사자격증 덕분에 첫 부임지 청양중학교 교사를 시작으로 충남과 대전의 여러 곳에서 교육에 종사. 평교사, 연구사, 장학사, 교감, 교장 등 교직 생활 40년을 마감함.
- 기념문집 『채우기와 비우기』(오늘의문학사) 출간.
- 제1회 대전시인상(대전시인협회) 수상

1997년 10월 22일 일곱 번째 시집 『버들강아지』(오늘의문학사) 출간.

1998년 3월 20일 상화시인상(대구, 이상화 시인 기림) 수상.

2000년 5월 8일 여덟 번째 시집 『비 오는 날의 향기』(문학세계사) 출간.

2002년 10월 15일 아홉 번째 시집 『쉽게 시(詩)가 쓰여진 날은 불안(不安)하다』(리토피아) 출간.

2002년 12월 9일 제1회 정훈문학상(대전, 정훈 시인 기림) 수상.

2004년 6월 26일 열 번째 시집 『한 다리로 서 있는 새』(리토피아) 출간.

2007년 6월 14일 열한 번째 시집 『집 한 채』(황금알) 출간.

2010년 2월 16일 열두 번째 시집 『이삭줍기』(동학사) 출간.

2015년 7월 3일 두 번째 시선집 『속(續) 초록빛에 기대어』(인간과문학사) 출간.

2016년 5월 13일 열세 번째 시집 『바람, 만지작거리다』(오늘의문학사) 출간.

2016년 7월 16일 영면. [대전공원묘원(D지구 8계단 4열)]에 안장.

- (세종특별자치시 장군면 금암리 100) / 044-856-8851
- (세종특별자치시 장군면 정동길 31-30(금암리)
- 안장식 참여 문인 : 김상현 나태주 리헌석 배인환 신 협 엄기창 이영옥 장덕천 조남익 최원규 황희순 등

=== 소천 이후 ===

2016년 9월 1일 『문학사랑』 가을호 - 고 임강빈 시인 추모특집

- 빈소 사진, 임강빈 시인 약력
- 대표작품 – 「코스모스」 외
- 작품 세계 – 리헌석 「허정의 경지를 지향하는 '비우고자 함」
- 마지막 시집 『바람, 만지작거리다』의 해설을 재수록

2017년 7월 1일 월간 『충청예술문화』 7월호, '집중조명 고 임강빈 시인'

- 권두언 – 리헌석 – 「우봉 임강빈 시인의 1주기를 맞으며」
- 작곡 – 정태준 – 임강빈 시 「연가」
- 추모시 – 류 환 – 「고 우봉 임강빈 시인을 회상하다」

2017년 7월 16일 묘소에서 1주기 추모식

- 문인과 가족 40여 명 - 리헌석 추모사, 류환 색소폰 연주 등
- 김영수 김영훈 류 환 리헌석 박봉주 박종국 변상호 엄기창 오세일 오소림 오동식 이돈주 이미란 이혜경 장덕천 최자영 황희순 등

2017년 8월 1일 월간 『충청예술문화』 8월호에 소천 1주년 추모식(사진과 기사)

2017년 9월 1일 『문학사랑』 가을호 – 우봉 임강빈 시인 소천 1주년 추모식(화보)

2017년 11월 1일 월간 『충청예술문화』 8월호 – 류 환 평론(임강빈 시인론)

- 자아의 몰아에 응축된 선비시인의 격조

2018년 3월 1일 『대전문학』 봄호 – '지역 작고 문인 조명'

- 「임강빈 시인」 – 이유경 시인(2003년에 발간한 『임강빈의 시와 삶』에 수록되어 있는 이유경의 「이 세상에서 제일 맛있는 것 같은 시인」의 기사를 재수록하면서 제목을 바꾸었음.
- 유고작 「첩첩산에 오르다」 외 4편

2018년 7월 16일 묘소에서 2주기 추모식

- 『임강빈 시 전집』(손자 임성균 소설가, 오늘의문학사) 출간.
- 『임강빈 시 읽기』(리헌석 편저, 오늘의문학사) 출간.

우봉 임강빈 시인 소천 2주기 추모, 서지적 연구 자료

임강빈 시 읽기

리헌석 편저

발 행 일 | 2018년 7월 16일
편 집 | 사단법인 문학사랑협의회
편 저 자 | 리헌석

발 행 인 | 李憲錫
발 행 처 | 오늘의문학사
출판등록 | 제55호(1993년 6월 23일)
주 소 | 대전광역시 동구 대전로867번길 52(한밭오피스텔 401호)
전화번호 | (042)624-2980
팩시밀리 | (042)628-2983
전자우편 | hs2980@hanmail.net
카 페 | cafe.daum.net/gljang(문학사랑 글짱들)
cafe.daum.net/art-i-ma(아트매거진)

공 급 처 | 한국출판협동조합
주문전화 | (070)7119-1752
팩시밀리 | (031)944-8234~6

ISBN 978-89-5669-927-1
값 22,000원

* 이 책은 대전문화재단 과 대전광역시 에서 사업비 일부를 지원받았습니다.
* 이 책은 교보문고에서 eBook(전자책)으로 제작 · 판매합니다.